中信改革发展研究基金会 · 中国道路丛书 · 译丛

RECONCILING STATE, MARKET, AND SOCIETY IN CHINA

走向繁荣的新长征

协调国家、社会和市场的关系

[意] 保罗 · 乌里奥（Paolo Urio）◎著
清华大学国情研究院◎译

中信出版集团 · CHINACITICPRESS · 北京

图书在版编目（CIP）数据

走向繁荣的新长征：协调国家、社会和市场的关系 /（意）保罗 · 乌里奥著；清华大学国情研究院译 . —北京：中信出版社，2016.9（2017.4 重印）
（中国道路丛书）
书名原文：Reconciling state, market and society in China : The long march towards prosperity
ISBN 978-7-5086-6562-7

Ⅰ . ①走… Ⅱ . ①保… ②清… Ⅲ . ①中国特色社会主义 – 社会主义建设模式 – 研究 Ⅳ . ① D616

中国版本图书馆 CIP 数据核字（2016）第 187073 号

走向繁荣的新长征：协调国家、社会和市场的关系

著　　者：［意］保罗 · 乌里奥
译　　者：清华大学国情研究院
策划推广：中信出版社（China CITIC Press）
出版发行：中信出版集团股份有限公司
（北京市朝阳区惠新东街甲 4 号富盛大厦 2 座　邮编　100029）
（CITIC Publishing Group）
承 印 者：北京画中画印刷有限公司

开　　本：787mm × 1092mm　1/16　　印　　张：17.75　　字　　数：280 千字
版　　次：2016 年 9 月第 1 版　　印　　次：2017 年 4 月第 2 次印刷
京权图字：01-2016-4239　　广告经营许可证：京朝工商广字第 8087 号
书　　号：ISBN 978-7-5086-6562-7
定　　价：52.00 元

《中国道路丛书》学术委员会

《中国道路丛书》总序言

新中国成立60多年以来，中国一直在探索自己的发展道路。特别是在改革开放30多年的实践中，努力寻求既发挥市场活力，又充分发挥社会主义优势的发展道路。

改革开放推动了中国的崛起。怎样将中国的发展经验进行系统梳理，构建中国特色的社会主义发展理论体系，让世界理解中国的发展模式？怎样正确总结改革与转型中的经验和教训？怎样正确判断和应对当代世界的诸多问题和未来的挑战，实现中华民族的伟大复兴？这都是对中国理论界的重大挑战。

为此，我们关注并支持有关中国发展道路的学术中一些有价值的前瞻性研究，并邀集各领域的专家学者，深入研究中国发展与改革中的重大问题。我们将组织编辑和出版反映与中国道路研究有关的成果，用中国理论阐释中国实践的系列丛书。

《中国道路丛书》的定位是：致力于推动中国特色社会主义道路、制度、模式的研究和理论创新，以此凝聚社会共识，弘扬社会主义核心价值观，促进立足中国实践、通达历史与现实、具有全球视野的中国学派的形成；鼓励和支持跨学科的研究和交流，加大对中国学者原创性理论的推动和传播。

本《丛书》的宗旨是：坚持实事求是，践行中国道路，发展中国学派。

始终如一地坚持实事求是的认识论和方法论。总结中国经验、探讨中国模式，应注重从中国现实而不是从教条出发。正确认识中国的国情，正确认识中国的发展方向，都离不开实事求是的认识论和方法论。一切从实际出发，以实践作为检验真理的标准，通过实践推动认识的发展，这是中国共产党的世纪奋斗历程中反复证明了的正确认识路线。违背它就会挫折失败，遵循它就能攻坚克难。

毛泽东、邓小平是中国道路的探索者和中国学派的开创者，他们的理论创新始终立足于中国的实际，同时因应世界的变化。理论是行动的指南，他们从来不生搬硬套经典理论，而是在中国建设和改革的实践中丰富和发展社会主义理论。我们要继承和发扬这种精神，摒弃无所作为的思想，拒绝照抄照搬的教条主义，只有实践才是真知的源头。本《丛书》将更加注重理论的实践性品格，体现理论与实际紧密结合的鲜明特点。

坚定不移地践行中国道路，也就是在中国共产党领导下的中国特色社会主义道路。我们在经济高速增长的同时，也遇到了来自各方面的理论挑战，例如将新中国改革开放前后两个历史时期彼此割裂和截然对立的评价；例如极力推行西方所谓“普世价值”和新自由主义经济理论等错误思潮。道路问题是大是大非问题，我们的改革目标和道路是高度一致的，因而，要始终坚持正确的改革方向。历史和现实都告诉我们，只有社会主义才能救中国，只有社会主义才能发展中国。在百年兴衰、大国博弈的历史背景下，中国从积贫积弱的状态中奋然崛起，成为世界上举足轻重的大国，成就斐然，道路独特。既不走封闭僵化的老路，也不走改旗易帜的邪路，一定要走中国特色的社会主义正路，这是我们唯一正确的选择。

推动社会科学各领域中国学派的建立，应该成为致力于中国道路探讨的有识之士的宏大追求。正确认识历史，正确认识现实，积极促进中国学者原创性理论的研究，那些对西方理论和价值观原教旨式的顶礼膜拜的学风，应当受到鄙夷。古今中外的所有优秀文明成果，我们都应该兼收并蓄，但绝不可泥古不化、泥洋不化，而要在中国道路的实践中融会贯通。以实践创新推动理论创新，以理论创新引导实践创新，从内容到形式，从理论架构到话语体系，一以贯之地奉行这种学术新风。我们相信，通过艰苦探索、努力创新得来的丰硕成果，将会在世界话语体系的竞争中造就立足本土的中国学派。

本《丛书》具有跨学科及综合性强的特点，内容覆盖面较宽，开放性、系统性、包容性较强。分为学术、智库、纪实专访、实务、译丛等类型，每种类型又涵盖不同类别，例如在学术类中就涵盖文学、历史学、哲学、经济学、政治学、社会学、法学、战略学、传播学等领域。

这是一项需要进行长期努力的理论基础建设工作，这又是一项极其艰巨的系统工程。基础理论建设严重滞后，学术界理论创新观念不足等现状是制约因素之一。然而，当下中国的舆论场，存在思想乱象、理论乱象、舆论乱象，流行着种种不利于社会主义现代化事业和安定团结的错误思潮，迫切需要正面发声。

经过60多年的社会主义道路奠基和30多年改革开放，我们积累了丰富的实践经验，迫切需要形成中国本土的理论创新和中国话语体系创新，这是树立道路自信、制度自信、理论自信，在国际上争取话语权所必须面对的挑战。我们将与了解中国国情，认同中国改革开放发展道路，有担当精神的中国学派，共同推动这项富有战略意义的出版工程。

中信集团在中国改革开放和现代化建设中曾经发挥了独特的作用，它不仅勇于承担大型国有企业经济责任和社会责任，同时也勇于承担政治责任。它不仅是改革开放的先行者，同时也是中国道路的践行者。中信将以历史担当的使命感，来持续推动中国道路出版工程。

2014 年 8 月，中信集团成立了中信改革发展研究基金会，构建平台，凝聚力量，致力于推动中国改革发展问题的研究，并携手中信出版社共同进行《中国道路丛书》的顶层设计。

本《丛书》的学术委员会和编辑委员会，由多学科多领域的专家组成。我们将进行长期的、系统性的工作，努力使《丛书》成为中国理论创新的孵化器，中国学派的探讨与交流平台，研究问题、建言献策的智库，传播思想、凝聚人心的讲坛。

孔丹

2015年10月25日

目　录

序

如何认识当代中国*

胡鞍钢

中国的改革是由几个相互关联、相互重叠的社会转型过程所组成的，包括：经济体制转型，从指令性的计划经济体制向社会主义市场经济体制转变；从以农业为基础的传统农村社会（指农业劳动力占70%以上，农村人口占总人口的80%以上）向以非农业为主的现代城市社会转变；从极低收入水平向中等收入水平转变；从极度贫困社会向总体小康社会转变；从极其封闭的经济和社会向全面开放的经济和社会转变；从传统的中央集权政治体制向社会主义民主政治体制转变，从而形成了世界上独一无二的中国现代化发展道路（简称“中国之路”）。

世界上没有哪一个大国经历着中国这样的多重转型过程，也没有哪一个大国像中国那样较成功地避免了政治上的剧烈动荡、社会生产力的严重破坏、社会阶层的严重分化，以及全球一体化带来的巨大外部冲击。从中国的现代历史来看，也没有哪一个时期经历过长达30多年之久的“天下大治”、经济繁荣和社会进步。中国恰恰在没有先例可循、没有国际经验可鉴、没有现成理论可用的条件下，本着务实主义的原则和“摸着石头过河”的方法不断地驶向“彼岸”，尽管中国的多重转型过程远未结束，也没有完全成功，但这本身已经是中国发展的奇妙之处。

---

* 本文系胡鞍钢教授为本书英文版所做的序，2016年4月进行了增补。

研究现代中国，本质上就是要真正了解、深刻认识和历史总结中国社会多重转型的动因、历程、得失和前景。对这样规模巨大、深刻复杂的社会变革的认识和解读不可能是唯一的，而是众说纷纭，甚至相互冲突、大相径庭。这是因为人们研究中国有不同的目的、不同的立场、不同的视角、不同的观点和不同的方法，因此也会得出不同的结论。不管是哪一种结论，都要接受中国社会的实践检验和中国转型的历史检验。随着时间的流逝，许多曾经热闹一时的论点自然就会成为中国社会发展进程的历史尘埃，只有极少数的认识和观点经过客观实践的检验能够成为历史的真知灼见。

现在有关中国的研究已经在全球范围内掀起一波学术研究热浪，但是这股浪潮下充斥着众多吸人眼球的观点，包括“中国威胁论”“中国衰败论”“中国脆弱超级大国论”等。我认为这些观点还局限于对中国的观察和猜测。正如美国哈佛大学的教授傅高义（Ezra Vogel）所说，“美国‘中国通’（sinologist）的记录一向不良”。这可能是因为绝大多数美国的所谓“中国通”都不能准确地预测中国的未来走向。但这也并不奇怪，即使像我这样长期在中国国内参与中国改革开放研究，有着30多年研究现代中国（国情）经历的人也是深有体会，为此我把研究现代中国比喻为读一部“天书”，实在是难以读懂。因为中国实在是规模太巨大、情形太复杂、变化太莫测，我们不可能是“事前诸葛亮”，能成为“事后诸葛亮”就相当不错了。现代中国研究也因此远比人们想象的难得多，复杂得多。

毛泽东在《实践论》（1937）一文中提到，“中国人有一句老话：‘不入虎穴，焉得虎子。’这句话对于人们的实践是真理，对于认识论也是真理。离开实践的认识是不可能的”。[1] 真正做到“全面认识中国、深刻理解中国”，只做观察家是不行的，要深入中国社会去了解与实践，这对许多国外的研究者的确比较困难。

我在1998年结识了保罗·乌里奥（Paolo Urio）教授，当时他应中央组织部培训中心主任陈伟兰（陈云之女）邀请，给中国地方官员讲授政治经济学和公共管理前沿理论，这对于当时的国外专家来说，确实是一个不小的挑战，但是保罗教授的讲授很成功。对保罗教授而言，中国是一个十分神奇的国家，如此让他着迷，令他深深向往，他从对中国的观察之中渐渐地萌发出一个要读懂中国、写出中国的想法，那时的他就草拟了一个写作框架。近年来，保罗教授每年都来中国各地访问，我也曾多次陪同他走访中国各地，目睹了中国的巨大变化，并为他解读正在发生各种变化的动因，我们成为知己，我向他推荐一些优秀的中国学者进行交流和访谈，这也成为他完成这本书的主要认识来源之一。

以往的现代中国研究类书籍都是以社会学、经济学、政治学等不同学科或理论作为分析框架的，而保罗教授这本书则是构建了一个有机联系的、整体的、综合的分析框架。

我们应当如何研究当代中国？用什么样的分析框架？我的观点是，“不仅要看树木，也要看森林”[2]；不仅要看今天的中国（当今的中国），也要看昨天的中国（历史的中国），更要预见明天的中国（未来的中国）；不仅要看中国自身，也要进行国际上的横向比较，从外部看中国。

保罗教授十分务实地描述了中国领导人的政治决策逻辑，怎么延续上几代执政经验、吸取教训，确立更为适宜的发展目标，制定更为可行的政策。

作为世界上人口最多的国家，中国几代领导人的最终发展目标都是“富民强国”。例如 1956 年，毛泽东明确提出用 50 年（指到 2006 年）、60 年（指到 2016 年），在钢铁产品产量方面追赶和超过世界最发达的资本主义国家（当时提出“超英赶美”）[3]，毛泽东更强调的是“强国”目标；1979 年，邓小平又提出“富民”目标，最典型的就是“小康社会”构想[4]。尽管几代中国领导人的“富民强国”的目标是比较一致的，但他们所采取的发展战略不尽相同，本书将中国发展战略划分为三代：第一代是毛泽东和华国锋；第二代是邓小平和江泽民；第三代是胡锦涛。每一代的发展战略既有其进步性和合理性，也有局限性和负面作用，从而构成中国政治发展的历史逻辑，即新一代领导人总结学习上一代领导人的成功经验，在实践中检验发展理论，适应性调整战略，不断创新。在人力资本上也有继承性、传递性和渐进式的过渡。

中国的发展环境是不断变化的，改革实践是不断发展的，因此没有一成不变的发展战略，也没有一成不变的发展模式，不同时期的发展战略既来自对发展环境变化的调整，也来自对发展挑战的回应，由此，进一步的社会实践既反映了社会发展的进步性，也暴露和显示了发展战略的历史局限性。例如，邓小平继承了毛泽东以现代化经济建设为中心的“八大路线”，又纠正了毛泽东以“阶级斗争为纲”的政治路线，否定“文化大革命”，制定和实行改革开放的基本国策。邓小平继承了毛泽东的历史遗产（经济基础、独立的工业体系和国民经济体系、明显改善的健康和教育基础、联合国五大常任理事国的国际地位等）。1992 年，邓小平“南巡讲话”突出强调“发展才是硬道理”；1993 年，邓小平在与他的弟弟邓垦谈话时已经认识到发展主义的局限性：“分配不公，会导致两极分化，到一定时候问题就会出来。这个问题要解决。过去我们讲先发展起来。现在看，发展起来以后的问题不比不发展时少。”[5] 保罗教授在书中分析了这种战略的局限性，以及不平衡发展带来的严重后果，包括：地区差距、城乡差距和乡村间的差距、难以有效执行市场机制后的消极后果、经济发展对环境带来的影响等。

江泽民时代就开始完善全面发展战略。他先后提出：保护环境，实施可持续发展战略（1995、1996）；保护耕地，提高防洪抗灾能力（1998）；治水战略（1999）、湿地保护战略；加快长江三角洲和沿江地区发展（1992）；区域经济协调发展战略（1995）；实施西部大开发战略（1999）；发展乡镇企业与小城镇建设战略；实施科教兴国战略（1995）；鼓励原始性创新（2001）。同时不断调整发展战略，如就业是民生之本（2002）。

作为第三代发展战略阶段，胡锦涛在继承邓小平、江泽民政策路线的基础上进行了阶段性调整与创新。

事实上，党的十八大之后，习近平相继提出了“五位一体”（经济建设、政治建设、文化建设、社会建设、生态文明建设)、“四个全面”战略(全面建成小康社会、全面深化改革、全面依法治国、全面从严治党)(2014年12月)、“五大发展”理念(创新发展、协调发展、绿色发展、开放发展、共享发展),坚持问题导向,体现目标导向,既总结以往的国家治理经验,又全面改革创新,形成了具有新时期特色的治国理政新理念、新思想、新战略。

党的十八届五中全会和2016年全国“两会”提出了全面建成小康社会决胜阶段的“十三五”规划。“五大发展”理念集中体现了以习近平同志为总书记的党中央指引中国发展的战略设想,其中创新发展是针对发展动力不足与转换,实现经济保持中高速增长、高质量增长;协调发展是针对中国发展不平衡性问题,实现发展的协调性和整体性;绿色发展是针对人与自然之间的突出矛盾,建设天蓝地绿水清的美丽中国;开放发展是针对内外开放与发展的联动问题,提升开放型经济水平;共享发展是针对社会公平正义问题,不断增进全体人民福祉。这五大发展理念为实现全体人民共同迈入全面小康社会,以及2020年之后共同建设共富社会,惠及近14亿全体人民,提供了十分明确的发展目标和基本路径。

中国的“三代发展战略”主要围绕如何处理国家、市场和社会三者的关系展开的。毛泽东的做法是发展国家主义,全面实行计划经济,排斥市场机制,排斥私营经济参与,同时也排斥社会参与。邓小平的做法是改革计划经济体制,引入市场机制,打破国家垄断,允许私营经济参与,打破对外的封闭,积极引入外资,同时给社会发展有限的空间,允许基层公民选举。江泽民进一步扩大经济改革,把建立有效的市场经济体制作为一个目标,加快了经济市场化进程,让政府职能更多地转向提供公共服务,也为社会各类组织提供了更大的活动空间。胡锦涛与时俱进,重新整合国家、市场和社会三者关系。

作为中国发展的核心问题,国家、市场和社会仍是中国最高领导层关注的重大议题。习近平进一步明确了“两手合力论”,要求尊重市场规律,特别强调要充分发挥市场在资源配置中的决定性作用，全面实行科学管理，更好地发挥政府作用，用好政府和市场“两只手”。他还创新性地提出了“三只手合力”论，统筹政府、社会、市民三大主体积极性，尽最大可能推动政府、社会、市民同心同向行动，使政府有形之手、市场无形之手、市民勤劳之手同向发力。这就为推动经济社会协调、健康、可持续发展提供了强大合力。

中国要发挥社会主义制度特有的政治优势，即邓小平所说的“集中力量办大事”[6]。中国人口占世界总人口的1/5，而公共资源占世界的比重要小得多，又要提供最大规模的公共产品服务，因此没有一个有效的负责任的政府（特别是中央政府），就无法集中全社会的资源（指公共财政、公共投资、公共政策），就不能办成许多“大事”，也无法发挥巨国的规模效应。中国在发展中一个重要的经验就是通过民主与集中的方式做出政治决策，在发展中不断地应对各种挑战与危机（如应对亚洲金融危机的成功经验）。

坚持发展人民社会，调节和整合不同的利益集团，也是中国道路的成功经验之一。党和政府在决策过程中，包容不同的意见，表达不同的利益诉求，平衡各种利益，处理好城市和乡村之间的发展关系，对户籍人口和非户籍人口（农民工）提供均等化的公共服务，提高少数民族的发展能力，加大对他们的人力资本投资，保护不同民族文化特性。在由十几亿人口、56个民族组成的中国社会，要发展一个和谐的、平等的、团结的公民社会是相当困难的，我们没有成功的案例，这就需要在社会改革发展的实践中不断探索、不断创新。

中国寻求的现代化繁荣之路是万里长征的又一个新阶段。早在1949年3月，毛泽东就指出，新中国成立，只是万里长征第一步。[7]1962年，他提出，建设强大的社会主义经济，在中国50年不行，会要100年或者更多时间。[8]他已经意识到中国这样一个“人口多、底子薄、经济落后”的社会，要实现这样的宏大目标就是一个万里长征。1987年，邓小平提出“三步走”战略设想（1980～2050年），即到2050年达到中等发达国家水平，这是把中国带上了追求繁荣的万里长征。[9]习近平提出“两个一百年”奋斗目标和中华民族伟大复兴的中国梦，更是把中国实现复兴的夙愿置于中华民族奋斗历程的宏大叙事之中。正如习近平所说，现在，我们比历史上任何时期都更接近中华民族伟大复兴的目标，比历史上任何时期都更有信心、有能力实现这个目标。[10]虽然现在我们还走在长征路上，还有相当长的道路要走，但是我们比以往任何时期都更有信心、更有能力来实现这样一个目标，这个目标将一以贯之地引导我们走向繁荣，这就是中国实现现代化的“万里长征”。

前　言

分析“文化大革命”结束后，中国实行改革开放不是一件容易的事。然而，对于任何学者来说，要认识20世纪70年代末开始的邓小平领导的改革的原因和范围，这样的分析是极其重要的。中国改革开放30多年，目前已经成为全球经济和政治的主要参与者。人们预测中国在21世纪将成为主要大国。而什么时候成为大国，只是个时间问题。这要比西方人想象的快得多。

从1949年以来，西方出版了许多关于中华人民共和国的书和文章。在改革开放30多年后，这样的书籍和文章更多了。毫无疑问，许多西方学者在研究中国文化、社会、经济和政治等方面都取得了卓越成就，这些研究对了解中国1978年以来令人难以置信的变化做出了重要贡献。但是，大多数文章不是泛泛地谈论这些事件本身，就是针对某一具体领域，主要集中在中国经济的发展问题。[1]我的目的是不再讨论这些东西，而是要呈现一个完整的、平衡的改革全景，并尽量包括改革的主要方面：经济、社会、环境、法律、政治和文化等，以及它们之间的联系。这当然是个长期的系统工程。

本书初步但是实质性地总结了我在研究中的主要发现。我认为，要了解改革过程、原因和迄今为止所取得的成就，以及未来中国领导人将会面临的困难，这些发现是完全必要的。为达此目的，有必要做出非常困难的选择：尽量集中在我认为更为重要的方面，而其他方面则一带而过。当然，这个选择可能无法满足某一方面学科（如经济学或法学）的专家研究中国改革的需要。但是，我的目的是从跨学科的角度对这些问题进行解读。事实上，我的研究的一个重要发现就是，只有从多学科的角度综合性研究，才能把握中国改革的动因、战略和结果。因此，我首先用很大篇幅分析了中国领导人在政治文化上的变化。

就像我在第一章所讲的，没有中国政治文化根本价值观的战略改变，同时不去改革毛泽东时代的发展观，改革是不可能的。这些变化只有超凡的战略家邓小平才能实现。我的第二个选择（与第一个紧密相关）就是解读邓小平在 1976 年“文化大革命”结束后的发展战略。然后，我分析了邓小平和江泽民两代领导人战略所带来的影响，评估纠正其中负面影响的政策（1995 ~ 2008 年）。最后，我讨论了中国政治体系内的变化，特别是胡锦涛时代的变化（2002 ~2008 年）。

中国和西方学者们关于中国经济发展的文章有很多，学术界和公众对此也已了解很多，我只是简单地总结一些改革在经济维度上的主要成就。然后，再概括邓小平发展战略中产生的有关问题（包括经济发展对环境的影响）。同时，我特别强调在计划经济体制下国有企业的社会保障制度被替代后所造成的后果和出现的不平等现象。最后，我讨论了法律体系的改革，因为这非常重要，它能使人们认识到，要建立一个使经济持续发展的制度（如给予私有部门的经济活动以足够的法律保证），实现中国领导人有关社会和政治稳定的主要目标，中国领导人已经和将要克服的困难非常重要。[2]

在写这本书的时候，我尽量避免太多的技术方面的问题。尽管我的研究主要面向学术界，但我尽量使内容能被更广大的公众所理解。我之所以选择这个中间道路，目的就是要以纪实的观点来研究中国的形势，避免某些人对中国那些灾难性观点的论断，[3]以及某些人认为中国是一片可以征服的土地的过分乐观的观点。这些实质上都是许多西方商人的看法。[4]

多年前，我在日内瓦国际问题研究所学习中国历史的时候就开始有写这本书的想法。那时还是毛泽东领导下的新中国时代，许多西方知识分子都为新中国的发展而震动。我在被任命为日内瓦大学公共行政和管理系教授后，就开始研究西方社会管理的变化，一直到 1997 年春天。那年我被委托管理

“中瑞合作管理培训项目”，这正是到中国的好时机。这个项目是中国和瑞士政府联合举办的，从1997年持续到2003年，目的是培养400多名中国高级公务员和党的高级干部掌握公共管理的现代工具。这些人曾在中国、瑞士、法国和英国接受培训，主要是通过开放的培训中心（如法国巴黎的“行政学校”，英国沙宁代尔的“公务员学院”）以及来自这3个国家的重要的公共行政管理部门、国营和跨国公司等国际问题专家组织的讨论会进行的。另外，中瑞项目组织中国学员到这些机构参观，使他们有机会与欧洲专家在他们的组织驻地而不是在学术会议室进行互动。对我来说这也是一个很好的机会，可以了解中国的改革过程，我可以和北京的通信员（直接向中共中央组织部汇报）进行讨论，或参加所有讨论会，聆听中国学员所提出的问题和发言并与他们进行讨论。我曾20多次访问中国，去过几个省，包括欠发达的省份，如甘肃、青海、四川、云南和陕西等。

这个项目还给我机会同中国的党中央领导和各省市的干部见面。由于这些接触，一点一点地，一个中国和中国人的新形象出现在我的脑海：人们不再（像西方媒体描述的那样）穿着制服，而是服装多样化，也更加能够理解，更有魅力。幸运的是，我有机会会见几位知识分子，他们在协助政府的经济工作。这些学者在迅速发展的学术团体内从事研究工作。没有他们的帮助，我的任务是不可能完成的。我深深感谢其中一位最有影响力的经济学家，他就是胡鞍钢教授。他是清华大学国情研究中心的创始人和主任。在我们十几年的交往中，他向我讲述了中国的改革战略，还向我介绍了其他中国学者，我同他们进行了几次交谈，这使我更加深入地了解迅速变化的中国社会、经济和政体。要列出所有帮助我完成这本书的人，恐怕会有所遗漏。但是，我至少要提及清华大学公共管理学院的其他同事：崔之元、程文浩、杨燕绥、齐晔、刘求实、王有强、杨永恒和张万宽。还有清华大学的其他同事们：新闻学院的李希光和周乃菱（Nailene Chou Wiest），社会学系主任李强，法学院的程洁，经济学系主任白重恩。我还得益于与中国人民大学公共管理学院的合作，使我获得了很多宝贵的信息，特别是该学院主任董克用，社会保障研究所所长李绍光，教育学院院长、中国人民大学管理委员会主席秦惠民，以及王虎峰、胡平和黄必红。最后我还同国家发展和改革委员会的成员进行了数次讨论，特别是同陈东琪、宋立、常修泽和左传长等人的讨论，让我受益匪浅。科技部的周原教授帮助我了解科技发展在中国的重要性。他们帮助我深入了解中国并鼓励我写这本书。对此，不胜感谢。

我的日内瓦大学的中国助手帮助我组织“中国的改革”研讨会，他们是王嘉璐（音译）（1998～2003 年），王芳（音译）（2003～2004 年）、严然（音译）和袁鹰（音译）（2004～2005 年）。许多学生（大多数都具有西方文化背景，有些具有亚洲文化和中国文化背景）参加了研讨会。日内瓦大学的学生对此越来越感兴趣，特别是最近（2003 年）开始的亚洲研究的硕士课程。许多人已经写了论证充分的研讨会论文、硕士论文，写作质量很高，在这本书中我还引用了一些论文的内容。另外，尼娜·温（Nina Wen）和王芳帮助我完成了一个困难的任务，即组织中国高级干部训练班（上面提到的中瑞合作管理培训项目）。这些年轻学者都是中国土生土长的，同时具有西方文化知识和经历。让－保尔·巴里（Jean-Paul Bari）（瑞士人）、已故的多琳·德米利（Doreen Demilly）（英法双重国籍）、阿德琳·斯特里迈特（Adrian Strittmatler）（瑞士英国双重国籍）和瓦勒列·米莱特（Valérie Milleret）（法国国籍）是我的由各种文化背景的人组成的团队中的成员。同他们一起工作并通过探讨和日常规划，组织和召开年轻学生和高级干部研讨会，使我了解到西方文化和中国文化的相似之处和不同点。我很幸运担任两位年轻学者的指导教师。他们在中国政府资助下在南瑞士大学学习一年（我在那里教授组织传播学）。邢元（音译）于 2006～2007 年在瑞士和欧洲的大学学习期间，帮助我了解中国的学术系统。刘德豪（音译）（中国人民大学）在 2007～2008 年撰写有关中国社会保障体系的博士论文期间，了解了欧洲的社会保障系统，他帮助我更好地认识中国社会保障制度改革的情况，为本书第三章提供了重要的资料。

提到西方学者对本书的贡献，我主要是引用了他们的著作。这里要特别提到两位瑞士汉学家：汉语语言和文化教授，日内瓦大学亚洲学硕士班的创始人左飞（Nicolas Zufferey）和安托万·可奈恩（Antoine Kernen）（洛桑大学和日内瓦发展学研究所）。我同他们就中国近年来发生的变化进行过多次讨论。

最后，我要感谢我的夫人马德琳（Madeleine），她有英国和瑞士双重国籍，她给予我宝贵的帮助，对我的英文进行修饰，使其更适合国际读者阅读。这些年来，她的耐心和理解使我的著作结成硕果。

在介绍本书各章内容之前，我还要解释一下书名。“文化大革命”结束后，中国社会仍处于贫困状态。中国共产党曾经领导这个国家在1949年成立新中国，经过了一个世纪的屈辱历史之后，中国人民对将来充满信心。但是，“文化大革命”爆发，使得中国共产党失去了在群众中的威望。国家和平处理政体和社会紧张局面与冲突的能力受到挑战。尽管毛泽东的目标是发展经济，赶超西方国家，人民的生活水平却没有更大提高。如果国家、党、经济和社会（人民）之间失去了联系或更糟糕，一个国家似乎将永远处于相互矛盾的状态，这是非常危险的。为了避免这个悲剧的发生，中国有必要重建社会、国家和经济的关系。换句话说，找到一种协调国家、市场和社会的关系的方法。这就是邓小平及其继任者在1976年“文化大革命”结束后所做的事情，也是本书所要认识和解释的。

第一章主要讨论中国的政治文化。我深信，如果不考虑几个世纪以来使权力合法化的根本价值观和信念，是不可能正确地认识中国改革的全部原因的。在这一章我尽力展示中国从封建帝国时代传承下来的政治文化中哪些元素在今天仍然起作用，在清朝将近消亡和其后开始的变化过程中又出现了哪些新的元素。

第二章分析了邓小平时代改革的背景、成果［主要是按GDP（国内生产总值）计算的惊人的经济发展、消除贫困和中产阶级的产生］以及改革中各地区出现的不均衡发展和地区差距。

第三章分析了20世纪80年代和90年代初期经济发展战略中出现的地区发展差距问题。特别是新的安全网，主要是养老保险、健康和失业保险等。

第四章用我在其他地方构建的权力模型对中国改革的过程做初步的解释和评估。[5]特别分析了政治制度的变化，尤其是决策过程的变化。这一章评估了占主导地位的西方理论的有效性，因为要发展以市场机制为基础的经济，中国需要借鉴西方的政治和法律制度。这些政治和法律制度是建立和谐繁荣社会的必要条件。我还要展示这个理论的变化情况（这或许符合西方的想法，也可能符合一些中国人的想法），然而这些变化并不是改革过程必然产生的。中国完全可以找到自己管理和组织现代社会的方式。我并没有说教中国如何按照西方的模式进行改造。相反，我要说明中国的政治文化的某些特点到今天仍然是阻碍改革彻底成功的障碍，这些问题可能构成难以应对的挑战。这一点我已经提醒中国读者引起注意，中国有些学者也已经意识到这些问题。这要靠中国领导人找到应对挑战的答案。

在组织这四章内容时，我尽量按照易读的顺序安排。第一章从分析中国的政治文化开始，使读者了解中国领导人在公共领域的行为的根本价值观；第二章说明了邓小平实施改革开放的缘由和对中国社会的影响；第三章列出了中国政府纠正改革负面影响的政策；第四章解释了今天中国的权力结构和功能。这四章在结构上相互依赖，相互联系，因此有许多地方可以相互参照，看起来可能会有重复。汉学家可能觉得这样很啰唆，但我的目的是为普通读者提供方便，因此每一章都可以作为独立的一章来阅读。如果读者要进行更详细的解读，可以阅读其他章节。

中文版前言

我第一次萌生写一本关于中国改革的书的念头是在十几年前，当时我接受邀请负责一个中国中组部培训中心组织的、为中国高级公务员所开设的、在欧洲和中国两地进行的培训项目。得益于我大量的阅读以及几次访华的经历，尤其是与许多知识渊博的中国官员和学者展开的多次讨论，我开始了解中国管理其现代化进程的严肃性和认真态度。同时，我对许多西方记者和学者等评论者所做出的非常偏执的批评感到相当惊讶。在此，只提及几本当时在西方出版的书：《未来与中国的冲突》（*The Coming Conflict with China*）、《中国威胁论：中国如何瞄准美国》（*The China Threat：How the PRC Targets America*）和《中国即将崩溃》（*The Coming Collapse of China*）。[1]

当然，由邓小平推动的中国改革开放不仅创造了举世瞩目的经济增长，还大大地改善了中国人民的生活条件。但是与此同时，改革也带来了一些具有挑战性的发展问题，比如与日俱增的贫富差距和严重的环境污染。因此，我想西方读者们迫切需要一个对中国改革过程和改革成果更加公平的分析。一位著名的中国学者胡鞍钢阅读了我这本书的手稿，并同意为我撰写序。伦敦和纽约的劳特利奇出版社（Routledge Publisher）在2010年出版了我的这本书，这让我觉得自己可以写出一本让那些西方和中国更具理性思考的读者们都能接受的书。更多的写作细节以及许多帮助过我的人均收录在本书英文版的前言中。在此，我想对中国的读者多说几句。

本书完成于2008年金融危机爆发的一年后，书中的主要结论之一就是：中国所采取的举措比西方的更有效、更具“人情味”。西方国家用尽一切办法拯救制造了金融危机的源头——银行，实际上，产生危机的更重要的根源是实施了新自由主义的政策，包括私有化、放松管制、预算管制和紧缩措施，并伴随社会福利的削减。新自由主义政策造成的后果就是，在所有西方国家，尤其是在美国，贫富阶层间的收入差距进一步扩大。而与此同时，中国的官方数据表明，胡锦涛任国家主席时期的政策着重防止贫富差距的进一步扩大，提出“以人为本”的发展原则，包括个体之间及中国各省份、地区之间的贫富差距。这些“以人为本”的发展政策涉及健康和教育、养老金、农村居民的福利、低收入居民的住房、四川省汶川地震后重建、节能环保、基础设施建设（特别是西部省份）和结构调整。此外，中国开始从由投资和出口主导的发展模式向依靠内需和创新的增长模式转变。换句话说，中国对这场危机所采取的应对措施着眼于投资未来，西方国家则是向金融领域投资，而正是作为资本主义经济核心部门的金融引发了此次危机。全球金融危机爆发的4年之后，我在另一本书中，通过援引较新的数据，比较了中国和西方国家在过去40年的改革成果，也可以得出相同的结论。[2] 西方世界仍被困于金融危机，贫富差距持续恶化；而贫富差距的扩大显然在中国已经得到遏制。此外，中国关闭了许多效率低下的污染企业，大力投资发展可再生能源，尽管环境损害仍然十分令人担忧。可以理解的是，即使中国领导人充分意识到经济快速发展对环境和公众健康所造成的损害，也不能大幅降低经济发展的速度，因为许多中国民众尚未从改革中获益。但是，变革的方向已经确认。

最后，总体的经济数据十分清晰地表明，中国正在恢复其昔日世界强国的地位，这是自毛泽东时代以来中国领导集体一直追求的最终目标。我开始意识到中国正在重拾世界强国的地位，这要得益于我和之前的中国助手们所进行的关于在中国出现非政府组织（NGO）的研究。[3]

事实上，自改革开放以来，中国领导人就允许创建非政府组织，中国不仅向外国投资实行开放，还向外国的非政府组织开放。而现在，改革开放的成果之一就是改革计划经济，转型市场机制，由此企业被施加了市场竞争的压力。事实上，在市场经济的环境中生存，意味着企业必须要高效和具有竞争力，即企业必须降低成本。为了帮助企业实现这个目标，政府决定免除企业以往所负担的社会功能，即除了为员工提供收入之外，还要为他们提供住宿、医疗、养老金和教育。但这些措施还不足以使企业适应市场经济的新逻辑。事实上，为了提高效率和降低成本，企业不得不解雇大量员工。不幸的是，当时的中国还没有一个规范的社会保障体系可以去弥补企业退出社会保障领域的空白。现实状况是（这也是一种理想状态）：一方面，非政府组织（中方和外方皆有）的活动可以（实际上也做到了）提供急需的社会保障服务；另一方面，这也给政府建立一个成规模的社会保障体系争取了时间。而事实上，在接下来的几年里，政府也开始构建一个较为完善的社会保障体系。而令人遗憾的是，一些外国非政府组织开展了一些与社会服务无关的活动，至少从中国政府的角度来看是这样的，这些活动主要涉及传播西方的普世价值观。现在，干涉中国内政一直是一个在中国和西方关系中反复博弈的问题。为了理解中国对外国非政府组织的观点，我们有必要分析许多西方非政府组织在海外开展工作时的战略、动机和活动。

西方非政府组织的活动可以追溯到20世纪开端之时，并且遍及全球所有国家和地区，它们的活动通常遵循的理念是，它们有职责，甚至是国家使命，在世界各地传播西方的价值观，如自由市场、自由民主和自由贸易。中国不仅在过去遭受了来自西方的军事侵略，也见证了西方如何以自由民主为口号，干预其他国家的主权和内政，例如东欧的格鲁吉亚、乌克兰以及中国香港。因此，中国政府建立了一个复杂的流程来控制非政府组织，尤其是外国非政府组织的活动，这种做法可以理解。这是中国处理与世界其他国家的国家安全与国际战略的一部分。当然，中国与外国非政府组织的关系只是中国与其他国家关系的一部分，尽管它不应被低估。

事实上，西方非政府组织一直是西方战略的积极参与者，以那些妨碍西方国家实现其战略目标的国家为对象，扰乱其社会秩序。这些非政府组织的终极目标通常是激发一国的内部冲突，使倾向于“政权更迭”的外部势力的干预变得合理化，在其推动下所建立的新政府，通常会竭力满足西方国家的战略目标，正如前不久在乌克兰所发生的情况那样。但是，为了对中国的战略有一个全面的了解，我们需要考虑许多其他维度，比如中国在亚洲及其他地区所扮演的投资者的角色；中国在建造新的基础交通设施中所扮演的角色，即欧亚大陆上的货运铁路和管道；在其他大洲的类似活动，例如在非洲、拉丁美洲，以及最近在欧洲的投资活动；中国和许多国家通过互换双边协议，允许使用他国货币而非美元来支付交易的款项，从而增加了人民币作为国际货币的分量，降低了美元的重要性；中国还与多个国家，特别是金砖国家，尤其是与俄罗斯签署了国际协议，建立金砖国家银行和亚洲基础设施投资银行（简称“亚投行”），尽管遭到了美国的强烈反对，但许多欧洲国家都成为亚投行的成员国。所有这些维度都应在习近平主席于 2013 年公布的“一带一路”战略上加以考量。最后重要的一点是，人们必须考量中国的主要竞争对手——美利坚合众国的战略。

目前，我们可以看到，中国已经是世界公认的新型超级大国，虽然目前还不清楚国际体系的新结构是将呈现两极化（中国和美国）还是多极化（中国、美国、欧洲，也许还包括印度和未来的非洲）。这在很大程度上将取决于在过去 5 年中谈判的两个贸易和投资领域的超级协议能否成功。当我写这篇中文版前言的时候，美国和欧盟仍在就跨大西洋贸易与投资伙伴关系协定（TTIP）进行谈判，而跨太平洋伙伴关系协定（TPP）在美国和几个远东国家（不含中国）之间的谈判已于 2015 年 10 月完成，正在等待潜在成员国政府的批准。这些协议的目的是建立两个自由贸易和投资区域，使在区域中经营的跨国公司可以自由投资，并且能够起诉那些已实施或有可能在未来实施的有损外国投资者利益之法律的政府。TTIP 确定，将打造一个由 9 亿消费者构成的自由贸易和投资区域，包含世界上最发达的国家；而 TPP 致力于创建一个由美国在太平洋地区主导的自由贸易区，这势必会成为中国的一个强大竞争对手。这些协议体现了美国欲将欧洲整合进自身经济发展的资本主义制度的明确意图（除了北大西洋公约组织、北约的军事同盟之外），也体现了美国及其盟友想要孤立俄罗斯和中国的明确意图，它们迫使俄罗斯和中国接受基于资本主义制度的国际经济规则。假如中国向它们制定的战略妥协，就将成为众多资本主义国家中的一员，中国的大型公司则会成为新的跨国公司。但它们是否仍然具备中国社会主义特色？还是成为我们今天在西方看到的那些企业一样——以赚取尽可能多的利润为目标，却给社会公平带来负面影响？正如法国谚语所说："金钱没有臭味"，我想说的是，金钱也没有国籍。中国的跨国公司很可能将失去它们的"中国社会主义特色"。在这种情况下，建设和谐社会、实现"社会主义市场经济"、使所有公民公平享有经济繁荣的梦想就将烟消云散。中国的领导集体和中国人民将决定这个国家在未来的几十年会朝哪个方向发展。在我看来，如果中国想要保有其身份，应当关注以下建议（这些建议在本书正文中有所体现）：

1. 进一步开放决策过程，使政府可以听取专家（国内和国际）、有组织的利益相关者以及来自中国五大主要政治和行政组织层级中普通民众的意见，以形成政府的决策。

2. 进一步发展"以人为本"的政策措施（特别是社会保障领域，即健康、就业、养老、住房、食品安全和公共服务），这将有助于缩小贫富差距，尤其是减少收入不平等的现象。此外，"以人为本"的政策是有利于拉动内需的重要刺激因素，可以减少对投资和出口的依赖。

3. 提高农村居民和农民工的幸福指数。

4. 避免所有形式的市场原教旨主义，坚持奉行中国实用主义。

5. 保持政治对经济和经济主体的控制。如此，中国的资本家们才不会出现与西方同行们相似的行为，导致资本主义上层结构（金融行业）绑架国民经济及出现 2008 年那样的金融危机。

6. 保持对银行和中央银行的控制。

7. 促进发展“真正的市场”，即基于竞争和透明度的市场经济。

8. 有必要规范市场，从而有效率地生产社会所需的产品。

9. 明确生产角色。在市场无法生产社会所需的产品时替代市场的角色；由国有企业主导在中国经济中处于战略地位的部门，以及需要给公民提供公共产品服务的部门。

10. 提高地方政府的执政能力，以权衡建立政府与企业合作（PPP）的机会；提高地方政府管理与企业合作关系的能力。

11. 进一步提高包括银行在内的国有企业的管理水平和效率。

12. 进一步根除腐败、逃税和避税。

13. 进一步制定减少污染及合理利用稀缺资源的政策措施。

14. 继续发展和改善教育体系（义务教育应是免费的，高等教育应可负担）以及科学技术领域。

15. 做好准备，在难以推进的国际事务上发挥领导作用，例如气候变化、国际金融、逃税避税，以及国际经济、金融和政治体系的必要改革。

16. 继续奉行开放型的全球经济政策，但要实行有选择性的保护主义。[4]

如果能成功接纳并实现上述建议，中国不仅将显著提升本国人民的福祉，也将为整个世界做出积极的贡献。然而，目前还有一个问题悬而未决：是否存在“中国模式”？中国和西方的学者与意见领袖们曾多次争论这个议题。我可以给出的初步答案是，就目前来看似乎并不存在“中国模式”；或者更准确地说，也许这是一个矛盾的说法——中国模式就是没有模式，而是一个思维方式的持续变革，以及管理这个伟大国家的现代化进程。鉴于中国所取得的成功和西方“新自由主义模式”的失败，最后我想祝西方同仁们好运，并鼓励我的中国朋友们在持续改革的道路上高歌猛进。

第一章
中国的政治文化及其重要性

第一节　中国文化和西方文化的比较

中国文化与西方文化完全不同吗

1984 年 9 月 24 日，柏杨在爱荷华大学做了一次演讲，8 年后，即 1992 年，该演讲内容作为单独一章被收录在《丑陋的中国人与中国文化危机》（英文版）一书中。[1]在这本书的英文版出版之前，即 1985 年，收录这篇演讲的《丑陋的中国人》（柏杨著）在中国台湾地区用中文出版，并翻译成日文、韩文。至今为止，《丑陋的中国人》在中国大陆至少有 5 种不同版本。对于书中许多观点，许多中国人和知识分子感到震惊，并在中国和国外发表了非常严厉的批评。有些批评被收集在该书的英文版中。在书中，柏杨把中国的传统文化比喻为“酱缸文化”：像一个污泥坑，肮脏发臭，并举例说中国人说话声音大，爱吵架，窝里斗，不懂合作，不习惯认错，讲大话、空话、假话、谎话，揣摩别人，爱说别人坏话，缺乏容忍之心，自卑而又自高自大。他将中国人分为两类：一类是绝对自卑（奴才），另一类是绝对自傲（霸王）。此外，柏杨将中国文化与美国文化进行了比较，并表示非常赞赏美国文化。读完柏杨对两种文化的描述，人们不得不接受许多西方汉学家的理论，即中国文化从根本上说完全不同于西方文化，外国人很难理解中国文化。

然而，了解其他文化的人很清楚，这种文化特质在世界上普遍存在着。

比如，柏杨认为中国人在公共场所，如饭店等，说话声音大，而美国人并非如此；“丑陋的中国人”不为走在后面的人扶门，而美国人正相反。实际上，作为一个欧洲人，本人认为，美国文化也有同样丑陋的一面。我很少看到美国人为走在后面的人扶门。在饭店里，由于美国人的大声喧哗，我竟然无法同客人交谈。即使在欧洲，一些欧洲人也会发现，其他欧洲人也有丑陋的一面。我可以肯定地说，许多瑞士人认为法国人和意大利人在公共场所说话声音过高。我也可以肯定地说，美国人也很容易发现欧洲文化中丑陋的东西。说到中国，我曾去过多次，见到一些中国人（通常是官员）表面上很文雅，其实很傲慢，这是中国文化丑陋的一面，更不用说含糊其辞和说谎话了。但是，我也见到大批的中国人有礼貌，诚实，尊重不同的习惯，可靠，愿意帮助外国人，很随和，而且谦虚谨慎。所有这一切都使我得出一个结论，任何国家的文化都有其丑陋的一面。只不过有些东西在某些历史时期比另一个历史时期表现得更突出而已。我认为这才是柏杨想向其同胞们传达的真意。中国传统文化具有破坏性的元素，使“丑陋的中国人”的数量增加，因此有必要破除这些丑陋的东西，重塑中国人的新形象。

实际上，柏杨意在唤起同胞们的自知之明。他批评的是中国的传统文化，当然不是该书出版时中国 20 世纪 80 年代以来的新文化：多年前，中国人的道德观念和本土智慧都被孔子文化的破坏成分和专制政府所粉碎。[2]当然，柏杨也对毛泽东“文革”时期进行了严厉的批评。但是，中国共产党已经对“文化大革命”做出结论[3]，同时，1984 年邓小平的改革已经开始见效。柏杨承认，中国传统文化的羁绊不可能一下子被抛掉。中国需要建立一个民主政府，要有一个长期的政治和经济稳定期，这样中国人民将能过上正常的、健康的生活。[4]爱荷华演讲已经过去了 25 年，柏杨所呼吁的改变似乎都在发生：市场机制在很大程度上得以建立，政治和经济稳定得到了保障，决策过程更加公开，普选已经在村级进行。当然，中国社会的现实也不是完全正面的，也存在矛盾。地区间、各省之间、农村与城市之间，以及省内和市内之间发展不平衡。环境污染不仅威胁着地理环境，也威胁着人们的身体健康。所有这些现象都对经济的可持续发展以及社会、经济和政治的稳定构成严重威胁。[5]我们的研究是总结中国在1978年改革开放后发生的变化，及其对中国社会的影响，找出哪些传统文化仍然存留及其在现实中仍产生的作用，哪些新东西从1978年开始出现了。

至此，我们可以得出一个令人关注的结论。如果一个文化存在正反两方面的影响，尽管在空间和时间上表现力度不同，但分析它们在整个历史发展过程中的相同点和不同点，就有可能理解中国文化。当然这需要相当的智慧。此外，即使中国文化在很长时间内同西方文化的发展方向完全不同，仍然没有理由说这两种文化不可避免地向根本不同的方向发展。事实上，通过学习历史去探寻什么原因使欧洲和中国在19世纪中叶出现非常不同的社会，是一件饶有兴趣的事情。如果认为这两种文化的根本价值观在被采纳并执行之前已经被分析和研究过，那是完全错误的。就像瑞士汉学家吉安·弗朗索瓦·比莱特（Jean François Billeter）所说，中国和欧洲在文化、历史、科学（特别是在哲学上）以及社会组织发展上的相同之处太多了，因此，不能说两个国家在文化上根本不同。特别是现在这个从上到下传递良治的时候，西方关于人权和自由主义民主的论述往往忘记这样的事实，即西方历史也充满极权、恶霸和残酷违反人权的行为。比莱特曾批评法国著名汉学家弗朗索瓦·朱利安（François Jullien），因为他说西方和中国有着根本不同的文化。[6]这些西方汉学家们非常熟悉中国和西方的哲学、文学和历史，[7]我不想对他们的争论表态。就像我在该书中所表明的，我赞同西方政治学家的立场，即设法去发现这两种伟大文明在21世纪初期的相同点和不同点。另外，比莱特和朱利安的支持者的表达都带有攻击性，尽管我对双方的观点都感兴趣，但我还是喜欢像多疑的政治科学家那样，把自己的观点建立在经过坚实的理论框架验证的事实基础之上。另外一位研究中国的瑞士学者左飞的著作似乎与我的观点相似。他的书中最有趣的部分就是对西方和中国哲学思想的共同点和不同点做了精辟的分析。[8]

然而，我倒同意比莱特的这个观点。他说，弗朗索瓦·朱利安“忘记了君主制度、绝对的个人专制、暴政、横行霸道、专政和极权主义在欧洲历史上所起的重大作用；这些权力的形式几个世纪以来有时被接受并且合理化，有时被指责、批评和分析，这些都为我们提供了非常丰富的历史资料，促使我们思索与中国政治、道德和思想史的相似之处……他忘记了欧洲的民主发展历史，以及为了建立民主所需要克服的重重障碍……更不用说在今天，为了避免被经济力量所摧毁而需要斗争，在欧洲，向这个方向（民主、政治战胜经济）的转化过程是漫长的、困难的，但是至今仍没有达到目的，难道这不是事实吗？中国今天正在经历同样的过程，怎么能视而不见呢？……”[9]

我还可以补充一句，尽管西方批评中国人权状况和民主，怎么可能看不到在中国是政治统领经济呢？今天这种管理国家的方法正在指导那些旨在减少市场经济所带来的矛盾和差距的政策。[10]中国正在摸索与西方在多方面根本不同的社会管理方式：市场经济正在出现；法制正在形成；科技已经达到国际水平。这并不是说中国必须模仿西方。相反，中国很可能在创造一种具有中国特色的社会制度。[11]这与欧洲国家经由自由主义革命并采用市场经济后，采纳了新的政治制度并没有根本区别。西方人认为，民主和市场是两种理想状态：理性的乌托邦，以及不是经验基础上的对现实的表述。从乌托邦的建立和发展开始，西方国家都是根据自己的历史、价值观和根本的选择[12]来解释民主和市场的。尽管民主和市场的核心都有一套共同的根本价值观，但每个国家都发展出自己的一套民主和市场经济，以及自己的福利制度。[13]为什么中国不能这样做呢？当然，某些强大力量在引导全球化的过程向最强势的国家，即美国，所选择的方向发展。但是全球化正在打破地缘政治的平衡。新兴的国家正出现在国际舞台：中国、印度、俄罗斯、巴西以及欧盟。[14]经济政治的新规则必然出现，而且会被所有的大国所接受。[15]2008 年 7 月，日内瓦全球贸易谈判失败说明了这一点。多哈回合谈判框架内的 9 天会议（我所能回忆的时间最长的贸易高峰会）是为了达成一项简单的协议，即欧盟和美国要降低对农产品的补贴和关税，以换取中国、印度、巴西和其他新兴经济体开放化学品和汽车等工业品市场，而谈判由于印度和中国的反对而结束。人们对此非常失望。外交家都认为，多哈回合谈判屡受挫折很可能使多国贸易谈判遭到彻底失败。[16]

这清楚地表明，今后的贸易谈判要比过去更加考虑新兴大国的利益。新兴大国可以抵挡发达国家的压力，中国在其中必然起到很重要的作用。我们没有理由说中国文化的某些方面对此不会有任何贡献，中国将再次向全世界传播其文化的天赋和智慧。[17]

政治文化对认识中国改革开放的重要性

在此，我想更加清楚地说明我们研究现代中国的目的：我并不是想提出一种文化理论，而是把文化作为认识中国的一把钥匙，我并不是说文化可以解释一切，而是说把文化抛在一边是一种错误的理解。本书最后一章将用一个系统理论对现代中国进行分析。文化只是理论和方法论的一部分，而且是重要的一部分。在这里，我要更加详细地解释，为什么文化对我们认识现代中国社会发展史那么重要。另外，我只想说明，对于理解中国政治改革的进程，文化特性是有关联的因素，即政治文化。

为什么说要认识现代中国和1978年以来的改革必须要了解中国的政治文化？其理论基础要从那些研究政治文化和意识形态的著作中去寻找，因为文化对个人和集体的行为会产生重要的影响。在其他地方我也曾解释过，为什么要用政治文化的观点去了解西方国家的权力结构。[18]但是，运用这种观点去了解现代中国的目的就更加明显了，因为西方研究中国的学者正在热烈地讨论中国文化和西方文化究竟有哪些不同。[19]弗朗索瓦·比莱特具有启发性地分析证实了这一点，即对比西方和中国的政治文化是为了找出两者的不同点，但也会找出共同点。此外，只根据中国目前的状况来了解中国是没有用的。要像了解西方文明及其整个历史的政府形式，必须要回顾远古时期的欧洲

（即古希腊和古罗马）一样，了解中国必须从中国的历史追溯其现代政治文化的源头。除了要发现近年来出现的新东西之外，还要发现哪些过去的东西仍然存在着。毛泽东曾说过："不但要懂得中国的今天，还要懂得中国的昨天和前天。"[20]

政治文化最确切的定义是将其归属于社会文化的分支，就像政治制度可以定义为社会制度的分支一样。社会文化可以定义为个人对社会的态度和倾向的总和。社会文化置于社会历史和个人历史之中，在某种程度上支持并指导个人在社会制度框架内的行为。"政治文化是个人在整个政治制度中的政治倾向。它属于主观世界，决定并赋予政治行动意义。"[21]更准确地说，政治文化是指"具体的政治倾向——对政治制度及各个方面的态度，以及对自身在政治制度中所发挥作用的态度"。[22]更准确地说，或者更严格地讲，美国著名的汉学家之一派伊（Lucian Pye）将其定义为一套态度、信仰与情感，使政治过程有秩序和有意义，同时为政治体系设定了基本前提与规则，以控制体系。其中还包括政治理想和政治制度运行的标准。[23]这个定义中新的和限制性的因素通过"秩序"和"意义"体现出来，其目的似乎是对政治文化赋予个人对政治制度及其构成部分（包括他/她自己）所代表的一切以理性。这个定义自然使我们把政治文化和意识形态之间的关系也考虑在内。[24]

从马克思在《德意志的意识形态》和《政治经济学的批判》中所给出的定义来看，意识形态的概念等同于社会文化。[25]然而《德意志的意识形态》中的另一段文字则清楚地说明，马克思所感兴趣的是政治中意识形态的作用，作为占统治地位的意识形态，它能使统治阶级的生产模式和政治统治实现长久化。[26]从这个意义上讲，意识形态近似于政治文化。[27]自从中华人民共和国1949年成立以来，中国正在过渡到社会主义社会，因此，还不是没有阶级的社会，马克思所阐述的意识形态的概念（特别是占统治地位的意识形态的概念）对我们来说，和政治文化概念具有相同的理论作用，即具有一种将现实权力结构合法化的作用。[28]既然如此，在后面我将把政治文化作为意识形态的同义词来使用。

至于政治制度当中的政治文化的内容和作用，可以首先考虑政治文化由3个部分组成：认知倾向、情感倾向和评价倾向。[29]然而，对我来说，要了解情感倾向，特别是评价，有必要先了解个人在政治制度方面决定情感和评价的倾向及认知的模式。因此，有必要对政治文化加上第四个组成部分，我称之为“规范性倾向”。这样，就可以定义这些倾向的对象，即整个政治制度；政治制度的构成，即具体的作用和结构，占据角色的人；政策、决策、执行和评价；最后是在政治制度中自身的感受。

另外，一个社会政治文化的分布在一个特定的社会中不一定那么统一。相反，在一个社会中有各种人群，每个人群都有自己具体的亚政治文化。[30]我还要说明一下，在具体的历史案例中，还会有新的阶级或社会团体发展出区别于传统精英文化的政治文化。关于现代中国，人们不禁会问这样的问题：第一，1949年夺取政权的新的领导阶层用什么精神影响力（除物质资源以外）成功地实施自己的价值观？第二，新的领导阶层的政治文化与封建社会的政治文化有什么不同？第三，1978年改革后出现的新的经济改革派的政治文化如何适应一党制国家的意识形态？

要把最后一个问题进行延伸，可以问新的经济改革派是否会发展不同的政治文化，甚至发展与一党制国家的意识形态相对立的政治文化，是否后者必须改变自己的根本价值观，与新的经济改革派的价值观保持一致，或更可能出现的情况，是否一党制国家的上层人士会改变自己的价值观（有利于市场经济的价值观），允许和赞成新的经济改革派的崛起。[31]就最后一个问题来说，这两种实力派之间并没有根本的冲突，甚至可以说，中国有可能发展成像西方国家那样存在自由主义经济派和一个或几个左翼政党之间的关系，每一方都或多或少地为了经济利益改变自己的信仰。在国家、国际经济关系以及那些对市场经济产生影响的法律体系，特别是在财政和环境政策方面以及雇主对社会保障体系所做出贡献方面，他们都或多或少地扮演着干预者的角色。[32]

假设不久的将来中国会出现西方那样的多党制，是不现实的。中国和西方国家的实质性差别依然存在。在中国，政治集团内部的冲突实际上是党内不同派别的冲突；而西方是政党和利益集团之间的矛盾和冲突，很明显不包括各种组织内部的派别之间的分歧。因此，可以认为这只是在程度上而不是在本质上存在差别。[33]即使像人们想象的那样，一个党派确实不是铁板一块，但是我相信，这种解释不会令人满意，因为这完全置一党制和多党制的本质差别于不顾。一个党的不同派别的争论一般都是在该党内部进行的，是不公开的；而多党制的争论倾向于公民社会，再加上新闻和结社的自由，不可避免地使大部分政治争论公开化，导致各党派之间产生竞选。由于这些原因，我认为其差别是本质的差别，而不是程度上的差别。

这就使我不得不考虑政治社会化和政治文化之间的关系问题。确实是社会和社会内部各种社会化的因素，通过社会化的过程向个人传递价值观、信仰和行为规范，形成文化或亚文化。[34]如果说社会分成几个社会集团，人们可以提出这样的问题：每个集团是否有自己的社会化手段？或者一个社会集团是否具有足够的社会化手段来向其他集团传递自己的文化？就现代中国而言，人们会问，中国共产党是通过什么社会化手段向社会的其他人传递自己的政治文化的？是怎样成功地确保稳定和发展的社会凝聚力的？成功的程度如何？这样人们就会认为，传递政治文化的方式和方法在一定时间内对于上层人士来说是具体的，进而在不过多地考虑历史遗留问题的情况下对政治文化的内容和中国共产党的行为方式进行分析。与这种观点相反，人们可以提出这样的设想，政治文化是创造、筛选、放弃、发明和再发明等非常复杂的历史过程的结果。因此，一种政治文化过渡到另一种政治文化并不是一个简单的现象，在一定的历史时期，所有过去的遗产都将被摧毁，完全被新的价值观和信仰所代替。

更加可能的是，政治文化具有一定的阶段性：一种政治文化在一个历史阶段占统治地位，而在另一个历史阶段，在新的价值观的冲击下却逐渐衰落，[35]但这并不意味着完全失去它的力量，在某些情况下这种政治文化还可以成功地施加自己的影响，某些东西甚至可以融入新的价值体系，最后形成一种新的混合文化。[36]下一个阶段，新的价值观可能将传统的价值观置于次要地位。人们普遍认为，在西方，从君主专制政权过渡到民主政权，从政治文化传播的手段、形式以及内容的角度看，是一种根本的变化。另外，这种变化是以一种渐进的方式进行的（尽管在开始时呈现出“革命”的特征），如果要认为这种历史个案——从一种政治文化过渡到另一种政治文化的形式——在所有历史条件下都站得住脚，我认为这在理论上是危险的。不幸的是，为了解释封建帝制垮台后中国社会的发展，众多西方汉学家纷纷认为：中国的政治文化及其内容将不可避免地会产生根本的、多方面的变化。这种观点一般都基于 1978 年的经济制度改革：从中国向市场经济转型，并实行对外开放的那一刻起，就不可避免地要转变成民主制度，建立法治，分权，展开政治竞争，因此需要建立多党制，并进行自由选举，否则就必然倒台。[37]有趣的是，从长远的观点看，如果不能明显地排除这种假设实现的话，就可以形成相反的假设：作为意识形态支点的皇权的某些特点和政治文化将延续到今天，而且从短期和中期来看，还会延续到将来，新的政治文化将传统的和新的价值观相结合，完全有可能稳固政权。[38]

第二节　中国过去和现在的政治文化

这一节，我将对中国的政治文化做一个简单的回顾，目的是找出其根本特点，并强调哪些在新中国成立至今仍然存在，哪些还在指导经济、政治和社会的行为。

分析中国政治文化的发展已经超出了本书论述的范围。然而（我几经强调这一点），这是必需的，至少是为了确定其本质的东西，以便回答前面提出的假设——目前仍然存在的中国政治文化的某些传统要素及其传承的手段是永恒的。一本关于中国历史上行政和政治的关系的著作使我相信，进行分析的首要方法就是聚焦这两个方面的历史。[39]用这种方法确实使人意识到，从封建皇权过渡到共产党政权，中间又有国民党政权，意识形态过去是，而且今天仍旧是政权和国家职能的基础。而且人们会发现，这种关系不折不扣地说明中国政治制度中至少具有两个特点：集权和人治。但是，要说明毛泽东时代结束，邓小平改革开放实践其“不管白猫黑猫，抓住老鼠就是好猫”的名言后官方意识形态的变化，这样的论述还是不够的。实践这个名言，是为了执行另一个名言——“实事求是”。这个口号后来成为指导1978年后中国政治和政策的主要因素。在实践中，这种新思维的首要后果是认识到市场机制在效率上要优于计划性经济。很明显，这要求中国共产党的意识形态要发生变化。如果我们的分析能证实这些变化，那么最后一项任务就是确定毛泽东时代的意识形态元素（留存至今）和邓小平时代引入的新元素是否存在矛盾。

让我们先看看行政管理和政治之间的关系。在西方自由主义的传统观点中，政治和行政职能的区别，无论是在理论上还是在实践中，一般都是公认的管理西方国家的特点，即使从未绝对有力地执行过，然而事实的确如此。[40]此外，如果加上分权制、政治多元化和根本自由的保障，我们就可以抓住西方民主国家发明的、应对相互依赖的三大革命（科学革命、工业革命和政治革命）的解决方案的实质。三大革命要求在保障经济发展和社会与政治稳定的同时，还具有能够处理经济、国家和社会之间的关系的制度。在中国，从封建帝国时期到现在，集权并没有给这个区别提供任何空间。然而，不可否认的是，1949年执政的共产党政权能够发展经济，并保持政治和社会的稳定，没有必要去控制强大的反对运动。[41]这是否意味着中国人民并不怎么期望西方公民所期望的民主？1949年执政的共产党政权，是否成功地传承了保证长治久安的政治文化，并以满足民众的物质生活条件作为交换？虽然这些问题很难回答，但我仍尽力对中国的政治文化做出一个评价，找到留存到今天的传统因素以及封建帝制倒台后出现的新的价值观。

封建帝国政权

儒家思想：中国皇权的思想根基

儒家思想是一整套的社会义务和道德规范,[42]是在孔子（公元前551～公元前479年）的思想基础上建立起来的，后来被孟子（公元前380～公元前289年）、荀子（公元前300～公元前230年）、董仲舒（公元前179～公元前104年）和其他伟大的儒家大师不断补充，得到发展。[43]到了汉朝（公元前206年）的汉武帝年间，这一哲学思想经过董仲舒的重新解释，变成了中国封建社会历代皇朝的正统思想。

两千年来，这一意识形态深深地塑造了中国历代皇朝的官僚政治。尽管在许多时期曾经出现不稳定，但它仍是构成皇权的唯一稳定的思想根基。这并不是说它是皇权时期中国唯一的政治思想。就像左飞（Zufferey）所解释的那样，在汉朝，这个意识形态就是儒学、阴阳、法家、道家以及封建帝国以前时期的其他主流意识形态的综合体。左飞提醒我们，要注意王充（公元27～约97年）的著作。实际上，王充的思想可以看作中国改革开放后的开拓者的思想根基，因为他认为创新和创造是知识分子的主要品质。[44]这些思想在皇权时期遭到了严厉的批判，特别是遭到清朝乾隆皇帝（1736～1795年）的批判，很可能是因为这些思想对皇权所依赖的思想构成了威胁。王充的思想在20世纪被重新发掘，今天可以对发展战略新动向形成颇为有趣的支持，正如胡锦涛在2007年中国共产党第十七次全国代表大会上所说的那样。在会上，胡锦涛屡次强调有必要在中国社会的几个重要领域进行革新。我将在本章最后谈论这重要的一点。

在谈到皇权思想时，还有很重要的一点值得一提。那就是，尽管中国历朝历代的这一主要意识形态非常稳定，但这并不意味着从一开始到封建帝国结束（从公元前2世纪到公元20世纪初）中国社会没有发生任何变化。法国汉学家玛丽·克莱尔·白吉尔（Marie-Claire Bergère）对此有很好的总结[45]：19 世纪以前的中国并非像西方观察家经常说的那样是一个停滞不前的社会。6 世纪和 11 世纪的动荡，后来的黑暗时代和孤立，然后是蒙古人的征服，直到 16 世纪初的明朝，新的经济发展了，并持续到清朝，直到 16 世纪末才停止。另外，中国从 10 世纪开始就是科技发展的先行者。[46]欧洲刚刚开始科学发展的时候（15 ~16 世纪），中国的科技水平仍然领先于欧洲。中国的科学创新对组织生产和社会结构，包括至今仍部分存在的市场经济雏形，都产生了相当大的影响，因此值得研究，以便在改革的时代，即 1978 年以后，了解市场机制发展的具体形态。[47]

不过，尽管中国对哲学、科学、技术和经济做出丰富多彩的贡献，但从起决定性作用的角度看，官方儒学思想仍是使封建王朝政权合法化并能延续两千年的基础。另外，封建意识形态的某些方面，也就是保密的倾向，特别是在科技方面，只允许科学知识在封建政权控制的科学界很小范围内传播。[48]这就是中国到 19 世纪中期，在经济和军事发展方面，远远落后于欧洲的原因之一。[49]

起初，推行官方儒学的主要目的是以德治国，控制周朝末期（公元前 2 世纪）的政治混乱局面。[50]孔子的理想社会是道，是和谐。[51]为了达到这个目的，社会每个成员必须按原则（礼），按照管理国家的一整套道德规范，按照维持社会秩序和国家机器职能的“仪”行事，必须培养不追逐私利的道德。追求整体利益的“君子”必须引导那些追逐私利的“小人”。[52]人际关系建立在家庭关系之上。[53]文人由于多年学习传统的孔子教义，因此在家庭必须做出“孝”的榜样。[54]然后这种道德再扩展到家庭外的关系上，孝顺演变成对皇帝的政治效忠。这就是相信孔子思想的文人当官的合理性。社会层级化的管理模式为家长式：大臣们必须服从皇帝；儿子服从老子；妻子服从丈夫；青年服从老人。封建社会官员被称为“父母官”，被管理的人称为“子民”。根据董仲舒的理论，人为天之子。人、天和地合一。人能通天，人必须服从天意。

该思想等同于家长式管理，为皇帝的专权提供了坚实的基础。皇帝是“一家之长”，代表天管理“天下”，所谓“天下”，就是所有在天空下的人，即中国。但是这种绝对权力并非完全没有界限，至少在道德的意义上如此。君主必须独善其身，树立道德的榜样，否则天就要制造自然灾害作为警告。最后，如果坚持错误，天就造反，不履行其使命。好的管理必须在遵守道德规范和推行“人治”的基础上，通过教育人民来实现。结果，对于俗人来说，惩罚是第二位的。[55]现在让我们看看这种思想是如何转变为封建帝国的权力组织的。

封建帝国官僚体制和官员

封建帝国的官僚体制由两部分组成：皇帝和文官阶层。在等级制度的最高层，皇帝总揽立法、行政和司法大权。这个权力是绝对的、不可分割的。无论皇帝的人格和智慧如何，他都要依靠行政官员在这个农业大国行使绝对权力。另外，由小农经济构成的经济体系不可能为获取经济和政治独立的文人阶层的形成提供条件。[56]另外，容忍知识阶层的存在，使其独立于皇权，会出现危及君主的对抗势力。封建帝国官僚体制的本质是极权，即使它从来没有用物质的手段完全控制国家和人民。一个大的国家机器的形成依靠的是绝对权力，国家机器的发展反过来又加强了政权的极权主义性质。[57]

几个世纪以来，封建帝国的官僚体制保持着前所未有的连续性。尽管朝代不断更替，但它一直是帝国权力的中流砥柱。官员属于国家机器，甚至被看作一个集团，是帝国的真正主人。知识阶层是两千年历史的标志，在政治、社会、经济和文化等领域无处不在。[58]

大多数官员都成功地通过了以儒学教义为基础的、极具政治色彩的遴选制度，即科举制度，从而构成上层集团。他们都有同样的孔子哲学思想。这种制度不仅能使孔子的信徒进入权力机构，而且能使皇帝保证所有知识分子都顺从其统治，因为他们每个人都有同样的机会成为领导阶层的一员，[59]至少在理论上如此。事实上，这一制度不仅满足了皇帝的私利，也满足了知识分子的私利。一方面，孔子的信徒可以获得与他们地位相适应的生活方式，并忠诚地履行他们的政治理想；另一方面，君主能避免对抗势力的形成，获得一个有力的执政工具，更直接地保证有一个官方意识形态的普遍凝聚力。[60]

这样征召的文人集团可以帮助皇帝行使权力，不分行政和政治，可以分配到中央和地方担任任何官职。他们参与决策过程，并执行这些决策。[61]在他们的政治生涯中，才华、举止、文化知识和管理民众的艺术要比掌握专门的知识更为重要。[62]

封建帝国官僚体制的结束，国民党官僚体制的开始

封建帝国制度的衰落可以简单地从经济、政治和思想 3 个方面来阐述。在经济上，新农业技术的出现、工业的发展、贸易的繁荣以及与国外的金融关系破坏了传统经济——政府和封建官僚制度赖以生存的经济基础。[63]另外，资本主义大国逼迫中国开放，加速了传统经济的崩溃。从政治上看，一系列军事上的失败、外国的入侵并强加于中国的不平等条约、太平天国（1851 ~ 1864 年）在全国范围的起义以及地方军阀的突起，动摇了清政府执政的合法性。在意识形态上，1898 年的戊戌变法传播了民主和西方政治理念，民主革命越来越深入民心。[64]人们期望在中国能产生像 18 世纪和 19 世纪在欧洲出现的那种激进的变革。

孙中山领导的辛亥革命虽然结束了清朝的统治，但是并没有结束官僚体制。尽管改换了西方的政治制度，[65]但传统经济依然延续，工业和民族资本经济的滞后发展，以及外国的剥削和政治干预，使旧的官僚阶层在革命后仍然苟延残喘。国民党建立的以党治国又滋生出新的官僚体制。

同样，孙中山的革命理论，除一些重大创新之外，还具有连续性。实际上，虽然中国改革是一个渐进的过程，党的作用却仍等同于和传统治理相似的大一统、和谐。[66]确实，根据孙中山的政治理念，国家政权分为政权和治权。政权属于人民，有 4 种权利：选举权、罢官权、创制权、复决权。[67]此外，宪

法又赋予政府5种职责：行政、立法、司法、监察和考试。他还进一步具体地说明，党要实现人民组党，政治组党，向在革命中发挥进步作用的人开放。以党治国并不意味着只是一个党垄断国家权力，而是用革命党的政治思想治国。[68]最后，对于地方管理，孙中山建议实行地方自治，将其作为群众参政的方法和民主共和的基础。然而，党的角色仍然是以传统的一致原则来组织的。具体地说，党必须是革命的，[69]必须领导政府。[70]这种政治体制是通过各级行政组织实现治理的。党的代表大会是最高权力机构，授权其执行委员来执行代表大会的决定。

另外，国民党作为人民的代表行使权力，并把政府的权力分配给国民政府[71]，实践中也的确如此。然而，党控制和指导政府的主要活动，这也是事实。在实践中，国民党的中央政治委员会是国民党和政府之间的纽带，所有的重要决策都是由掌握最高立法和行政权力的机构决定的。[72]国民党控制政府的方式可以总结为：（1）制定所有的根本法律；（2）采纳政府的原则、计划和政策，然后由政府执行；（3）从中央执行委员会的成员中任命所有的政府要员。[73]最后，国民党的一些机构确实在代替国民政府的职责，而后者只是国民党的执行机构。

显然，国民党执行了孙中山的政治思想却并没有使中国走向民主共和国，而是形成了新的官僚体制，即国民党的官僚体制。第一，国民党的革命性质从1927年在南京上台之后就彻底改变了。[74]与前封建官僚和军阀结合，并且得到国际金融资本的支持之后，国民党已经不再是反帝反封建的政党了。第二，国家政权被国民党的实力人物所垄断，确切地说，是被党魁蒋介石所垄断。孙中山的思想被抛到一边，被国民党的领导人当作维持他们权力的借口。第三，与剥削农民的封建帝国官僚体制相比，这一新的官僚体制基于国外帝国主义的支持，不断扩大垄断资本，垄断了国民经济，将自己放在人民的对立面。第四，虽然采用现代的行政结构，却仍然是旧官僚的做法。[75]

上述分析基于一些中国学者的著作，基本上已被西方学术界所证实。正如徐中约（Immanuel Hsü）所说：

> 1928年所制定的3个目标，即国民革命、民主重建和社会改革，到了1937年，第一个目标取得很大进展，第二个目标取得了一定的进展，而第三个目标彻底失败。另外，从1929年开始的原本计划为期6年的训政期（孙中山渐进模式所设想的国民党6年的统治期）以外国侵略和国内造反为由被延长了，而这激起了自由派的不满，称这是国民党人不顾宪政、延长垄断所玩弄的花招。[76]

至于坚持“大一统”的问题，这是靠国民党占支配地位和事实上实施政党统治的国家体制实现的。有趣的是，它不仅被看作是封建帝国时期的“衣钵”，也可以解释为那时苏联和共产国际所起的作用。事实上，共产国际同时支持共产党和国民党，并为两个政党培养领导人。[77]西方国家（特别是美国）在“现实政治”以及厌恶共产党的思想基础上仅支持国民党，与之相反，苏联支持两个政党，一方面是出于“现实政治”的考虑，另一方面，也是基于马克思理论。当时中国正处在资本主义初期（与当时布尔什维克革命的俄国相比），从马克思的理论来看，国民党人很有可能取得胜利，因此共产国际支持国民党。但是，俄国自己的历史经验表明，根据马克思列宁主义的理论，共产党在不具备物质条件的情况下继承权力是可能的，因此共产国际也同样支持共产党。[78]现在我们可以预测上述分析的结论，即共产党胜利并建立一个称为中华人民共和国的一党制国家：部分传统的帝国意识形态在中国封建帝制垮台之后继续存在，共产国际、国民党和共产党之间关系的历史进程表明，是封建帝国的遗产而不是马克思列宁主义促使中国在1949年建立了共产党执政的中华人民共和国。20世纪初期，马克思列宁主义在政治理论和意识形态方面恰好适合刚刚建立的中国共产党（1921年）的“意识形态、日程和做法”：阶级斗争和无产阶级专政（由共产党执行）理论可能完美地同封建帝国传承下来的“大一统”的价值观相结合。[79]

现在我们可以得出结论：国民党的政治文化使传统的封建帝国政治文化的某些方面，即大一统及和谐的原则，在封建帝国垮台后得以保存，并由一党执政的方式加以保证；政治和行政管理之间的无差别合一被国民党所操纵的各级行政组织加以保证。同时，在旧的价值观的基础上，中国也出现了一些新的价值观：宪政及相关事物（如成文宪法至高无上的地位、分权制、现代行政结构和法治等），以及在国际资本主义势力的压力下（与中国经济相关的利益集团相结合）所引进的市场经济理念。当然，这些理念在大清帝国最后几十年就已经出现了，随着共和国的成立，人们认为这些理念会赢得更多的支持和信心。然而，我们不得不得出这样的结论，中国政治文化的传统仍然比新思想更加强大。另外，中国正处于更加困难的时期。在19世纪，中国面临的主要危险和挑战来自外部；而现在中国面临的问题是内部斗争和外部侵略共同积累所产生的后果。

内战时期，中国一片混乱。不仅新的共和国无法行使权力，打击中国共产党力量的斗争导致了内战，1931年9月到1945年又发生了日本侵略战争。第二次世界大战结束后，中国的内战又重新开始，直到1949年国民党被打败。因此，非常重要的是要看在这一时期，1949年的获胜方——中国共产党的思想基础是什么。我的目标是验证这样的假设，在1949年以后成为主流文化的中国共产党的政治文化中，中国主要的政治文化传统是仍然存在还是发生了改变。

1931～1949年中国共产党的经历

经过20多年的武装斗争，中国共产党先后成功地建立了3种政权或政府：20世纪30年代同国民党进行武装斗争时期的中华苏维埃共和国；抗日战争时期的抗日民主政府；国共两党对立的内战时期的人民民主政权。我前面提出的假设，即封建帝国政权的政治文化的长久性可以转化成共产党在这3个时期积累的试验，表明这3种政权大体上就是中华人民共和国政权的模式。

中国共产党先后建立的3种政权的特点是共同的：中国共产党的作用和政府的作用是一样的，执行的原则仍然是大一统与和谐，不过这次是由中国共产党执政。20世纪30年代的中华苏维埃共和国，中国共产党的组织在实践中倾向于代替应该发挥政府作用的苏维埃。[80]中国共产党的领导人直接领导苏维埃，被指定的人选是通过选举产生的。[81]党和苏维埃的重合有多种原因：模仿俄国革命试验结果，马列主义关于党的作用定义的影响，特别是游击的武装斗争的要求。[82]谈到被认为是不正常的现象，中国共产党在第六次代表大会（1928年）上决定，在所有苏维埃建立“党组织”。确实，即使党建立起来了，党的作用还是通过苏维埃的这些党组织来实现。党曾多次强调坚持和监督将党的决议和政治主张变成苏维埃的法律和决定的过程的重要性。[83]这种说法比较含混，但是党代替苏维埃已经成为惯例。

武装斗争时期，值得注意的党和政府之间的关系的另一个特点就是中国共产党中央委员会批准《关于统一抗日根据地党的领导及调整各组织间关系的决定》（简称《决定》）。[84]为了适应当时战争的困难局面，加强机动性，《决定》要求中央委员会对每个根据地的党组织实行统一领导。换句话说，党组织是每个地方政权的最高领导，主导党、军队和群众的所有活动。这一决定确保中国共产党能够加强对地方政府的领导能力，地方政权的人选按照党组织保证的“三三制”原则组成。[85]内战时期也执行了这一原则。中央委员会在其文件中强调，党的统一领导就是所有问题要通过党组织内部讨论而不是个人决定来解决。另外，政府和人民团体内的“党组织”要保证这些机构执行党的决定。[86]

从此之后，我们看到这种控制国家的方法的实质在1949年中华人民共和国成立后基本上没有改变。

再来看大一统与和谐、政治与行政合一的原则。这些原则由于中国共产党对整个政府机构形成支配地位而得到保证，是中国共产党政治文化的核心，加上新的马克思主义理论，毛泽东将这些思想理论运用到中国社会治理中。

中华人民共和国的政治文化：连续性和变化

本节的第一部分，我主要论述从过去继承下来、今天仍然存在的政治文化元素。第二部分分析中华人民共和国成立以后，特别是在邓小平时期出现的新的政治文化元素。最后分析江泽民、胡锦涛做了哪些改变。

传统政治文化传承

第一个发现很明显：尽管（或也许因为）中国信仰了马列主义，毛泽东将马克思主义与中国的实际相结合，但大一统与和谐的原则仍是 1949 年后中国政治文化的核心。[87] 尽管传统的封建帝国意识形态和马列主义有很大区别，但要实现后者的政治理想必然要求党在政治上实行集中统一领导。因此大一统的原则仍然是新中国政治思想的核心。早先革命时期（1921 ~ 1949 年）是如此，打败国民党（1949 年 10 月）以后实现革命理想也是如此，尽管基于马列主义的理想是对过去的彻底改变。

邓小平进一步发展了毛泽东的思想，提出四项基本原则和四个现代化。[88] 由于邓小平的接班人确认了这些新的元素，因此我认为这些元素将获得“中华人民共和国传承的意识形态”基本元素的法定地位。我将在邓小平发展战略那一章详细阐述这些观点。在本章的最后一部分，我将找出江泽民和胡锦涛引入的新元素，并评价这些新鲜思想在多大程度上脱离了封建帝国意识形态和马列主义的传统观念，而且没有把复活儒学某些传统方面的假设抛在一边。现在足以说明，中华人民共和国政权的结构和正式的组织形式就是这种存留的第一个标志。

中国的组织结构表现出的传统政治文化的存留

正式地说，中国是一个统一的国家。也就是说，中央政府（国务院）“统一领导全国地方各级国家行政机关的工作，规定中央和省、自治区、直辖市的国家行政机关的职权的具体划分”（《宪法》第 89 条）。“县级以上的地方各级人民政府领导所属各工作部门和下级人民政府的工作，有权改变或撤销所属各工作部门和下级人民政府的不适当的决定。”（《宪法》第 108 条）由于地方政府是同级人民代表大会派生出来的，因此要对后者负责。[89]但是，在实践中，地方国家机关受到双重领导，即同级国家权力机关（地方人民代表大会）以及党委和上一级同类型机关的领导。

各级政府内部实行民主集中制和行政首长负责制。[90]这就是说，公共政策在被批准和执行之前必须经过长时间的充分讨论。一旦获准，必须严格执行。行政首长领导其组织的所有活动，并有最后决定权，为所有的决定、命令和支付签字，全权负责。他还有向同级人民代表大会推荐候选人的权利。[91]

在这里，应当提到一个很重要的方面，除民主集中制和行政首长负责制的原则外，政府的正式组织和构成与西方国家现在的形式没有什么区别。这是共产党保证执行大一统与和谐原则的结果。[92]

从党的各级组织机构（中央和地方）中很难看到传统文化元素的存留，是法律赋予党的这种功能，而解释这种功能的方法证实了大一统与和谐原则的存留。[93]首先，正如我们已经看到的，党的职能基于民主集中制，民主集中制是中国共产党的组织原则。这一原则要求党员服从党组织，少数服从多数，下级服从上级，党的组织和党员服从党代会和党中央。法律规定，中国共产党是中国工人阶级的先锋队，同时是中国人民和中华民族的先锋队，其最高的理想和最终目标是实现共产主义。[94]中国共产党把马列主义、毛泽东思想、邓小平理论、江泽民的“三个代表”重要思想和胡锦涛的“科学发展观”作为行动的指南。党的实际职能加强了这些原则。让我们首先看看党的组织。

中国共产党全国代表大会及其选举的中央委员会是党的最高权力机构。同样，地方代表大会及其选举的党委会是党在各级地方层面的领导主体。

在中央层面上，全国代表大会由中央委员会召集召开，每 5 年一次。[95]大会选举中央委员会和中央纪律检查委员会。全国代表大会闭会期间，中央委员会领导党的全部工作，对外代表党。中央委员会全体会议（简称“中央全会”）由中央政治局召集召开，一年至少一次。政治局及其常委会和党的总书记由中央全会选举产生。全会间隙，政治局及其常委会行使中央委员会的职权。总书记必须是政治局常委会委员，主持召开政治局及其常委会会议和政治局及其常委会的工作机构中央书记处的会议。

在地方层面上，从省级到区级，地方各级党代会每5年举行一次，选举同级的党委会，地方党委会在地方代表大会闭会期间领导地方党员的全部工作。地方党委会全体会议选举常务委员会和书记、副书记。常委会在两次全体会议之间行使地方党委的职权。

我们看到，这个组织不是按照大一统与和谐的原则公开建立起来的。那么，党有哪些做法能够加强这些原则呢？首先，当企业、村庄、社会服务组织、学校、大学、研究机构、地区、群众组织、中介组织、人民解放军等各类组织中的党员人数超过3人时，就成立“党支部”“核心党组织”或“党委”“党组”[96]。这些核心组织都要执行党的路线、原则、政策和决议。他们是党的基层战斗堡垒。另外，党还在中央和地方政府、群众组织、经济、文化和其他非共产党的组织内部成立“党组织”。[97]这些党组织起着领导方向的核心作用。除此之外，党组织有义务贯彻中国共产党的路线、原则和政策，并有权讨论和决定这些组织的重要事务。

在这个背景下，保证大一统与和谐原则的最鲜明特点的是党和政府的联系（层级性质）。实际上，由党任命大多数政府领导人，这些人中的大多数同时在党内任职。此外，党从根本上去推动政府的各级执行（原则、政策和指导方针）。这在中国的各级政治和行政机构都是如此。这也表明，行政和政治的相互依赖关系仍然是现代中国政治文化和政治实践的一个特点。

中国共产党中央政治局常务委员会委员（简称“中共中央政治局常委”）是政权的真正核心人物。他们集国家领导人的职责于一身。胡锦涛，曾任中国共产党中央委员会总书记，中华人民共和国主席，中共中央军事委员会主席。国家副主席、全国人民代表大会委员长、政府总理和政协主席都是中央政治局常委。在中央政治局，每个常委会委员都有一个非常委会委员或书记处书记作为助手，负责中央政府某一方面的工作和领导这方面的政府机构。政府执行党制定的政策。

中国共产党通过党委会和党组领导国家事务。[98]最重要的决定都要由党委和党组会议进行决策。地方党委设有各个部门，保证监督同级政府的工作。党委书记、副书记的权力大于同级的行政首长。[99]党委书记是地方的第一把手，优先于省长和市长。地方行政首长一般由副书记或党委常委担任，要服从上级党委组织的决定。党委书记和副书记在政府部门兼职也不少见。

干部管理是党管理国家的具体方式之一，包括干部的提名、撤销和现代管理：培养、推荐、分配、评价和控制。这不仅包括在政府和党的管理机构、人民代表大会、法院、检察院、群众组织和国有企业工作的行政人员，也包括在学校、大学和研究机构担当领导职务的非党员干部。党中央决定干部管理的路线、方针、政策并制定、解释有关法律法规。[100]中央和地方的组织部在这方面实行分级分部门负责。[101]

中国领导人言论表现出的传统政治文化的存留

在本章我曾多次提到，邓小平是带领中国进行改革，并在中华人民共和国的意识形态中引入一些新思想的总设计师，其中市场机制最为重要，这意味着放弃实行全面的计划经济。然而，他仍然坚持中国政治文化的传统元素，即大一统与和谐的原则。确实，他关于四项基本原则的论述[102]强调了马列主义、毛泽东思想在中华人民共和国指导思想中的根本作用、对共产党的主导作用，以及在坚持社会主义中所发挥的领导作用。第二章我还要回过头来更加详细地讲述邓小平在加强这两种思想和中国政策中所发挥的作用。

这些传统的文化特质成为2002年11月8日中共第十六次全国代表大会上江泽民讲话的基调。[103]赞扬毛泽东和邓小平的贡献之后，江泽民重申一些根本的方针，特别是强调加强党领导中国社会的能力。在这里，我们再次明确地评估大一统的概念。江泽民的报告从一开始就强烈地重申："我们党必须坚定地站在时代潮流的前头，团结和带领全国各族人民……"

然后，江泽民阐述了十条基本经验。下面几项充分表明，总书记在讲话中不断强调加强党的领导的重要性。江泽民重申了继续坚持四项基本原则，发扬社会主义民主政治的必要性。"四项基本原则是立国之本。坚持中国共产党的领导，巩固和完善人民民主专政的国体和人民代表大会制度的政体。"[104]

另外，在讲到"三个代表"重要思想时，江泽民也非常谨慎地提到这个根本战略是为了加强党的领导。江泽民说：

> "三个代表"……是加强和改进党的建设、推进我国社会主义自我完善和发展的强大理论武器……贯彻"三个代表"重要思想，必须以改革的精神推进党的建设，不断为党的肌体注入新活力。高度重视和不断加强自身建设，是我们党从小到大、由弱到强，从挫折中奋起、在战胜困难中不断成熟的一大法宝。总结党八十多年来的历史经验，最根本的一条，就是党的建设必须按照党的政治路线来进行，围绕党的中心任务来展开，朝着党的建设总目标来加强，不断提高党的创造力、凝聚力和战斗力。

谈到改革和完善党的领导时，江泽民进一步说明党的作用：

> 党的领导主要是政治、思想和组织领导，通过制定大政方针，提出立法建议，推荐重要干部，进行思想宣传，发挥党组织和党员的作用，坚持依法执政，实施党对国家和社会的领导。党委在同级各种组织中发挥领导核心作用，集中精力抓好大事，支持各方独立负责、步调一致地开展工作。进一步改革和完善党的工作机构和工作机制。

讲话的最后一部分，江泽民又通过加强党的领导和培训党的干部之间的关系强调了加强党的领导的必要性。他说：

> 加强党的执政能力建设，提高党的领导水平和执政水平……坚持和健全民主集中制，增强党的活力和团结统一……建设高素质的领导干部队伍，形成朝气蓬勃、奋发有为的领导层……切实做好基层党建工作，增强党的阶级基础和扩大党的群众基础。

江泽民还进一步重申：

> 企业党组织要贯彻党的方针政策，引导和监督企业遵守国家的法律法规，领导工会和共青团等群众组织，团结凝聚职工群众，维护各方的合法权益，促进企业健康发展。高度重视社区党的建设，以服务群众为重点，构建城市社区党建工作新格局。加大在社会团体和社会中介组织中建立党组织的工作力度。全面做好机关党建工作和学校、科研院所、文化团体等事业单位的党建工作。

江泽民的继任者胡锦涛也有些新提法。胡锦涛在 2007 年中国共产党第十七次全国代表大会上的讲话与传统的中国政治文化相一致，也强调了四项基本原则和加强党的领导。本章最后将提到胡锦涛的一些新提法，这些新提法被认为是“传承孔子的价值观”。

我们现在可以得出以下结论，中国改革开放以后所提出的一些新的发展理念，如邓小平倡导的市场机制，并没有削弱从封建帝国时代传承下来的许多中国政治文化的传统思想，即大一统与和谐的价值观。将这些新的发展理念融进马列主义（就像毛泽东所解释的和与中国实践相结合一样），中国领导人并没有削弱这些传统价值观，反而是加强了。事实上，马列主义和赋予党领导国家走社会主义道路的政治领导角色的思想相辅相成。从这个角度看，如果共产党要建立自己的思想基础，使自身完成历史任务合法化，必须要倡导和遵守传统的大一统与和谐的价值观。在这一思想的框架内提出市场机制，不仅可以证明其领导理念的正确性，因为它不仅提出市场经济，还提出要维护稳定，而且可以由于党的地位和领导角色而减少市场经济的负面作用。马列主义和邓小平理论相结合，这种新思想的结构对西方学者来说似乎很奇怪，因为这些学者习惯于通过他们理性的眼光来分析社会现象，认为中国的发展观念与市场经济不能同时存在。[105]对于西方人来说，“有中国特色的社会主义市场经济”是完全矛盾的说法。然而，经过 30 多年的改革，我们不得不承认，中国正在向世界表明，至少到现在为止，它可以相对满意地应付这种矛盾。今天，无论是西方还是中国的学者们都普遍认为这种思想和政治纲领产生了几方面事实上的矛盾。[106]但是现在，中国领导人似乎非常认真地准备在实践中解决这些矛盾，下一章我将讨论这些重要的趋势，并力图评价中国共产党将在什么程度上解决这些矛盾。

改革开放后政治文化的变迁

邓小平的复出标志着中国社会发展的重要转折。下一章我将讨论中国社会的重大发展。在这里，我们要重点指出改革伴随着思想的深刻变化，因为这对认识邓小平的改革开放非常重要。这些变化不仅有助于了解党的路线，而且具有相对独立性，因为它对政治气候以及政治、经济和社会发展产生了不同的影响。

在详细分析邓小平改革开放观念之前，很重要的一点是要更加准确地定义“思想”在这里的含义。按照张维为的著作[107]，我使用的“思想”的概念与白鲁恂（Lucian W. Pye）所下的关于政治文化的定义相近。思想（或政治文化）是一套态度、信仰与情感，使政治过程有秩序及有意义，同时为政治体系设置基本前提与规则，以控制该体系。[108]从这个意义上讲，可以认为政治文化是一套政治思路，其作用就是指导或证明其公共政策和政治行动是有道理的。[109]

邓小平的策略目标

我认为，邓小平所制定的政策是为了追求两个目标。一方面，通过中国经济运行增长满足人民群众日益增长的物质需要；另一方面，使中国共产党政权得到巩固。两个目标相互关联，对党和人民来说，是对“文化大革命”造成的破坏的全面纠正：中国人民的物质生活必须改善。如果这一目标实现了，将会恢复党的合法性，权力得到巩固。最主要的是证明改革是有正当性的，因为改革的真实结果是衡量惠及人民还是伤及人民的唯一标准。

邓小平的思想与这两个目标息息相关。不改革就无法推进发展。因此，理念的改变就成了政治、经济和社会改革的必要条件。而社会经济的改革也促进了人们思维和思想的变化。思想和社会经济改革不是单向的，是双向的。很明显，按照我们的观念，权力和意识形态紧紧相连。领导人要通过他们掌握的权力和政策进行思想灌输，以证明其合法性。当然，只靠“说教”是不够的，还必须为人民提供他们的所需，就邓小平来说，也就是经济发展和物质与生活的改善。如果思想灌输能使现有政权的结构合法化，用承诺提供人民所需，将中国共产党及其领导置于社会、政治和经济发展的核心地位，那么就可以完成合法化的职责。但是，总有一天，权力必须证明所做的承诺已经实现。

现在我们来分析邓小平思想设计。我认为，这是邓小平实现以上提到的两个目标的总体设计：发展和恢复经济，巩固和发展中国共产党的权力。因此，首先看看邓小平继承毛泽东思想；其次再看看邓小平对中国共产党意识形态所做的改革，即秉承“实事求是”的观念；再次要看看中国寻求民主化的过程及其极限，这又把我们带回权力问题；然后是反对资产阶级自由化的运动；最后是提倡精神文明和有中国特色的社会主义理念。

邓小平的策略和对毛泽东思想的继承

要了解作为领导人的邓小平的重要性，我们有必要分析一下毛泽东的继承人。毛泽东的权力是建立在个人的人格魅力上的，而不完全是建立在共产党的组织上。因此，他属于马克斯·韦伯（Max Weber）式的合法权威历史样本——“魅力型领袖”。[110]实际上，毛泽东的合法性大半在于他的人格魅力和非凡能力，因此1976年毛泽东逝世后，世人曾经担心中国的权力结构出现真空。显然，此时出现了微妙的过渡期，完全有可能将中国带入不同的方向，而任何方向都不可避免地会产生负面后果。

韦伯的类型学对了解这一过渡期来说非常有用。韦伯将合法权力分成3种：法理型，其基础“依赖人们对所制定法规的信念”；传统型，其基础“依赖人们自古以来对神圣传统的遵守”；魅力型，其基础“依赖个人的特殊魅力”。[111]对于韦伯来说，魅力型领导权力基本上是个例外，最后总是向“普通”型领导权力发展。[112]因此，魅力型领导权力的发展是不可逆转的：“它将转向传统化或合理化（或把自己合法化）。”[113]在魅力型领导权力消失，后继乏力的时候，这种演化尤为需要。

华国锋成为毛泽东的直接继任者。毛泽东逝世后，华国锋正式成为党和军委领导人。他提出了著名的“两个凡是”的口号：凡是毛主席做出的决策，我们都坚决维护；凡是毛主席的指示，我们都矢志不渝地遵循。[114]很显然，华国锋肯定了传统的合法性。他是合法的，因为他是毛泽东选定的继任者；他的政策是合法的，因为符合毛泽东的政策；毛泽东的决策在“任何时候”都适用，是政治行为的最终试金石。但是，华国锋的经济规划不久以后被证明并不符合中国的实际。中国的社会经济状况要求改变政策。

实事求是

中国共产党思想的根本性变化与党的领导人从华国锋过渡到邓小平紧密相关。1976年，“四人帮”被粉碎后，“文化大革命”十年浩劫结束了。1977年华国锋同意重新起用邓小平（1976年被“四人帮”再次打倒），然而华国锋的传统合法性使他不能脱离毛泽东太远，因此导致他不能纠正“文化大革命”中毛泽东的错误。邓小平及其同盟者对“两个凡是”的口号发起攻击。1977 年，邓小平认为有必要恢复党“实事求是”的传统，他认为这是毛泽东思想的精髓。[115]邓小平像华国锋一样以同样的方式——求助于毛泽东的遗产——寻求自己的合法性，即传统的合法性。不过，1977 年改革派的力量还不足以冒着反对全面继承毛泽东遗产的风险去公开对抗“两个凡是”。另外，邓小平还需要得到党的干部的支持，因为他们许多人不能突破“两个凡是”。然而“实事求是”的标准并不是简单的认识论，而是实事求是地评价毛泽东的政策。这种至少正确地评价毛泽东的遗产是必要的。改革派深刻认识到，共产党不认真改变政策，就无法维持自己的地位。这样，邓小平展现出毛泽东的继任者的姿态，并在彻底改变政策思路的道路上迈出了第一步。

按照马克斯·韦伯或诺贝尔奖得主赫伯特·西蒙（Herbert Simon）所给出的定义，这种判定真理的新标准可以认为是对决策过程的合理化。[116]的确，一旦政策（价值判断）有了确定的目标，就可以凭结果（实事判断）来评估决策是否有力和有效。这就是邓小平所做的，1978 年中国政府宣布实施“四个现代化”。公共政策只能根据一个标准来评价：是否有利于实现现代化。新的真理标准更加灵活，可以提出完整的创新性解决方案，因为人们不再根据任何教条，而是根据所取得的结果来判断政策的成败。同样的思想可以从邓小平著名的一句话中体现：“黄猫、黑猫，只要捉到老鼠就是好猫。”[117]还可以说，这种变化不只是表现在权力合法化的过程中，而且也表现在个人和集体行为的变化中。将这种变化运用到韦伯的类型学，把行为分为情感、传统和价值理性以及工具理性等，可以认为，随着邓小平的决策新方法，中国领导人从华国锋的传统行为（即按习惯和传统信仰行事）[118]过渡到邓小平的工具理性行为（即行为者设定清楚的目标，然后运用手段达到目标的行动）。[119]改革派的目标，我已经说过，主要是根据经济发展进行设计。[120]

寻求民主及其范围

对邓小平来说，执行公共政策的目的是改善经济，因此必然要求“解放思想”[121]。也就是说，在全国人民中提倡一种自主精神，这种精神能调动全体人民的积极性，发展生产力。此外，邓小平清楚，增强民主、建立合法性是经济发展的必要条件。这包括党内、国家、企业和社会政治生活的民主化。必须使人民能够监督国家和企业。党必须能够更好地指导改革，必须更加有效率。为了达到这些目的，邓小平相信，党必须使经营者有更加宽松的空间。对邓小平来说，这在过去是不可能实现的，因为党的领导——特别是毛泽东——个人的权力太大。而中国必须放弃传统的集权制，实行民主和法治。[122]就像罗纳德·基思（Ronald Keith）所说，[123]经过“文化大革命”的极端主义之后，法律可以看作是从制度上限制领导人的个人权力。这是脱离“人治”走向“法治”的第一步。

显然，走向更加民主的运动是有限的。中国不可能在一天内实行西方式的民主。然而，引入合法化和法治的概念可以看作是中国开始向韦伯提出的法理世界演变。在这个世界中，法则对于人际关系的至高无上地位来说是这类权力的核心。许多西方学者这样解释：如果要达到预想的结果，全社会更多的理性组织都要不可避免地坚持经济制度的发展（特别是市场经济），也就是说，国家和经济的参与者必须理性化。根据韦伯的理论，一个理性的经济体制的发展（不管是市场经济还是计划经济）是基于经济参与者预测自己和其他经济参与者行为的能力。由于国家也要干预经济，因此国家的行为也要考虑进去，而且是可预见的。凌驾于人际互动之上的法律是保证预测经济参与者，包括政府行为的条件。因此，人们行为的可预测性是经济发展的前提。就韦伯来说，这就是西方社会合理化过程的结果，在私人和集体的各种活动中都存在。但是，中国是否会完全采取西方模式还不能完全确定：我们还不能排除中国最后会在一些“等同功能”方面采用一些西方的做法。这可以通过创造一些新的做法或利用传统中国文化的特点来实现。[124]

我已经说过，邓小平改革有两个主要目的。第一，改善中国的经济状况，但是要达到这一目的，有必要再加上一个有用的目的，即相对民主化和更加重视合法性。第二，思想和实践的创新具有在民众中恢复党的名誉和合法性的作用。邓小平确实想打破“文革”时期的专制主义，即便不是摧毁，它已经大规模地败坏了党的名誉。另外，邓小平也在寻求民众的支持，不仅给予他们更多的自由，还有具体的结果，即提高生活水平。这样，权力合法性和经济运行情况这两个限制因素因此得到匹配。民主化同时使邓小平能够恢复党的威望和支持经济的运行。

然而，前面我已经说过，民主化和解放思想并不是没有限度的。邓小平接受民主化的前提是不影响党的权力。民主化的后果是刚刚说过的两个限制因素，也不是任何时候都是匹配的。在“民主墙”时期第一次出现强烈的紧张局势。1978 年秋天开始，北京的一面墙被用来表达人们的意见。墙上贴满大字报要求进行改革，有的批评斯大林，甚至中国领导人。这些大字报实际上是支持邓小平的做法的，同时被认为是改革和批判“文革”的开端的 1978 年 12 月召开的第三次中央全会，仿佛打开了潘多拉的盒子。1979 年，示威和抗议运动开始了。贴在民主墙的大字报越来越多，批评中国的专政。有些则要求实现“第五个现代化”，即民主化。民主墙的组织者之一徐文立声称“没有（第）五（个现代化），四（个现代化）等于零”。邓小平不能接受如此极端地向党提出挑战，因此命令关闭民主墙。随后，邓小平为解放思想设置了界限，提出四项基本原则，改革必须服从四项基本原则。也就是说，坚持社会主义道路，坚持人民民主专政，坚持中国共产党的领导，坚持马克思列宁主义、毛泽东思想。[125]

可以看出，邓小平的思想工作已经改变了方向，不仅仅是打破毛泽东时代，释放经济发展的能量，解决经济政治生活的问题，最重要的是重申党的权力不容置疑。党是改革的唯一可能和真正的保证。迈克尔·哈默（Michel

Hammer）解释说："邓小平的信条毫不含糊，即四个现代化必须在政权的框架内进行，不能违背。"[126]很明显，邓小平相信，中国是个大国，人口众多，需要有一个强大的思想，团结全体人民，建设强大的国家。这解释了第一个原则。最后一个原则是典型的列宁主义和精英的权力思想，强调需要一个强大的领导人来引导人民，这对于一个大国来说是可以理解的。

改革者需要用保证国家稳定来证明他们集权的观点。邓小平提出，没有稳定和团结，就什么都没有，民主和经济发展也是不可能的。[127]稳定，包括党继续执政，是继续改革的必要条件。这是邓小平的两个根本目标。

反对资产阶级自由化运动

1979 年，邓小平仍然在巩固社会主义阵地。他非常懂得民主进程太快会危及社会主义制度。1980 年，他就提出了"反对资产阶级自由化"的概念。1980 年 12 月 25 日，邓小平在《贯彻调整方针，保证安定团结》讲话中提出：要批判和反对崇拜资本主义、主张资产阶级自由化的倾向，正式提出了资产阶级自由化概念。反对资产阶级自由化的运动清楚地表明，一方面，党内保守势力还很强大（以及为什么邓小平对他们非常关注）；另一方面，邓小平并没有准备接受对党的权威性的挑战。[128]那种抽象的资产阶级人道主义和社会主义异化论的思潮，邓小平明确表示反对。资产阶级的价值观和个人主义可能是导致社会和政治分裂的原因，因此反对资产阶级的价值观和个人主义，与反对保守势力并不矛盾，可以认为这是在维护国家的统一。实际上，这是对传统的大一统的价值观的肯定，是改革派和保守派都要坚持的。

第二次反对资产阶级自由化的运动，是 1987 年邓小平同意胡耀邦辞去在党内所担任的总书记职务。在讨论第十二届六中全会决议时，他又重申：搞自由化就是要把我们引导到资本主义道路上去，所以我们用反对资产阶级自由化这个提法。这次的威胁被认为不仅来自"右"的，而且来自"左"的。确实，过于激进的"左倾"（保守派）破坏经济改革，导致人民的贫穷，以及对资产阶级自由化的幻想。民众则支持来自"右"的反抗。反过来，高效率的执行改革会加强国家权力，提高人民的生活水平，因此人民更支持四项基本原则。[129]这次运动于 1987 年结束，并没有使中国回到过去。

尽管以上这些评论是为了对付来自“右”的威胁党威望的进攻，但改革者们认为有必要给予人民一个正面的理念，以帮助人民理解并支持四项基本原则。于是，中国共产党第十二次全国代表大会提出了两个重要的议题。[130]第一，邓小平提倡精神文明，也就是说，不但要提倡文化、科学、教育，还要倡导思想、理想和共产党的纪律。这样，在为中国人民——特别是青少年一代——倡导理想的同时，最重要的是倡导精神文明，防止民主化失控。人们担心开放会腐蚀社会主义的理想，会被资本主义思想所替代。这样，危险同时来自“右”和“左”两个方面。

第二，邓小平提出有中国特色的社会主义理论概念。他在《一切从社会主义初级阶段的实际出发》一文中提出社会主义阶级论述，并表示中国处于社会主义的初级阶段。社会主义不是在任何地方都适用。每个历史阶段都要求适应社会主义观念。邓小平认为，在社会主义的初级阶段，就是消除贫困，改善中国人民的生活。如果不是这样的话，社会主义怎么能战胜资本主义呢?[131]

这两点对邓小平至关重要，因为它们能加强共产党权力的合法性。确实，改革派认识到，经济发展不足以保证党的领导的合法性。邓小平发起改革（可以解释为向市场经济过渡，即使是部分引入市场机制）可能会引发资产阶级自由化思想的风险，人们会质问党的合法性。这在前面讨论的反对资产阶级自由化的运动中可以看出来。在这里，用词很重要。“社会主义”在某种程度上是党的基本原则，对社会主义的认同是其存在的基础。四项基本原则指出，社会主义道路和马列主义、毛泽东思想是党的行动指南。同样，“资产阶级”一词，按照马克思的传统定义，是与社会主义相对立的。如果说党的道路是“资产阶级”的，就是在质疑党的基础。为了证明至少部分借用市场机制的改革政策是合理的，邓小平又明确定义了有中国特色的社会主义道路，指出中国在实践中要保持灵活，务实的方法使这一灵活性成为必要。这样，党的权力，邓小平有关改革开放的发展，都是围绕这些新思想的核心。

重新定义社会主义与1987年党的第十三次全国代表大会讨论关于社会主义初级阶段有关。1989年，邓小平重申，社会主义本身是共产主义的初级阶段，而中国又处在社会主义的初级阶段，就是不发达阶段。[132]这个讲话最终在党内引起了激烈的讨论。中国处在不发达阶段，邓小平提出，国家走社会主义是分阶段的。此外，这种重新定义意味着重新回到马克思的观点，资本主义是走向社会主义的过渡阶段。资本主义及其资产阶级对马克思来说是革命的，他对此特别欣赏。[133]资产阶级在它不到一百年的阶级统治中所创造出的生产力，比过去所有世代所创造的全部生产力还要多，还要大。[134]资产阶级用来推翻封建制度的武器，现在却对准自己了（即生产力过剩）。但是，资产阶级不仅锻造了置自身于死地的武器，还产生了将要运用这种武器的人——现代的工人，即无产者。[135]正如马克思所说："资产阶级首先生产的是它自身的掘墓人。"[136]这样的历史构想有一种决定论：马克思的社会主义是否能在资产阶级完成自己的使命之前实现？而对邓小平来说，中国必须首先找到一个与资本主义作用衔接的制度，这种制度可以创造商品经济，为社会主义做好准备。[137]

这就澄清了有中国特色的社会主义的意义。对于中国来说，就是要找到既不同于资本主义又不同于其他国家的社会主义的道路。这就回到经济决定论：只有生产力的条件满足以后才能实现社会主义。这种新的社会主义观很明显是和邓小平的改革相一致的，因此被用来使其合法化甚至得到鼓励。最重要的是，这是一个发展经济的问题，即使其结果会产生不平等，而不是立即实现建设没有阶级的社会的目的。[138]

这种新的思想路线至少在某些时候能够协调社会主义和市场机制。由于全面实施计划经济会破坏生产力的发展，因此有必要将计划经济和市场经济的某些因素结合起来。[139]为了清楚地区分社会主义和资本主义，邓小平说市场经济不过是发展经济的一种方式，因此从价值的角度看，市场经济是中性的。这样他就成功地把西方的市场机制结合到中国改革设计中。[140]

掌握改革的进度和范围的难度

1983 年 10 月，中央中共发动“清除精神污染”运动，也就是反对对马克思的“颠覆性”解释，针对的是理论、文艺界存在的混乱思想，特别是精神污染现象，反对资产阶级思想。1984 年，邓小平掀起了新一轮的解放思想，给予教育更多自由，认为坚实的科学基础是经济发展的关键，应当给予知识分子更多的激励和职责。同时设计了新的优先政策：使农民富裕起来，鼓励农民致富。因此掀起了一个运动，鼓励党员干部为农民致富开展有益的工作。“不要怕富。”党让人们放心，这完全符合马克思主义，并不是走资本主义道路。1985 年，又进行了新一轮改革。

改革加快步伐：建设社会主义市场经济

20 世纪 90 年代初开始的改革比任何时候的力度都要大。邓小平认为有必要加快市场经济的改革。[141]1992 年邓小平重申了他曾在有中国特色的社会主义讨论上所说的话，即“社会主义的本质，是解放生产力，发展生产力，消灭剥削，消除两极分化，最终达到共同富裕”。[142]

1992 年邓小平视察南方。在那次视察中，他做了重要讲话。邓小平解释了苏联共产党垮台的原因：是苏联没有搞好经济而导致垮台。1992 年年底，党的第十四次全国代表大会指出：“中国经济体制改革的目标是建立社会主义市场经济体制。”[143]20 世纪 80 年代末、90 年代初中国迎来第三代领导人——江泽民。邓小平虽然退出了第一线领导岗位，但仍在党的思想导向上起到至高无上的作用。他的领导权威从未受到第三代领导人的挑战，实际上正是邓小平提议胡锦涛为江泽民的继任者。胡锦涛是在邓小平逝世后，在 2002 年中国共产党第十六次全国代表大会上正式任命的。

我们可以断言，1978 年以来的改革成果证明，邓小平是个政治家，一步一步成功地确立了自己在党内的权威，从而成为指导党的公共政策和思想方向的最高领导，加强了党的合法性，实施了庞大的经济改革计划，使中国的经济取得巨大的发展。巩固政权和推行重要的经济改革同时进行并不是容易的事。这两个目标在实践中往往是矛盾的，正如民主墙，各种赞成和反对改革的运动，邓小平的政策和思想方向发生重要改变，聚精会神抓经济往往会提高部分人民对政治改革的期望值。但是，这些矛盾不足以质疑邓小平的路线。邓小平所制定的两个目标是相辅相成的，党由于经济发展的改善而获得了合法性。这就是赋予具有中国特色的社会主义或社会主义市场经济的深刻意义。

社会主义只有生产力达到相当水平才能实现，而发展生产力需要市场经济或至少需要一些市场机制，而市场机制并不等于资本主义。邓小平用推进法制化进程，引进市场经济元素，保证国家政治稳定，巩固党的权力，为中国自 20 世纪 90 年代以来史无前例的经济增长奠定了基础。

江泽民对中国共产党意识形态的贡献：“三个代表”重要思想

邓小平的继任者江泽民对中国政治文化的创新有哪些贡献呢？在本章前一部分我们看到，江泽民与邓小平时代的思想是完全一致的。我们可以认为，在很大程度上，他是按照邓小平的改革思想执行政策的。[144]不过，江泽民最著名的是新理论，即“三个代表”重要思想。在 2002 年中国共产党第十六次全国代表大会上，这个理论连同马列主义、毛泽东思想和邓小平理论，被确认为党的思想基础。这个理论确认，中国共产党始终代表中国先进的生产力、先进文化的前进方向和中国最广大人民的根本利益。与以前认为的党代表无产阶级的利益相比，这个理论发生了重大变化。目前很难评价“三个代表”是否达到了毛泽东和邓小平的思想水平。当提到“毛泽东思想”和“邓小平理论”时，前面往往没有用于修饰的形容词，其重要性不言自明。在官方的词汇中，江泽民的理论总是在前面加上“重要”二字，这给人们一种印象，即在每次提到的时候需要重申其重要性。然而，我认为，在改革开放以来中国社会所经历的深刻变化的框架内，这个理论需要被看作是经济成功发展和大部分人民生活改善的结果。

正如我在下一章将要表明的，中国经济令人印象深刻的GDP增长是牺牲了新创造的财富得以平均分配的情况下实现的。其后果是，尽管中国人民的整体状况得到了改善，但旧的平均主义的社会结构被越来越不均等的结构所代替，出现了新的社会阶层、类型，甚至社会阶级。特别是，密切关注中国改革的观察家在了解了工业革命后西方和市场经济的发展后，完全可以断定将会出现一个新的企业家阶层，其价值观与处于领导地位的政党的发展战略相吻合。[145]在这个框架内，考虑到大一统与和谐的价值观仍然是党的思想核心，“三个代表”可以看作是一个合理的策略，其目的是在党内进行重建并协调中国社会内部出现的分裂局面，避免产生矛盾以及不能坚持在党的领导下进行改革。众所周知，江泽民在发表自己的理论之际，同时呼吁并邀请私人企业家加入中国共产党。虽然很难确切地评价许多私人企业家的信仰，但从中国收集的非正式数据来看，许多私人企业家已经入党，有些还在几个官方机构，如全国人民代表大会任职。

此外，在2002年中国共产党第十六次全国代表大会上的讲话中，江泽民将“三个代表”融入党的核心思想，认为它是增强党的领导和加强改革的根本战略。江泽民说，“三个代表”重要思想是加强和改进党的建设、推进我国社会主义自我完善和发展的强大思想武器。

在分析胡锦涛对中国政治文化的贡献之前，让我们再回顾一下中国领导人令人钦佩的将从封建帝国时代传承下来的元素与毛泽东时代的马列主义和基于市场机制的新价值观相融合的能力。对于汉学家来说，这并不奇怪，因为他们研究了中国漫长的思想历史。左飞提醒我们要注意这样的事实，中国政治哲学家们总是感觉需要将他们想要的新东西从过去伟大哲学家的口中说出来。这种表达新思想的方法实际上是一种理性的选择，这些东西自己说出来而不提先辈，就缺少说服力。[146]提到王充思想曾面临的被排斥的境地时（我前面已经提到），左飞进一步解释说：

> 这种对原创和创新的不信任，可以用保守主义来解释，这是典型的所谓传统社会，但也是与中国的特殊性更加紧密联系起来的原因……要发明创新，就是暗示过去的模式要调整，就是质疑过去的完善性，就是对古人的不孝。[147]

在这里，我们还有证据表明，今天的中国文化中仍有过去文化特质的存留。在下一节，我要表述胡锦涛在使新政策合法化时，比他的前任更少地提到过去的价值观和领导人。他更多依靠的是与从封建帝国时代传承下来的、传统中对古人尽孝[148]的价值观不一致的新价值观（特别是创新）。

胡锦涛对中国共产党的思想贡献：平等、公正、创新和科学发展观

要了解胡锦涛对中国共产党的思想贡献，可以把江泽民的贡献和胡锦涛政策合法化的战略进行比较。在分析他们各自在 2002 年和 2007 年党代会上的讲话时，[149]我们将考虑对 4 种合法性的引证。首先是马列主义。对于一个党的领导人来说，这种引证似乎是非常有理性的，因为共产党把马列主义作为自己的“基本原则”之一。第二，我考虑对科学的引证。这也似乎是中国领导人让权力合法化的正常引证，因为马克思主义的追随者认为马克思主义是科学的历史观。此外，邓小平定义的四个现代化清楚地指出用科学的观点践行现代化。第三，我将引证中国的形势，或用邓小平的话表述“中国特色”。最后，考虑引证新的合法性的价值观，即经济效益和公正之间的平衡。为了找到江泽民和胡锦涛讲话中提到的这 4 种价值观，我将采用一系列的指标。关于传统的马克思理论的合法性，我要考虑马克思主义、马列主义、毛泽东、邓小平和民主集中制这些关键词。关于科学的合法性，我要使用科学发展等词汇。关于中国特色，我建议使用中国特色、稳定、和谐、和谐的及创新等词汇。用“创新”作为引证中国特色的标准似乎很奇怪，胡锦涛的讲话中表达出中国的根本目的就是在 21 世纪成为世界的主角。而中国要在国际上起领导作用，必须停止模仿西方，要创新，去创造自己管理社会各方面的方法，并且影响国际事务的进程。合法性的第三个方面是过渡到第四个方面的桥梁，即基于经济效益和公正平衡的新的合法性。我用下面的指标来表示新的合法性：效益、市场、公正、公平、法律及其衍生物，即“法治”或“依法”和尊重“法治”。让我们看看，运用这种新方法从江泽民和胡锦涛的 2002 年和 2007 年中国共产党全国代表大会上的讲话能有什么新发现。[150]

表 1－1 显示，党传统的合法化的价值观在两个讲话中都有引证，只不过在胡锦涛的讲话中略多一些而已。然而很有意思的是，江泽民 16 次提到他的前任（邓小平）；胡锦涛 11 次提到邓小平，只有两次提到他的前任（江泽民）。[151]因此，似乎对胡锦涛来说，提到马列主义和发展党的马克思理论的领导对政策合法化并不重要。这并不意味着这些价值观对胡锦涛不重要，因为他也多次提到马列主义。这是什么意思呢？这是不是意味着胡锦涛打算提到其他的合法化价值观，因此他减少了论述传统的马克思主义价值观的时间，从而留出足够的时间讲述他所选择的新价值观？这就是我们考虑其他 3 个“合法性”要发现的东西。

表 1－1　江泽民（2002 年 11 月）和胡锦涛（2007 年 10 月）在中国共产党全国代表大会讲话中所反映的传统马克思主义的合法性

每项中提到的次数			
江泽民	胡锦涛	胡锦涛与江泽民之差别	指标
13	19	+6	马克思主义，其中：马列主义（江泽民 5，胡锦涛 3）
6	8	+2	毛泽东，其中：毛泽东思想（江泽民 4，胡锦涛 5）
16	11	－5	邓小平，其中：邓小平理论（江泽民 10，胡锦涛 8）
3	2	－1	民主集中制

表1－2表明，江泽民和胡锦涛都提到把科学作为合法化的价值观，然后又出现了第二个不同点：只有胡锦涛提到与社会和谐有关的科学发展。这个不同点在考虑以下合法化的价值观的过程中更加明显。

表1－2 江泽民（2002年11月）和胡锦涛（2007年10月）在中国共产党全国代表大会讲话中提到的科学的合法性

每项中提到的次数			
江泽民	胡锦涛	胡锦涛与江泽民之差别	指标
22	59	+37	科学的
29	11	－18	科学，其中：科技（江泽民9，胡锦涛7）
0	14	+14	科学发展，其中：科学发展+社会和谐（江泽民0，胡锦涛6）

注：在中文里，科技只是一个词。我在做英文翻译时将这个词的两种用法做了区分：形容词和名词。

表1－3表明，两个领导人的不同点更加深化。尽管两人都提到在执行发展战略的过程中中国特色的必要性，以及在发展过程中维护稳定的重要性，但江泽民只有6次提到实现和谐与和谐社会，而胡锦涛提了33次。更加鲜明的不同之处是，江泽民25次提到创新，但是主要指“理论创新”“科学技术创新”和“制度创新”。胡锦涛则46次提到创新，似乎它是最关键、最重要的价值观。他有一套很复杂的讲述创新的方法。首先与改革挂钩，过去的中国最重要的是模仿外国。对胡锦涛来说，未来的创新应当出自中国。此外，胡锦涛强调在各种重要领域要进行独立自主创新：在地区、一般管理、银行、企业及其现代化、军队、科技、中国在国外投资和利用外资等各个方面都要寻找新的平衡。这显然是要在中国社会发展中开创新纪元。这种新的趋势在第四个使党的作用和政策合法化的来源中更加明显。

表1－3　江泽民（2002年11月）和胡锦涛（2007年10月）在中国共产党全国代表大会讲话中反映的中国特色的合法性

每项中提到的次数			
江泽民	胡锦涛	胡锦涛与江泽民之差别	指标
30	57	+27	中国特色
22	18	-4	稳定
6	33	+27	和谐或大一统
25	46	+21	创新，其中：胡锦涛12次提到独立创新，7次提到改革创新；江泽民10次提到理论创新，7次提到科学技术创新，4次提到制度创新

表1－4表明了江泽民和胡锦涛提到经济效益、市场和法律的情况。在其他新的合法性指标中，两人出现明显差别。与胡锦涛相反，江泽民从未提到“平等”，只有3次提到“公正”，而这3次也只限于司法公正。江泽民21次提到“依法治国”或“依法”，但只有3次提到“法治”，还是同“建设社会主义国家”（2次）或“德治”连在一起提到的。[152]胡锦涛对执行这些价值观表现得更加自信，他12次提到“平等”，8次提到“社会平等”，9次提到“公正”，并5次把“社会平等”和“公正”连在一起。

表1－4　江泽民（2002年11月）和胡锦涛（2007年10月）在中国共产党全国代表大会讲话中反映的平衡经济效益与公平的合法性

每项中提到的次数			
江泽民	胡锦涛	胡锦涛与江泽民之差别	指标
9	7	-2	经济效益
48	38	-10	市场，其中：社会主义市场经济（江泽民19，胡锦涛11）
0	12	+12	平等，其中：8次提到社会平等
3	9	+6	公正，其中：5次提到社会平等与公正
49	65	+16	法律
21	18	-3	依法治国
3	13	+10	法治

但是，胡锦涛只有一次与“建设社会主义国家”一起提到“法治”。他认为法治本身就是一个根本原则（5 次）。他在另一段中说，法治是社会主义民主的基本要求。当然，这并不意味着江泽民对平等和公正不敏感，这只是表明胡锦涛更加重视思想核心价值。这些很清晰的迹象表明，新的中国领导人对邓小平和江泽民时期四个现代化给中国社会带来的矛盾非常重视。至少在思想和实证层面上表明，中国新的领导人准备采取若干严厉措施使中国社会发展更加平衡。胡锦涛说得很清楚，有必要用市场机制处理好效益和收入分配平等之间的关系，一党制国家应该更加注意收入的再分配。[153]第三章，我们将考察这些措施得到何种力度的执行。

领导人讲话中多次提到“和谐”“稳定”（特别是上面提到的胡锦涛讲话中的第二项和第三项合法性）似乎表明，从封建帝国时代传承下来的传统价值观正在复活。当然这样说有它一定的道理。自中华人民共和国成立以来，在相当长的时间内，孔子的价值观实际上是被禁止的。现在已经不是那种情况了。如今中国的知识界和政治领导对儒学越来越感兴趣，特别是在重申中国政治文化独创性和防止中国社会西方化方面更是如此。[154]那些对仍然存在影响力的希腊哲学和罗马法律非常熟悉的西方学者们，对儒学价值观的复活并不感到惊奇。就像西方对古希腊和古罗马的继承一样，儒学价值观的复活要放在今天的具体形势下来解释。在封建帝国时代，稳定与和谐的价值观对保持中国基本社会结构非常有利。今天，同样的价值观是在其发展战略框架内使用的，而这种发展战略是为了转变中国，但是转变到什么程度，即使是现在的领导人也无法预测。

结　论

在本章的最后，我们可以得出结论，从封建帝国、第一次共和与毛泽东时代向邓小平、江泽民和胡锦涛时代过渡的过程中，中国领导层不断地使意识形态和发展战略适应中国的国情和特点，也不断去适应国际形势，总结过去政策执行的后果，并且意识到党的思想基础的适应性要归功于务实的态度。同时不要忘记，中国的根本目的是要恢复在世界上的大国地位。为了达到这个根本目的（很有可能是要尽快实现），各届领导人还要采取必要措施，而且适时纠正影响这一目标实现的政策走向。许多西方学者和观察家认为，不断调整党的思想基础的策略是为了巩固权力。这倒是一个有趣的解释。但是，我认为这并不重要。任何政治制度下掌权的党和政治家有谁不想巩固自己的权力呢？我不知道。但是，我相信最重要的是要看一个党或党的联盟对改善人民生活的贡献是大还是小。当然，我们可以用多种指标来衡量，这种指标不一定是科学的，而是基于思想上的偏见。在下一章，我们将回到这一重要问题，并提供尽可能公正的答案。

第二章

邓小平的经济发展战略

引　言

1976年9月9日毛泽东逝世后，中国政治体系经历了一场非常严重的危机。中国政治一方面陷入不稳定，另一方面为党内改革派提供了机会。

那时，中国被孤立于世界之外，经济增长速度和人均GDP在国际比较中排名很低。中国经济落后于其他一些亚洲国家，由于其他一些亚洲国家实施了积极的国家发展政策和融入世界经济，因此发展速度很快。在这种政治不稳定、经济落后的情况下，邓小平提出了改革开放。

第一节　邓小平改革战略的根本[1]

邓小平被认为是20世纪80年代中国共产党最伟大的领导者，是领导中国走出“文化大革命”十年动乱，走向现代化和经济发展的总设计师。[2]邓小平1904年出生于四川。他16岁赴法国勤工俭学，在那里了解了工业生产的模式，与后来在中共担任重要领导的一批共产党创始人共同活动。在法国留学几年之后，邓小平去了苏联，学习和研究马克思和列宁的思想，在那里成为政治活动家。

回国以后，邓小平于1931年加入中华苏维埃共和国临时中央政府，成为毛泽东的支持者。毛泽东称他为“最能干、最可靠的助手”。[3]1938～1952年，特别是在抗日战争和国内革命战争时期，他在人民解放军的军事生涯战功赫赫。中华人民共和国成立后，邓小平历任中共中央西南局第一书记、中国人民革命军事委员会委员、西南军政委员会副主席，1952年调到北京。1953年9月～1954年6月，邓小平担任副总理兼财政部部长。1954年2月～1956年9月，担任中共中央秘书长。1966年，随着“文化大革命”的展开，邓小平被扣上党内第二号走资本主义道路的当权派的帽子，随着国家主席刘少奇一起被打倒。

在周总理的支持下，1973年他被重新起用，然而，1976年又作为“反革命”被“四人帮”打倒。1976年毛泽东逝世后，邓小平复职，尽管此前他从来没有担任过总理或主席的职务，但实际上，是他在20世纪70年代末和90年代初领导了中国的改革，这要归功于他的个人魅力以及党内领导人们的支持。1990年，邓小平辞去中共中央军事委员会主席职务，这样就退出了他最后的公职，他的最高职位就剩下了中国国际象棋协会主席。[4]这表明现代中国历史上的这位巨人极具权威性。1997年2月19日邓小平逝世，同年9月，中国共产党第十五次全国代表大会召开。

在进一步讨论邓小平所追求的目标之前，我们必须考虑封建帝制的最后几十年以来，中国这些统治者被授予政权的历史背景。西方的中国政治观察家们往往忽略了给中国领导人定位的最深层次原因，他们认为现政权的性质尽管在改革年代发生了很大变化，但仍然是专制政权（如果不是极权的话），其统治者主要是为了维持对中国社会的统治。毫无疑问，中国创造了人类历史上最伟大的文明之一。然而，在19世纪西方国家用残酷的武力逼迫中国开放经济，以满足它们自己的利益（无论是它们的国家利益还是其经济精英们的利益）时，中国伟大文明的价值观遇到了强大的挑战。最明显和带有标志性的事件就是1860年英法联军“火烧圆明园”。中国所遭受的耻辱在19世纪末中日甲午战争失败后达到了顶点。从那时起，中国政权的领导者（孙中山和共产党）的最高目标就是竭力恢复中国昔日伟大的形象和力量。作为西方人，我们必须懂得，中国领导人所追求的其他目标都是次要的，或者说至少与这个最高目标密切相关。

鉴于此，我认为“文化大革命”结束后邓小平面临两个挑战。第一，他急需改善中国的经济运行状况。第二，他不得不重新确立中国共产党的合法性和领导地位，及其在党内的权威，实践他的改革理念。改善经济运行状况是关键，因为中国的经济很落后，“文化大革命”使党在民众中的威望减弱。邓小平认为，强大的经济加上技术进步，对保证国家安全、恢复党的威望至关重要，因为人们会去评估共产党是否有能力满足广大民众的物质需求。所以，邓小平同时着手实现两个目标：巩固中国共产党的领导地位和改善经济状况。邓小平以务实主义著称。然而我同意古德曼（Goldmann）的解释，他说邓小平“具有强烈的务实精神，但他不是一个实用主义者”，而是一个令人信服的革命者，努力用现代化来保证中国共产党能够保持其政权。[5]按照这样的解释，邓小平在寻找一种合理的方式以实现上述两个目标。尽管党内占统治地位的是马克思主义思想，但邓小平的务实精神还是促使他将一些市场机制引入中国以发展经济。根据许多西方的中国观察家的观点，这将不可避免地导致中国建立一种同西方类似的制度。

针对这种理解，我们不要忘记，邓小平的战略除了有理性的一面外，其政治文化还有思想上的基本因素并没有（也将不会）导致中国采取和执行旨在按照西方模式进行改造的公共政策。在本书的最后一章，我还要论述这一点。在此我要提到一点，那就是，邓小平强调经济发展使得中国社会的其他因素发生了重要变化，重要的是要按照科技能力来进行公共行政管理。事实上，这是邓小平反对“文化大革命”的主要原因。对于 1949 年以来中国的这一重要阶段，有许多其他可能的和可信的解释，而我们的解释是毛泽东想通过搞“文化大革命”与 3 种官僚机构——党、政府和知识分子做斗争，认为他们的势力越来越大，并且想从毛泽东手中夺取权力和背离毛泽东的思想路线。但是毛泽东“无产阶级专政下继续革命”的治国战略很显然和他以发展经济为手段恢复中国的大国地位相矛盾。毛泽东治理国家和中国社会的方法需要起用那些与他的思想（不管他是如何定义的）一致的领导人（政治家和公务员），换句话说，这些人必须是“红色”的。就像马克斯·韦伯在他的关于经济、政治和社会的文章中所说的，经济的发展（无论是市场经济还是计划经济）需要在社会各个地方建立官僚机构，即一种特殊的、基于技术能力的组织。因此，官僚们不可避免地需要获得权力，全部官僚化以后，替代政治家来治理国家。[6]

为了巩固他的权力，邓小平采取了两种手段：从根本上逐步地改革党的官方政治论述（第一章已讲过）和在党内建立联盟。为了达到改善经济的目的，邓小平倡导对经济的运行进行改革，引进市场机制。为推行改革开放，邓小平开始在几个经济特区试验市场经济，然后评价试点结果，最后将好的做法一点一点地、循序渐进地向国内其他地方推广。[7]邓小平强调的是事实，即强调被证实了的方式和结果，而不以传统观念约束发展。此外，他还在经济特区试验“在西方捉住许多老鼠的猫”。一旦被证明也能在中国的环境下捉住许多“老鼠”，就把它送到其他地方去捉“老鼠”，而“捉不到老鼠的猫”（计划经济）则慢慢地被淘汰。我们认为可以这样说：计划经济的范围逐渐被局限在国家的战略（或核心）公共职能方面，即在维护社会、政治和经济稳定的前提下，坚持将经济做强，同时达到维护和加强党的领导这一根本而有力的目的。[8]经济特区是执行党的改革开放战略的样板：在小范围内试行国外行得通的政策，验证这些政策是否适合中国的实际情况。如果成功，就向其他地方推广。[9]

显然，说邓小平个人决定了改革的趋势和速度，这种分析中国改革的方法把现实看得太简单化了。实际上，中国的改革还可以看作是几位中央集体领导以及中央和地方领导人的合作，更不用说还有大多数民众的支持。此外我们也不能排除，不以政治领导人意志为转移的结构性力量的影响。事实上，任何有利于经济发展（这不以谁是领导人而转移）的战略必然要引入某些市场机制。但是，如何引入呢？

要回答这个问题，需要考虑这两个目标（通过市场机制改善经济运行状况和维护政权）构成了一个系统（智力和行动）相互独立的与权力结构相关的两个结构。根据我在其他地方发展的权力理论（我将在最后一章用到这个理论），我建议做如下考虑，为了生存和发展，任何社会都必须有 5 个子结构，履行 5 个必不可少的职责。[10]这 5 个子结构是：社会—生物结构，繁衍人类；经济结构，提供商品（以及终端服务）；法治结构，规范行为；文化结构，赋予人们基本的社会价值观、信仰，约束人们的行为；智力结构，用于了解世界；信息结构，提供交流的手段（符号性的，如语言，实物性的，如报纸和互联网）。这 5 个子结构履行其责任的方法决定了它们具有相对的自由度。另外，这 5 个子结构在履行自己的职责时，会产生资源并分配给参与者，参与者在互动中利用结构赋予它们的相对自由来使用这些资源。因此，在这个框架中行动的各个非常强大的参与者（即享有很高自由度的人）可以成功地改变子结构，就邓小平的情况来说，其目标是经济结构。但是，如果我们假设将这 5 个子结构用一个结构性的相互依存的关系连接起来，那么我们可以预测，邓小平想要成功地改变经济结构，就必须改变其他子结构或至少是那些对经济改革成功必不可少的子结构。

一些西方的中国观察家们认为，这个分析为“趋同论”增加了论据，因为引入市场机制后，中国将不可避免地趋向西方模式。我们不排除这种可能，但是，我们认为这并不是必然的和不可避免的，在最后一章我还要详细地说明这一点。引入市场机制，只要找到与西方自由模式功能相类似的东西（比如法律法规），中国就不一定趋向西方模式。如果中国在这方面能获得成功，很有可能创造出更加不同的社会特色，履行相同的职责，使经济得到发展。我可以用市场经济生存的根本条件，即透明度原则，来简单地说明这一点。[11]

如果透明度是市场经济生存的条件，如果邓小平要实行市场经济，那么就有必要建立一种法治系统，公开和执行所有法律和规章制度，“不管是否与个人或个体利益相冲突”。这将促进法律框架的形成，使经济事件的发生能够被预测，这也是对合理的经济决策有利的条件之一。尽管中国法律的现状还没有达到西方那种保障水平，在许多情况下党仍旧干预着司法裁决的过程，但许多活跃在中国经济活动中的外国人和本国投资者认为中国法律的保障水平已经足够高了。一些西方学者最近很有说服力地表示，也许有一些能够替代西方法治的规则可供选择。[12]在这些学者的安慰下，我也认为中国可能会找到能够支撑市场经济发展的类似选择，在作用上和影响上与西方国家相似。最后且重要的是，经济要得到发展，并且平均地分配给所有社会群体的成员。在本章的最后，我还要详细讲解这些方面。当然，我还要讨论关于人权的重要问题，这是本书最后一章的主题。

为了巩固党的政权，邓小平在1979年提出四项基本原则。正如我们在第一章中已经看到的，直到今天这些原则依然适用：

1. 坚持马列主义、毛泽东思想。
2. 坚持社会主义道路。
3. 坚持人民民主专政。
4. 坚持中国共产党的领导。[13]

前3个原则可以给出各种解释，第四个原则是用来巩固党的政权和邓小平的权力的，不允许任何政治势力在公民社会中崛起，对抗党的最高领导地位。这个政策的后果是媒体基本上掌握在党的手里，尽管中国共产党实施改革，但仍然控制着政府，因为党的组织实际上与各级政府组织平行或凌驾于政府组织之上。[14]

为了达到第二个目标，即改善经济运行状况，邓小平提出了建设四个现代化：农业现代化、工业现代化、科学技术现代化和国防现代化。显然，为了调动全国人民的力量来发展经济，邓小平必须给予人民一些自由。这一点往往被西方解释为与维护党至高无上的权力相矛盾。然而，这个解释只有在政治目标作为主要目标时才适用，经济发展只不过是达到这一目标的手段。但是，如果我们认为这两个目标牢牢扎根于相互依存的单一制度，这个解释就不成立了。

不管首要目标是什么，经济发展将不可避免地给经济结构内的中国人民带来更多的自由。无论如何，这种经济自由在政治领域内产生的后果还不清楚，而且不能以西方的经验来预测。西方的经历（不能被忘记）是独特的历史经验。重要的是，中国人民的状况（当然从一开始就得到了改善）如何，中国人民从这个经历中得到了什么。同样肯定的是，改革是打破过去毛泽东时代的羁绊。邓小平领导国家走出毛泽东时代的方法又一次验证了他的战略具有务实的特点。

我们可以把邓小平的战略特点总结如下：他的战略分成思想和经济—军事两个相互补充的层次。在思想层次上，邓小平重申党的思想的 4 个特点，提出四项基本原则，即坚持社会主义道路，坚持人民民主专政，坚持中国共产党的领导和坚持马列主义、毛泽东思想。在经济和军事层次上，邓小平提出四个现代化的目标，确定在 4 个方面恢复中国国内及其在国际上的力量。四个现代化是指农业现代化、工业现代化、科学技术现代化和国防现代化。在具体操作上，主要目标是改善经济运行状况和人民的生活水平。实现目标的手段是引入市场机制，实行经济开放。为实现这个庞大的政策目标，具体执行的战略和策略如下：

1. 坚持党的领导，保障其合法性。

2. 坚持改革开放基本国策。

3. 渐进的改革方式，而不像苏联那样采用休克疗法。

4. 在竞争性领域吸收部分外资与民营资本；部分私有化，将重要的战略部门控制在国家手中。[15]

5. 保障经济、社会和政治稳定。

第二节　邓小平的改革内容

为了更详细地解释邓小平的发展战略，我要按照李侃如（Lieberthal）的解释，把邓小平的战略分成5个部分：建立“人才库”、处理好国家和社会的关系、农业改革、城市经济改革、融入世界经济。[16]

建立“人才库”[17]

邓小平懂得如果要实现四个现代化，中国社会和政府必须进行彻底的改变，首先要提高技术能力，因此他在20世纪70年代末恢复了“高考”。专业资格不再被认为是社会精英的唯一定义，还包括爱国的表现。然而知识分子的自由不能等同于可以自由攻击政治和国家领导人。此外，邓小平还赞成青年知识分子在公共行政机构任职，以促进公共管理的合理化。

处理好国家和社会的关系[18]

接下来，邓小平要清除“公民社会”的教条主义。“文化大革命”中，“公民社会”完全由国家控制。按照李侃如的说法，邓小平得出结论，经济发展要求某种程度的自由和“公民社会”的主动性。[19]因此，有必要扩大社会参与者的民主，放开对结构权力的限制。通过改革，使消费主义（特别流行）在社会上成为可能和被接受。例如，电视机在20世纪70年代末就大量销售，以鼓励正面对待消费，而不是简单地将追求物质扣上资产阶级思想的帽子。我们可以说，鼓励消费实际上弱化了国家将消费倾向简单地导入意识形态，提高了民众对改善物质生活的期望值（特别是在改善物质生活条件方面）。[20]然而，我们不要忘记，消费主义也是建立在思想价值观基础之上的，这也就是今天许多中国官员和知识分子担心大部分中国民众缺少道德约束，疯狂地、不惜代价地、不择手段地追求财富的原因。[21]

农业改革[22]

1978 年，80% 的中国人住在农村，从事第一产业。20 世纪 80 年代初，邓小平的改革取消了农村人民公社，由家庭农户代替，每户家庭都从村组织承包土地。家庭农户导致农村劳动力出现剩余。邓小平允许建立小企业和轻工业，以解决农村剩余劳动力的问题。这些措施使城市化的进程部分地从大城市转移到小城市，那里非常需要消费品，城市化反过来又促进了轻工业的发展。在改革过程中，上百万人改变了工作状态，小城市或乡镇成为重要的政治和经济因素。

然而 1984 年之后，农业产值没有增加，人口却增加了。农村的乡镇工业失去了控制，人们开始担心这个政策给生态环境所带来的后果。[23]

城市经济改革[24]

改革的第四个方面是城市经济。邓小平的战略也使得社会参与者的自由度增加。

这样，各种财产的形式就合法化了。国家放弃对生产、商品和服务的绝对垄断，经济计划的重要性减弱了：1978 年的计划项目包括 600 项，到 20 世纪 80 年代末，这些项目减到只剩下 25 项。经济计划重要性的减弱一方面是下放权力的结果（向下级地方政府下放权力），另一方面是以前计划经济领域逐步消失的结果。[25]

20 世纪 80 年代，国家减少了对价格的控制，因此出现了“双重价格”（价格双轨制），允许计划外的商品在市场上高价出售。无论如何，这种价格体系产生了副作用，如腐败、非法“价格套购”。[26]

融入世界经济[27]

邓小平改革的第五个方面是向世界开放。邓小平领导中国实施改革之时，中国的国际环境自“文化大革命”后发生了重大变化。日本、韩国、中国台湾和新加坡由于融入世界经济，技术得到了发展，经济快速增长。邓小平认为在经济上赶超它们，对中国的国家安全至关重要。

因此，早在1979年，中国政府就给予外国公司特别的税收优惠，以吸引外资。向世界经济开放就要求建立一个更加透明的法律制度。[28]改革开放前，中国的法律制度主要建立在政府领导层的决策体系上，更多的是政府行政法规，对外开放后，需要有体系化的对外经济法律法规。这样，第一批在中国落户的外国公司不得不接受相关规定的管理，而这些相关规定却不能解决投资贸易等实际业务问题。20世纪80年代，邓小平对法制进行了一些改革，使其更加透明，并建立了法庭制度。发展法制的结果是需要大批律师事务所等中介服务机构。[29]

在邓小平时代，中国开始加入国际组织，如布雷顿森林货币体系（Bretton Woods System）、亚洲发展银行等，目的是获得低息贷款并且从中提高国际经济交往能力。向世界经济开放也改变了出口企业的心态。例如，毛泽东时代的纺织企业习惯于按计划生产，而邓小平时代要求按客户需要生产。这种心态上的变化有利于企业改革，引进先进的管理系统。但是，也暗含着破坏企业与社区之间纽带的危险。事实上在计划经济下，企业具有双重身份：一方面是经济职责，按计划生产，向职工发放工资；另一方面还有社会职能，为职工提供子女教育、医疗和养老金等。通过引入一些市场经济的原则（竞争是决定经济效益的条件，也是降低生产成本的必要因素），改革在促进经济发展的同时也迫使企业牺牲了部分社会功能，优先发挥经济功能，解雇剩余的工人，留下的工人也没有了在毛泽东时代所享有的社会保障。

上述关于经济改革主要内容的分析表明，邓小平以经济发展为核心的务实战略带来了极具重要性的变化。此外，改革内容的一些调查分析很好地显示出经济结构改革需要社会其他方面的改革进行配合，如法制和文化方面的改革，因为一个系统内不同的子结构是相互联系的、相互依存的。最后，我提出一个假设，在其他子结构的变革过程中，中国不一定要走西方的道路，她可以找到一些在功能上类似、能够支撑市场机制的方式。

第三节　邓小平改革的成果

在第一章以及本章的第一节和第二节我们阐述了改革是如何进行的，以及实现社会主义市场经济需要哪些思想方面的变化。接下来，我将评价改革的成果，即使这个过程还远远没有结束。我要评价邓小平和他的继任者到现在为止，是如何令人满意地处理我前面提到的两个限制因素的，即技术和经济赶超其他世界强国，加强党的合法性以及保证社会和政治稳定。根据黄亚生的观点，这两个有时相互矛盾的限制因素造成了内外改革不能同步。[30]内部改革就是解放国内体制和机制，外部改革就是向世界经济开放。今天中国已经是世界上最开放的经济体，下列事实证实了这一点：中国的进口关税是最低的，从2001年加入世界贸易组织（WTO，简称“世贸组织”）时的41%下降到6%；同时，领导民营企业和国有企业同步发展。我们不禁要问：这些明显矛盾的政策怎么成为可能的？它们的后果如何？答案并不简单。基于目前能够获得的实证证据，我想在本节讨论这些政策所产生的正负两方面影响，以及改革所带来的挑战。至于中国领导人实现现代化所要克服的障碍我放在最后一章讨论，因为历史（与一些学术界的幼稚想法相反）在冷战后并没有结束。[31]

邓小平改革的成功之处

西方和中国的研究者们认为，改革带来了巨大的经济增长和人民生活的改善，然而各地区之间存在很大差距。[32]中国已经没有像“大跃进”时候那种饥饿的情形了。但很显然，为了维持国家的稳定，必须缩小不平等之间的差距。早在1990年，世界银行就发表了一份研究报告，该报告称：

> 8亿农村人口的平均收入增加了两倍多，绝对贫困在全国范围内减少。1988年，近13%的农民生活在贫困线以下，而1981年为17%。婴幼儿死亡率下降，人口增长减慢，实现了五年义务教育。[33]

从那以后，中国经济继续取得重大进展。世界银行在1997年的报告中比较了几个国家GDP翻番所需要的时间：英国需要58年（1780～1838年），美国47年（1839～1886年），日本34年（1885～1919年），韩国11年（1966～1977年），中国只有9年（1978～1987年），而且不止一次（第二次为1987～1996年）。[34]即使这种比较很谨慎（不同历史时期的总形势不同，至少可以部分地说明速度的不同）。如果按GDP衡量，中国经济的发展是非常可观的。最近，世界银行的报告认为，中国的大多数千年发展目标已经实现或正在实现。1981～2004年，中国每天消费不到1美元的人数从65%下降到10%，10亿人口有一半摆脱了贫困。即使按国际贫困的新标准，即每天1.25美元来衡量（中国用2005年的购买力平价计算），贫困人口占有率的降幅也是可观的，从1981年的85%降到2004年的27%[35]。其他数据也证实了这一点：

1. 一般生活水平有很大提高。
2. 极端贫困已经不复存在。
3. 住房条件有所改善，特别是在沿海地区。
4. 交通基础设施得到较大改善（铁路、公路和通信）。
5. 各级教育系统也有较明显改善，文盲几乎全部被扫除。

20世纪80年代以来，中国经济年增长速度在8%～10%之间。廉价劳动力使中国在全球化进程中成为“世界工厂”。20世纪90年代，中国成为世界第二大外国直接投资国。[36]几个研究者都说，“21世纪是中国的世纪”。那么，如何评价中国的四个现代化？请注意，对于现代化，很难给出科学的定义，因为它是概念和思想的组合，与西方（特别是欧洲）的历史有关。结果，西方人过去（和现在）仍然有一种倾向，认为他们的“现代化经历”是唯一可能走向现代化的道路。[37]许多中国知识分子（和政治家）不接受西方现代化的观念（以及西方与中国暴力的、悲惨的对抗历史），因为它意味着（有些情况到今天也是如此）中国社会西方化的危险。[38]在这里我们不讨论这个重要的题目，只讲一些现象，这些现象一般被认为是现代化的指标。根据米特（Mitter）和其他人的建议以及第一章所描述的发展，我将讨论这样的事实：中国的现代化有一些与西方相似的特点（因为中国越来越融入国际社会），并且还具有基于历史经验的中国特点。

评价现代化的一个有趣的方法是艾曼纽·托德（Emmanuel Todd）等关于人口学的著作，他们的观点是，现代化最重要的特点是教育水平和生育率发生变化后所产生的结果。[39]在本书结束时，我还要回到这个问题，驳斥转换论。从现在起，我要讨论经济和社会数据。首先，我把现代化看作一个从农业向工业和服务业过渡的过程。表 2－1 总结了中国从一个农业大国发展成一个工业和服务业国家的过程。1978 年，中国的农业劳动人口占总人口的 70% 以上，然而这些人口对国民收入的贡献却不足 1/3。2006 年，农业劳动人口不足总人口的 48.2%，对 GDP 的贡献率降到只有 12.5%。而工业和服务业的劳动人口占 51.8%，对 GDP 的贡献率是 87.5%。1978 年以后，服务业对 GDP 的贡献率增长最快。

表 2－1　3 个经济部门的劳动人口占比和对 GDP 贡献率的变化（1952～2006 年）

	劳动人口占比（%）				对 GDP 的贡献率（%）			
	1952 年	1978 年	2003 年	2006 年	1952 年	1978 年	2003 年	2006 年
农业	83.5	70.5	49.1	48.2	50.5	28.1	14.6	12.5
工业	7.4	17.3	21.6	18.9	20.9	48.2	52.3	47.3
服务业	9.1	12.2	29.3	32.9	28.6	23.7	33.1	40.2
总计	100	100	100	100	100	100	100	100

资料来源：清华大学胡鞍钢教授整理，除 2006 年外，全部来自官方数字。2006 年数据来自经济学人智库《中国国情报告》（2006 年 6 月）

GDP 连续两个 10 年（1980 ~ 2000 年）翻两番，使中国在 233 个国家中位列第三，只排在美国和欧盟之后，其后的 10 年很可能再翻一番。当然，按人均 GDP 来算，中国的情况就不那么乐观了。按购买力平价（PPP）计算，人均 GDP 现在是 6 000 ~ 6 800 美元，在 233 个国家中排第 118 名（见表 2 – 2）。[40]虽然新创造的财富在中国人民中的分配也很不均匀，但人均国民收入毫无疑问地要以 GDP 的增长作为支持，这一点我在本章后面还要详细说明。可以肯定的是，人均收入将与 GDP 呈比例增长，因为中国领导人完全懂得不平等的危险，而这种危险性在 20 世纪 90 年代明显地增加了。中国正在采取严肃措施使经济重新获得平衡，特别是 2005 年开始第十一个五年计划和 2007 年 11 月中国共产党第十七次全国代表大会上胡锦涛主席宣布决定之后。

表 2 – 2　中国主要经济指标

	2004 年	2005 年	2006 年	2007 年	2008 年	2009 年*
人口（百万）	1 300	1 308	1 314	1 321	1 327	1 334
实际 GDP 增长率（%）	10. 1	10. 4	11. 6	11. 9	9. 0	7. 2
名义 GDP（10 亿美元）	1 936	2 203	2 774	3 242	4 401	4 832
人均 GDP（美元，PPP）	3 068	4 186	4 793	5 478	5 962	6 378
通货膨胀率（%）	2. 3	1. 7	2. 8	6. 7	5. 8	0. 5
往来账户余额（10 亿美元）	68. 7	160. 8	249. 9	371. 8	440. 0	496. 6
外汇储备（10 亿美元）	618. 6	825. 6	1 072. 6	1 534. 4	1 951. 0+	2 376. 0
汇率（人民币 RMB – 美元）	8. 28	8. 07	7. 81	7. 31	6. 82**	6. 95**

资料来源：作者根据经济学人智库《中国国情报告》（2008 年 6 月）整理；国际货币基金组织数据库，2009 年；世界银行《中国经济季报》，2009 年 3 月

* 世界银行和国际货币基金组织估计。

** 渣打银行估计。

\+ 约 70% 投资于美国政府债券（Geoff Dyer，‘China has long way to go to dislodge dollar’，*Financial Times*，May 21 2009）。

不过，经济指标并不能完全描述人民的生活水平。因此联合国开发计划署（UNDP）提出了一个混合指标［部分根据诺贝尔奖得主阿玛蒂亚·森（Amartya Sen）的观点］[41]，以便更好地计算一个国家的实际生活水平，即人类发展指数（HDI），将平均寿命、教育（以识字率计算）和人均 GDP 结合起来，这三方面的权重相同，合成一个指标。如果按照这样计算，中国所处的情况就要比单纯的经济指标好得多。[42]根据 2008 年 HDI 最新统计，以 2006 年数据为基础，中国的 HDI 是 0.762，（在 179 个国家中排第 94 名），属于中等人文发展国家（HDI 为 0.502～0.798）。中国排在乌克兰（第 82 名）、泰国（第 81 名）、俄罗斯（第 73 名）、巴西（第 70 名）、阿尔巴尼亚（第 69 名）、罗马尼亚（第 62 名）、委内瑞拉（第 61 名）和保加利亚（第 56 名）之后，排在突尼斯（第 95 名）、巴拉圭（第 98 名）、菲律宾（第 102 名）、印度尼西亚（第 109 名）、南非（第 125 名）、印度（第 132 名）和巴基斯坦（第 139 名）之前。

为了计算中国人文发展指数的改善程度，我从 1980 年起抽出中国每 5 年的 HDI 与 2006 年跟中国 HDI 相同的国家进行比较，表 2－3 是比较的结果。

表 2－3　中国人文发展指数的进步

	1980 年	1985 年	1990 年	1995 年	2000 年	2006 年
中国的排名	131	128	125	117	101	94
中国的 HDI	0.529	0.596	0.628	0.685	0.730	0.762
2006 年跟中国当年 HDI 相同的国家	苏丹	所罗门	纳米比亚	塔吉克斯坦	加蓬	突尼斯

资料来源：UNDP 人文发展指数，2008 年统计更新，2006 年数据为基础

1980 年，中国的 HDI 与 2006 年苏丹的 HDI 相同，而中国 2006 年的 HDI 与同年突尼斯的 HDI 相同。从 UNDP 1975 年的数据（那时中国的 HDI 是 0.527）我们可以看出，在 1975～1980 年之间 HDI 进步很小（＋0.002），而

在改革开放时代，从1980年开始HDI不断进步，而且幅度很大。根据UNDP的计算，1980~2006年中国的HDI提高了0.233，与埃及（0.233）持平，列在尼泊尔（0.222）、伊朗（0.218）和印度尼西亚（0.205）之前。其他国家的HDI提高幅度都不到0.200。必须指出的是，HDI可以用总指标进行国与国之间的比较，却在这些国家内部掩盖了差别。在本章的最后一部分，我要讨论中国省与省之间和一个省内部存在的发展水平不平衡的问题。[43]在这里，我很有兴趣解释一下为什么中国30年来经济发展这么快。

为什么中国经济增长这样快[44]

总　述

关于中国经济的快速发展，许多国内外经济学家都有自己的说法。[45]最近，一个由3位经济学家组成的小组——两位来自中国，一位来自西方国家——把中国经济增长的主要原因归结于改革初期的大量投资。[46]在批判了最近一项关于中国经济增长原因的研究后，他们得出这样的结论，过去10年来中国没有出现任何技术进步。他们还认为此类分析所基于的模型（索罗经济增长模型）不足以解释中国的发展。他们比较了中国和苏联在经济上的过渡，有力地证明了，投资决定劳动力的重新分配和整个就业。此外，在庞大的农村人口的前提下，[47]投资刺激了“新的、高效劳动密集型、外向型的国营工业部门和旧的、资本密集型的国营工业部门”的发展。[48]根据这些学者的研究，农村劳动力向城市转移不是由人口和其他劳动力供应等内源因素决定的，而是由那些工业和商业投资增长速度等外源因素决定的，因为投资创造了就业机会，而就业机会大部分被农村来的务工人员获得。[49]最后，这些研究者们表明，投资和技术进步是一个过程的不同部分。由投资带来的增长幅度取决于中国基础设施的质量，不仅包括公路、铁路等，还“包括政府的政策框架、[50]国家的公司治理和法律制度，以及影响投资决策的经济研究机构和一般的要素市场”。[51]他们的结论是，这些都不是单独起作用的，而是相互作用决定增长速度。即使如此，他们的解释主要根据经济分析的思路。清华大学胡鞍钢教授的解释则更加全面。

在此，我们不可能全面地总结胡鞍钢对中国经济增长的解释，他概括了现代化的各个方面，包括经济、社会、政治和环境。我们也不可能指出经济增长的条件、经济增长带来的正负两方面影响，以及如何在保证财富公平分配和政治稳定的同时发展经济的政策建议（他称之为“中国的大战略”）。不过我们仍然可以总结他所分析的主要方面，作为了解中国改革的借鉴。

胡鞍钢从亚历山大·格申克龙（Alexander Gerschenkron）[52]的著作开始，从历史的视角探讨了其他国家的经济发展。首先他讲述了经济落后国家的优势：第一，可以从发达国家引进先进的技术和设备；第二，可以从发达国家学习成功的经验和失败的教训；第三，能够依靠强大的社会凝聚力进行赶超，从人民的角度来说，就是改善人民生活。当然，许多国家都有同样的特点，但是，并不是每个国家都能够因此成功地发展经济。因此，必须还有其他因素来说明一个国家为什么在这种情况下能够发展经济。按照胡鞍钢的说法，有 3 个决定性因素能够帮助发展中国家利用这些优势赶超最发达国家：第一，必须有高水平的储蓄；第二，必须开放，以调动国际资本；第三，必须加快技术推广。这 3 个因素相互关联，目的都是为了得到专有技术和国内外资本，使投资成为可能并有效。胡鞍钢还运用适当的统计数字[53]表明，改革后，中国能够缩小与发达国家在人均 GDP 方面的差距。

下一步就是构建一个增长模式，胡鞍钢称其为“综合增长框架，涵盖资本、劳动力、制度改革和知识”。[54]用这个方法，胡鞍钢得出 3 个重要结论：第一，人均产出约一半来自人均增长；第二，1/3 的人均产出来自制度改革；第三，1/5 的人均产出来自知识。在这个基础上，胡鞍钢断定：

这个方法更好地解释了中国经济增长的来源。它暗示可以通过改革刺激制度的变化；通过开放和技术创新促进知识的发展。可以依此制定政策，使将来取得可持续发展。这就是说，中国应当把技术和知识，而不是资本和自然资源，作为经济增长的驱动力。[55]

考虑到在制定第十一个五年计划时，中国已经具有这样的研究和政策建议，那些想要掌握胡锦涛时代中国领导人所带来变化的真正含义的人，都会很好地理解这一结论。本章第二节将介绍胡鞍钢针对 1978 年到 20 世纪 90 年代中期经济发展所产生的不良后果所做的研究。在这里，我们可以看看胡鞍钢对下一步中国经济发展的分析，也就是找出刺激中国经济快速发展的 5 个效应。

第一，速度效应。在一定时期内，工业化后来者——如中国在 20 世纪 80 年代和 90 年代，比工业化先驱国家的增长速度更快。

第二，在同一时期，欠发达经济体的机构性指标变化比发达国家快。这些指标包括：

1. 农村人口向城市转移。

2. 农业劳动力向工业和服务业转移。

3. 农业对 GDP 的贡献率向第二和第三产业转移。[56]

4. 国内需求的转移和变化（即家庭和政府消费，总资本形成和净产出之间的变化）。

5. 农村和城市家庭消费结构的转移和变化。

6. 外贸比例（出口和进口）的转移和变化。[57]

另外，增长的加速刺激劳动力向生产力水平更高的部门转移，并伴随着物质股本、工人技术、教育发展以及管理技能的提高，其结果是经济更加开放，最终结果是进一步刺激经济增长。[58]

第三，开放效应。后来者加入全球化的步伐要比发达国家快。中国的出口占世界贸易的比例从1985年的1.6%增加到2000年的6.1%。各种出口商品都有所增加（初级产品、资源类产品和非资源类产品，低、中、高技术产品）。更加有趣的是，产品组合发生了戏剧性的变化：初级产品的比例从1980年的50.2%下降到2000年的4.7%，工业品的出口比例在2000年达到87.1%。低技术产品的份额从1985年的4.5%增加到2000年的47.6%。高科技产品的比例从1985年很低的2.6%上升到2000年的22.4%。胡鞍钢由此得出结论，中国在劳动力密集产品和高科技产品的出口方面发挥出了自己的优势。[59]

第四，制度效应。制度效应是胡鞍钢所做研究得出的最有趣的结果，因为它表明了通过国家的措施和干预支持经济发展过程中的制度建设的重要性。这个效应通过9个领域、24个指标来衡量中国市场的自由程度。表2－4总结了这种衡量方法所取得的结果，表明政府通过采取措施使中国市场适应市场机制的要求，在所有领域都取得了很大进步。

第五，技术赶超效应。技术赶超效应促使驱动中国经济快速发展的其他几个效应更加完美。技术落后国家技术推广的速度比技术先进国家的技术革新更快。这是因为欠发达国家通过进口获得技术，其成本比自己发展更低。中国的技术来自多方面：

1. 直接进口高科技产品。
2. 通过引进外资获得技术。
3. 中国企业直接投资研发。
4. 在科技方面与发达国家合作。

胡鞍钢用不同的方法衡量了中国技术的发展，并得出结论。总的来说，中国在这个领域取得了重要进展。胡鞍钢认为，这些进展是支持经济发展的根本要素，因为赶超发达国家的过程就是知识和经济增长相互促进的过程。正因如此，就像我前面说过的那样，胡鞍钢认为中国应当从资本驱动型经济向技术驱动型经济转变。中国想要成为独立创新的国家，是完全有可能的。[60]

表 2-4　中国整个国民经济和地方经济运作机制市场化的演变

年份	政府行为的变化（10.0）	生产和流通的市场化（11.7）	市场价格和交易的市场化（10.6）	投资的市场化（10.3）	金融和保险的市场化（9.7）	外贸的市场化（11.2）	劳动力和就业的市场化（12.1）	环境的市场运作（12.4）	规章制度法律化（12.0）	中国市场化指标*
1978	71.54	24.98	24.33	13.80	0.94	10.60	16.16	5.03	3.78	18.39
1980	72.26	27.23	34.69	28.51	1.14	14.28	17.60	6.51	4.79	22.25
1985	73.24	55.74	62.17	49.11	1.91	22.22	24.28	12.91	7.44	33.60
1990	73.83	61.04	69.45	52.80	2.85	34.79	29.55	18.44	9.65	38.52
1995	81.82	71.77	72.10	61.03	8.27	58.13	35.11	25.87	15.69	47.16
1999	82.98	77.23	76.86	60.43	18.97	44.26	45.04	33.43	17.92	50.25

资料来源：吴群刚，《制度改革对长远的经济运行的影响：理论、模式和应用》，胡鞍钢教授指导的清华大学经济管理系博士论文，胡鞍钢重新发表

* 中国市场化指标是 9 个指标权重的合成。括号里的数字代表各指标的权重。所有计算都用 SPSS10.0 软件完成。

民营经济的重要性

前面的内容表明，中国经济发展很重要的一部分要归功于引进了市场机制和取代传统计划经济（至少部分地），以及在新的经济体制内部出现的力量，即市场经济。因此可以预计，经济发展的很大一部分（就业和对 GDP 的贡献率）来自正在增长的、由新的企业家阶层管理的民营经济。大多数学者都承认了民营经济对中国经济发展做出的贡献。[61]有许多统计数字可以证明民营经济的重要性。苏伟业（Bennis Wai Yip So）描述了不同所有制下工业生产的情况。[62]根据中国国家统计局的数字，国有企业对经济的贡献率从 1978 年的 77.63% 降到 1998 年的 19.44%。同期，集体企业的贡献率从 22.37% 上升到 46.79%，其他部门（民营企业）从 0.5% 增加到 33.77%。在就业和对 GDP 贡献率方面得出的统计结果相同。这似乎是对趋势的公平评价，但是，有时集体经济被包括在民营经济之内，结果扩大了民营企业的范围和它们对中国经济发展的贡献。

为什么民营经济的贡献往往被夸大，这对我来说是个谜，除非事先假设这种观点，对一些西方和中国的学者及评论家来说，这不过是主观评估的预言，至少暂时来看这远不是现实。显然，这并不是研究中国实际情况的合理方法。在大多数情况下，集体企业实际上是地方政府（省或市）的财产。地方“私有”和国有利益产生重叠是显而易见的、普遍的现象。最后但同样重要的一点是，不要忘记中国整个经济是在中央政府的宏观（和政治的）调控下进行的。[63]黄亚生最近在美国发表了深入研究中国新的所有制结构的著作，部分地表达了这个观点。他认为，识别中国经济所有制最大的困难是搞不清楚到底是谁在控制着企业。[64]

在许多情况下，企业的创新活动来自国有经济或政府的大力支持。例如，发展迅速的通信基础设施原来是以市场为导向的，不允许外国资本介入，体现了很强的国家意志：“中国的中央计划部门起了关键性作用，采取各种技术创新措施，使企业走上起飞的轨道……企业负责出钱，价格和费用反映了成本和稀缺性，由地方发起、政府支持，所有这些都为通信行业的惊人发展做出了贡献。"[65]有趣的是，2006年进入财富500强的23个中国企业全部是国有企业。[66]最后，甚至世界银行最近的报告也承认，民营经济的创新能力如今已经下降，在研发领域中占主导地位的是国有企业而不是民营企业，尽管政府的研发部门已经被商企所代替。一直偏向民营经济，将其认定为经济发展驱动力的世界银行坚定地认为："中国在技术赶超方面的成功很可能要靠民营经济，特别是大型民营企业。"领导世界银行研究的张春霖认为："最好的解决方案，即可以让中国企业的竞争力和创造就业的能力同时实现最大化的一系列技术，只能在民营经济和市场的合力作用下实现。"[67]世界银行的部分建议有一定的道理，如建立一个能支持民营企业创新的制度性结构和刺激手段。然而，考虑到创新是中国领导人的主要目标（正如我在第一章最后所阐述的），很可能国家将暂时在促进和支持创新方面继续发挥关键作用。最后但同样重要的一点是，世界银行似乎忘记了在西方，特别是英国和美国，重要的创新都来自公共部门或能够得到高补贴的民营企业。过去如此，现在亦如此。例如，在军事工业领域的创新，如化学品、高速火车和民用航空等，都可以转为民用。[68]

讨论这些问题，我的意思并不是说民营经济在中国未来的经济发展中不可能像西方工业革命以后那样，成为独立于政治领导的驱动力量。但如果要使其成为现实，中国社会组织必须实行改革，首先必须出现新的民营企业家阶层。

出现新的民营企业家阶层

事实上，西方的经验表明，中国的经济发展一定和新的民营企业家阶层有关联，没有他们，中国经济就不可能取得如此辉煌的成就。

这里又回到了如何估计民营经济对中国经济发展的贡献问题。其难点在于中国民营经济和国有经济之间的重叠。再者，我坚持认为，在转型国家中，国家作为驱动力来决定和指导市场机制的发展是非常重要的。第一章我们已经谈到，在江泽民和他的“三个代表”重要思想的指导下，民营经济中的企业家被鼓励加入中国共产党。我们知道，正如许多西方和中国学者所证实的那样，国有企业在管理和效益上取得了重要进步，有些已经在国外开展投资活动。这并不意味着将来民营企业家不会发展出与党内和政府内政治精英们完全不同的价值理念。实际上，在江泽民提出“三个代表”重要思想的几年前，我就曾经提出这种假设。我对一位高层官员讲述了我的观点，他立即指出西方和中国的文化背景不同，中国完全不可能实现这种假设。[69]今天，我仍然认为这个假设是根据西方的历史经验提出的，却不知这个经验在中国的文化环境下能否复制。

然而，一些在中国工作的观察家们开始把新兴的企业家阶层当作一个相对独立的群体。这个群体在未来不仅会产生与经济相关的发展战略，而且会涉及中国社会发展的其他方面。难道这不是曾在西方发生的事情吗？长江商学院的两位学者（项兵和滕斌圣）提出了中国企业家的分类方法。[70]他们把企业家分成三代。第一代是45岁以上的人，大学毕业或前军人出身，大部分曾在国有企业供职。[71]他们是邓小平解放思想的受益者，多才多艺，头脑灵活，经历并克服了转型阶段的困难，最重要的是学会了如何利用市场经济。他们是第一批用市场竞争的思想管理中国企业的人。当然，他们的成功还要归功于改革头10年经济飞速发展所提供的机会。同时，他们是自己做出决定，如何利用这些机会以及廉价的劳动力。这两位作者指出了这个群体的弱点，但是也承认他们之中有些人进步很快，已经进入第三代群体。

第二代企业家是三十几岁和四十几岁的人。他们看到第一代企业家都集中在制造业，因此就转向服务业和高科技产业。[72]他们在20世纪90年代后期崛起，接受过良好的教育，而且曾留学海外。他们比第一代企业家享受到更多加速市场自由化的好处，随时接受从外国引进的现代化管理工具。[73]他们能更加熟练地应对国外的资本市场，这非常重要，因为他们通常缺乏来自国家的支持。不过，两位作者同时强调了这一群体开发服务行业的重要性，服务业是先进经济体中不可或缺的一部分，而且中国的服务业远远落后于其他海外的竞争者，况且他们的经营还只局限于中国国内。

最后，第三代企业家对全球化有新的看法。两位作者对此结论有点吃惊，因此他们没有举出中国的例子，而是以印度企业家米塔尔钢铁集团的领导者拉克希米·米塔尔（Lakshimi Mittal）为例。拉克希米收购了最主要的竞争对手卢森堡的阿赛洛钢铁公司以后，就成为世界第一大钢铁公司。两位作者由此得出结论，认为这证明了发展中国家的企业不一定遵循首先在国内市场占主导地位，再到国外投资的发展路径。[74]这两位作者引用了几个已经进入第三代群体的第一代企业家，例如联想的柳传志、TCL的李东升、华为的任正非和海尔的张瑞敏。当然中国需要这种企业家来支撑经济发展，然而，目前还根本不清楚这些在全球市场中涌现出来的新型企业家未来是否会形成他们自己独特的一套与政治领导相悖的价值观。在第一章我曾提到这完全有可能。要么他们的价值观与政治领导的观念相吻合，要么相反。很可能是相互调整的结果。不管怎么样，这可能是改革产生的局部效果，而改革似乎直到今天还是以中国传统的大一统与和谐的价值观为导向的。至目前为止，这个结论已经被作者们最近的研究所证实：大部分民营企业家支持中国领导人，赞成维持原状。持有这种态度的原因是：第一，民营企业家是改革的主要受益者，因此不可能要求彻底的政治改革；第二，他们对自身的社会和经济地位得到改善以及政府的工作感到满意。[75]最后，不要忘记，根据中国改革的逻辑，经济和政治的形式不是最终目的，恢复中国世界大国的地位才是改革目的，而要达到这个目的必须与经济制度的改革联系起来，反过来又可以改善人民的生活，保证政治和社会稳定。

人们广泛地认识到中国为实现这一目标所取得的惊人成就。但是，人们也认识到改革的正面成果正伴随着一些负面影响，成为实现现代化的绊脚石，给中国的领导力量带来严峻挑战。我将在本章的最后讨论这个问题。

邓小平改革的局限性

在本节，我将提出和运用一个分析框架来解释我在2004年第一次描述的中国改革。[76]2009年4月初，当我最后修改本书时，世界银行在其网站上刊登了一个非常有趣、写得非常好的关于中国减少贫困的战略报告。该报告不可避免地、大多是直接地涉及中国总战略的几个方面。[77]尽管这个报告提供了一些新的见解以及大量关于不平等和贫困的数据，但它基本上证实了我对中国结构变化的发现和分析。这是由于世界银行研究报告的第一稿是由众多中国和西方专家完成的，以2005年11月的数据为基础，后来又加上了一些更新数据，中国学者为此做出了特别贡献。此外，2004~2005年以后的数据大体上证实了当时的趋势。因此，只有出现新的数据或见解时，我才引用这个报告。在第四章和结论部分，我还要进一步扩大本章分析的范围，提出要更广泛地评价中国改革，将政治制度改革（特别是决策过程）以及出现问题的人权、私有化和民主论题考虑进去，而这并不是世界银行报告的目的。在这里，我只讨论改革对经济、社会和环境的影响。

邓小平的改革给中国经济发展带来了巨大的成就，同时也带来了值得注意的负面影响：地区间和各省间的差距，以及本地区、本省和本市民众之间的差距。由于保护环境的法律法规缺失，导致原本岌岌可危的中国生态环境更加恶化。[78]迅速地引进市场机制和竞争机制导致国有组织（特别是国有企业和国家机关）大批裁人，几百万职工被辞退。结果造成失业率大幅上升，出现新形式的贫困，抵消了（至少是部分抵消了）改革以来在减少贫困方面所取得的成就。新形式贫困的出现造成了犯罪率的上升，特别是轻型犯罪的增加。根据胡鞍钢（清华大学）的数据，1986~1991年之间中国的犯罪率不断上升，并持续到1998年，而1998~2002年犯罪率又急剧上升（在1997年9月中国共产党全国代表大会决定加速改革后），至少达到1986年的4倍。

最后，从指令性经济转型到新的经济制度，快速引进市场机制（企业间的竞争），导致政府取消了国有企业向职工提供在指令性经济时代所惯有的社会保障和服务的义务。这种组织生产的新方式，加上独生子女政策，使传统的国家和家庭之间的合作关系被打破，至少在城市是这样。[79]世界银行也承认，由于中国农村地区解散了公社，建立家庭承包责任制，因此迅速降低了农村的贫困水平：

> 制度改革的一个副产品就是农村地区的公共服务越来越金钱化和市场化。地方政府取代了公社，负责管理和资助公共服务。在更加贫困地区，地方政府缺乏财政资源，无能为力。学校和卫生设施不得不越来越依靠向使用者收费来弥补开支。[80]

其后果不仅加重了农村家庭的负担，而且在许多情况下，严重阻碍了人们获得这些公共服务，最后造成新形式的贫困。因此，过去城镇和农村相互合作的制度必须由新的公共安全网络所代替，非常可能的途径是由职工和国家一起负担各种新的社会保障制度。这对中国领导人来说又是一个挑战，因为这种新的合作制度代价很高。[81]此外，中国社会组织的一些特点在那时似乎严重阻碍了改善人民生活的新政策的实施。[82]几位中外学者指出了20世纪90年代中期以来的困难局面，一些中国学者在80年代末就已经指出来了。[83]图2-1总结了中国市场经济面临的主要问题。

让我们按照胡鞍钢的评论，先总结20世纪50年代和60年代毛泽东的发展战略，然后再总结80年代和90年代邓小平的发展战略。在毛泽东时代，中国执行的是传统发展战略，在计划的框架内以苏联的经验为导向。20世纪50年代，毛泽东发动了“赶英超美”的运动。60年代中期，他制定了20世纪末的四个现代化目标，执行“高积累、低消费”的政策，优先发展重工业，包括国防工业、资本密集型工业、保护进口，其结果是扩大了城乡差别。到了80年代，邓小平提出了“三步走”战略，目标是GDP翻两番，开放贸易

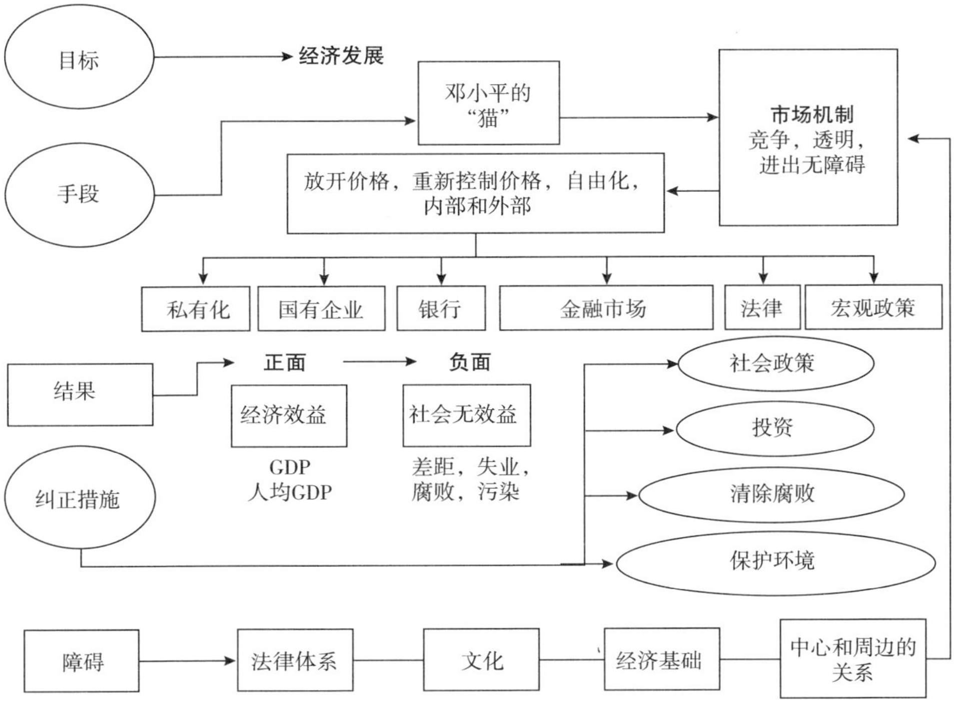

图 2－1　中国市场经济面临的主要问题

和投资，发展市场和竞争。[84]战略仍然围绕着物质生产，发展速度优先。邓小平提出，允许一部分地区和一部分人先富起来，集中力量发展沿海地区，而这导致了城乡差别扩大、地区之间发展不平衡、城乡收入差距增加的问题。[85]

在找出改革的主要问题后，让我们总结一下中国市场经济所面临的主要挑战。从计划经济转型到市场经济必须把握以下几点：

1. 私有化，调动民营经济的积极性和资源。

2. 国有企业改革，增强它们的市场竞争力（特别是中国加入世贸组织之后）。

3. 国有银行改革，减少它们的不良贷款，增强竞争力，支持经济的发展。

4. 创新和监督金融市场，使企业得到资本。

5. 纠正市场经济带来的不良后果（失业增加、不平衡加剧和人口老龄化）以及环境的恶化（自然的和人文的），使经济发展更加均衡，保护自然和人文环境。

6. 彻底清除腐败，使公共资金和公共人力资源全部用在执行公共政策上，而不是被用来谋取私利。

7. 建立一个能够支持市场经济发展的法律体系，使其成为国家财政资源的重要组成部分。

许多政策要求中国改善财政能力：一方面是税收制度，另一方面是财政开支（公共政策）的效率和效益。当然，制止腐败也是很重要的。

上述问题应当在维护社会和政治稳定的同时加以解决。

总之，在新的社会改革范围内，满足中国人民所需要的有效和有力的公共政策，取决于对下列因素的掌握情况：

1. 精确地估计（人民、企业和政府的）需求。

2. 掌握充沛的金融资源，取决于有效的税收系统。

3. 掌握（有知识、有技术、态度好、数量足的）人力资源，用于执行公共政策和服务。

4. 一个良好的经济制度能够为人民和企业提供足够的资源，并且提供足够广泛和稳定的经济基础，使政府通过不同形式的税收获得财政资源以支撑公共服务；不应当打击投资者和企业家的积极性；不断地提高人民生活水平，特别是欠发达地区人民的生活水平。

最后，一个健康的经济制度是成功的必要条件。现在让我简单地评论一下图 2 –2 中中国市场经济和社会的主要方面：成功、问题、困难和障碍，以及克服这些困难所需要的政策，并指出这些变量之间的关系。[86]

经济发展的成功（特别是用 GDP 和人均 GDP 衡量）列在图的中央，它取决于对设计和执行以上公共政策的知识掌握，特别是取决于对市场机制的掌握。市场机制是由银行、国有企业和金融市场的作用支撑的。反过来，这又暗指要执行图下方的政策，即重新调整国有企业和银行（特别是消除不良贷

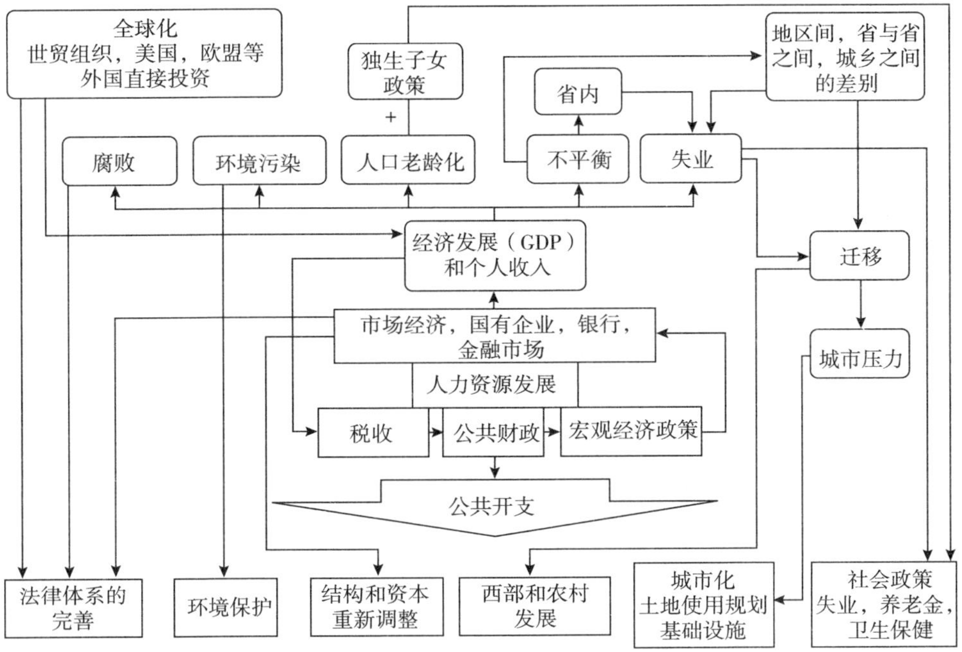

图 2-2 中国改革的范围

款）的结构和资本，需要建立一个能够支持新的经济活动的法律体系，促进竞争，建立法律安全原则，否则在新的经济空间里就无法产生合理的活动。这个战略同其他政策一起，需要合理地管理公共财政（税收和支出）。[87]考虑到纠正市场机制带来的负面影响所需要涉及的政策范围和后续需要的中央政府巨大的财政力量，有必要结束 20 世纪 80 年代建立起来的财政分散制度，重新把权力收回到中央政府手中。[88]

再者，为了把政府决定所有经济活动的计划经济转型到市场机制有效率的经济发展模式，国家需要制定和调控宏观经济政策。这就要求发展人力资源，或者培训现有的公务员，或者提高高等教育的教育水平，承担起在高校学生中训练年轻的管理（政策分析、执行和评价）人才的任务，使他们能够供职于公务员系统和国有企业。这个战略可以建立一个人才库，国家可以从中招聘所需要的有能力的人才。各级党校也可以承担培养公务员和国有企业干部的任务。[89]

现在我们来讨论 1978 年以后中国发展战略所取得的成就，我们可以再次指出上述的突出成果和图 2－2 列举的几个负面影响。经济发展加上独生子女政策加速了人口老龄化，这是要求建立现代养老金制度的第一因素。市场机制的第二个后果，是省内、地区内以及省际和地区之间发展的不平衡。城乡之间的鸿沟也扩大了。这种现象的第一个后果就是失业的出现和增加（导致贫困的原因之一）。这种现象在计划经济时期根本不存在。这种后果从社会经济理论或西方国家已被验证的数据中可以很容易地被预测到。[90]

世界银行的一份研究报告非常清楚地表明了这一点。[91]在计划经济时期，收入分配差距很小（基尼系数只在 0.2 以下），但是贫困人口的数量也很多。引入市场机制之后，经济效益立即提高，贫困人口大幅减少。不过与此同时，收入分配也越来越不公平（基尼系数高于 0.4）。我们观察到，1997 年 9 月中国共产党第十五次全国代表大会后（重申，甚至加速经济改革），贫困人口的数量增加了。更多的最新数据证实了这个新趋势，很可能是市场机制带来了新形式的贫困（城乡都如此），就像西方国家一样。[92]失业的出现，连同独生子女政策和后来传统合作的解体，需要国家采取另一种社会政策：失业保险。

再回到图 2－2。我们看到失业也对流动人口产生了影响。最脆弱地区的失业和就业不足（特别是农业省份和地区）迫使人们到城市寻找工作机会，那里活跃的经济可以创造新的工作岗位。当然，大多数新的工作岗位都属于低工资行业，特别是建筑业和服务业。[93]这些人的工作条件在大多数情况下至少是很差的，这一点曾引起国外的很多批评，也遭到中国各界的批评。这些劳动者的状况自从政府采取一些保护措施之后才有所改善。[94]但是，就像几个世纪以来欧洲和其他地方的流动人口一样，他们一般会发现“东道国”（对中国来说，就是“东道省”）的机会要比家乡好得多。结果，就中国来说，从农村迁移到城市的农村人口的人均消费大幅度增加。这个效果在农村贫困家庭中更加明显。[95]

根据可靠估计，上述迁移人口的数量至少有1.2亿，大量的人口迁移给城市基础设施带来巨大压力，从而要求重新制定土地使用政策（包括城市基础设施）和建立现代安全网。为了让部分农村人口在城镇落户，[96]缩小城乡差别，中国的领导人提出了一项政策（从20世纪90年代中期开始），投资于西部贫困省份和整个农村地区。

最后，经济发展使中国的生态环境恶化，要求国家制定法规和采取有力控制措施。人口老龄化、不断扩大的发展不平衡、失业、人口流动和环境恶化影响了农村和城市人口的健康。对于后者来说，发展不平衡的另一个负面后果就是从事健康服务的有才干的人从农村流入城市，他们被城市更好的工作机会和薪酬所吸引。

最后但同样重要的是，中国经济开放——特别是2001年年末加入世贸组织之后——给政府带来了更大的压力，要求政府建立一个与国际经济体系接轨后所承诺的国际义务相匹配的法律体系。这种压力与引入市场机制的压力相互补充，都要求建立和执行与市场运行相匹配的法律法规。

问题清单和解决这些问题所需要的政策非常可观。更可观的是在很短时间内中国社会同时发生了相应的变化，历程与西方国家的演变相反。西方国家要用至少一个世纪的时间使其政策适应工业革命所带来的后果。在这两种情况下，经济发展使西方和中国的社会结构发生了急剧变化。社会结构变化本身是正面的还是负面的，完全取决于优点和缺点的平衡，同时取决于治理国家的精英们为了适应转型所采取的措施。我已经列出数据说明了改革所带来的进步，而且我只是简单地列出主要的负面影响。在评价这些负面影响和中国领导人所采取的调整措施之前，有必要描述一下中国社会新的结构，评价其对政府产生的机会和挑战。

根据胡鞍钢的观点，中国在21世纪面临的最大挑战不是如何进一步加快经济增长，而是如何保持持续和平衡的增长，减少贫困，促进人力资源的发展，集中精力发展，不是为了发展而发展。“以人为本”的发展理念就是投资于人民、服务于人民、为人民而发展经济，促进人文发展，加强人民的发展能力，提高他们的发展机会。[97]

正在改变的中国社会结构：机会与挑战

前面我已经讲述了按照GDP和人均GDP计算，经济方面所产生的重要变化，劳动力从农业向工业和服务业转移（按就业和对GDP的贡献计算），以及改革对人力资源发展的影响（按UNDP人文发展指数计算，包括平均寿命、教育和人均GDP）。但是，中国社会新的结构是什么？这是很不好回答的问题，因为可以得到的数据不全面，而且也不一定可靠。然而，要了解中国领导人所面临的挑战，就必须回答这个问题。

中国新的社会阶层

首先，一般观点都同意，新的社会结构与旧的结构大不相同，尽管仍有一些毛泽东时代和封建帝国时代旧的存留。[98]毛泽东时代旧的“阶级制度”主要是用政治标准衡量的，即马克思主义和政治层面的分类。例如，在农村，分为农村工人、贫农、下中农、上中农、富农和地主，而且还有革命军人和革命烈士家属。通过这种分类可以辨别出谁是敌人、谁是朋友、谁是被剥夺者和谁是受益者。此外，从马克思主义的分类过渡到根据“态度”（红色的和坏分子）进行的政治分类，能使毛泽东政权孤立敌人，甚至根据目标和战略创造新的分类方式。最后，根据分类来决定哪些人可以获得社会资源（金钱、权力和名誉），这样就制造了新形式的不平等。随着改革的进行，由于经济结构的变化，社会结构内人们的地位也发生了很大变化，尽管政治标准并没有完全消失。但是，不平等也随之消失了吗？改革是否产生了新的不平等的副产物？接下来，我要讲述新的社会结构。这个新结构由4个阶层或4种类型构成：权力集团、知识分子、中产阶级以及工人、职员、农民和迁移到城市的农民工。[99]

权力集团

这个阶层还可以分为两组。第一组是由共产党的高层干部所构成的政治集团。他们不仅作为一个组保持着他们的地位，而且从经济上获得新的资源。第二组的成员是银行和大型国有企业的技术专家和官员，民营或混业经营的大中企业（往往是以前党的干部）的高级领导。[100]

知识分子

这是最难区分的类型。其他国家普遍认为，中国知识分子的政治文化可能各不相同，他们可能具有不同的理想，与党和国家之间的关系不同。例如，一些观察家们把知识分子说成是保守派，而其他人则认为他们是改革派，甚至是“新左派”。我没有资格对知识分子做出完全标准的分类。然而，我却认为下面几点能使人们了解具有各种思想的中国知识分子的地位。这可以作为开端来研究更加合适的分类方式。我暂且将中国的知识分子分成 3 组。[101]

赞成改革的自由主义者和新自由主义者。他们在 1978 ~ 1989 年具有相当大的影响力。大多数激进的自由主义者和新自由主义者属于知识分子。他们有些人赞成激进的改革，包括西方的民主化。他们主要赞成经济自由化。这些人仍然活跃在国家的智囊团和高校之中。但最近他们失去了部分影响力。

“中央集权论者”非常有影响力，特别是 1989 ~ 1992 年以后。他们批评改革的负面影响，然而却认为国家应该继续领导改革。他们不赞成根据西方模式进行激进的民主化改革，而应采取渐进式改革。他们并不挑战党的领导权威。他们活跃在政府的智囊团、高校里（大学教师、高校研究中心和智囊团）。他们是党和政府有力和可靠的支持者，在各方面为国家的活动提供“学术、科学的研究”和政策建议。

这两组中，一些人支持权力集团，少数属于权力集团。他们与党控制的大众传媒、国有企业，甚至民营企业的管理者都有联系。

“新左派”比中央集权论者更激进。有些人可能仍然提到马克思主义的分析思想，而其他人则对关键的分析持更加开放的态度，不一定是源自马克思主义。一些人则力图找出中国现代化的道路，有时回到真正的“孔子思想”。有些人经常在《新左派评论》杂志上发表文章。他们主要活跃在高校里，有些与中央集权论者在同一个单位工作。

许多中国知识分子（特别是“文化大革命”后的毕业生）已经在国外学习或教学多年，增长了才干和知识，能够针对目前中国社会面临的问题提出战略思想和政策。

中产阶级

目前，我们很难精确地描述中国的中产阶级究竟有多少，而且用什么样的标准来衡量中产阶级同样没有形成统一的看法。一般来说，是用可支配收入的水平来进行判断。但是，究竟什么样的收入水平才算中产阶级呢？了解这些难点之后，扣除几个来源，我估算中国的中产阶级人口约为1.26亿，占全部劳动人口的16%（2006年的全部劳动人口为7.9亿）。[102]我进一步将中产阶级分为两级。第一级是上等中产阶级（约3 100万，占全部劳动人口的4%），其中包括国有中小企业的管理者、民营中小企业主、外资企业的白领和国家垄断行业的白领。第二级是下等中产阶级（约9 500万，占全部劳动人口的12%），包括专业技术人员、科学研究人员、中等和高等院校的教师和教授、律师、中级公务员、国有企业中级干部、艺术团体和媒体行业的从业人员以及自由职业者（商人和个体经营户等）。

《麦肯锡季刊》在互联网上发表了一份研究报告。该报告引用了中国国家统计局关于城镇居民的数字（户数和可支配收入），得出的相关结论表明，2005年中国的中产阶级所占比例比上述数字要大，大约在22%，包括12.6%的下等中产阶级，他们的收入是每年25 000～40 000元，占城市可支配收入的15.4%。再加上9.4%的上等中产阶级，其家庭年收入在40 001～100 000

元，占城市可支配收入的24.2%[103]。该报告对2015年和2025年的预测很乐观，预计到2015年中国中产阶级将达到70.9%（下等中产阶级占49.7%，上等中产阶级占21.2%），可支配收入占66.2%（下等中产阶级占38.6%，上等中产阶级占27.6%）。该报告对2030年的预测更加乐观，到那时大部分的下等中产阶级可能变成上等中产阶级。“到2025年，上等中产阶级将达到5.2亿人，预计占中国劳动人口的一半以上，其总可支配收入将达到13.3万亿元。”[104]总的来说，到2025年，中产阶级将达到城市总人口的80%。

不知道中国的研究者们是否接受这个乐观的预测。如果考虑城镇的住房成本以及最重要的社会保障支出，即养老、医疗和教育，年收入为25 000~40 000元能否算作中产阶级仍值得怀疑。正如一位中国研究员所说的：“今天普通的城市工人就是明天的中产阶级消费者（这些工人散布在许多城市，仍然很贫困）。”[105]如果今天的工人得不到足够的教育和培训以及社会保障，那么他们在20年后退休时就很可能面临贫困。对他们来说，加入到中产阶级行列只不过是黄粱美梦。[106]

工人、职员、农民和农民工

这个阶层大约有6.63亿（占全体劳动人口的84%）。我建议把他们分成3组。第一组是工人和职员（约2.75亿，占全体劳动人口的35%）。工人、职员的划分几乎不分是在什么单位工作，不管是国有企业、集体企业、合资企业，还是民营企业，都划分为同一组。改革前，在计划经济以及党的控制和管理下，这些人按照平均主义进行生产管理、分配、奖励。存在的主要问题是，受中央集权制的影响，经济活动没有自由，生活水平很低。改革后，企业不得不面对市场竞争，结果减少了用工，甚至国有企业也无法完全遵守与雇员签订的劳动合约。但人民的生活水平比计划经济时期有所提高。他们也享受到比较自由的流动性。但是主要的问题是劳动力竞争很激烈，劳动市场具有不确定性。

第二组是农民（约3.88亿，占全体劳动人口的49%）。尽管现代化进展很快（见表2 －1），但农民仍然是最底层的群体，他们的收入仍然很低。2006 年农业税取消之前，农民不得不交很多的税费。农村地区的贫困人口估计有 1 亿左右。

第三组是农民工（估计在 1.2 亿 ~2 亿之间）。[107]

我曾提到，经济发展的不平衡是大批人口从农村和欠发达地区转移到城市的主要原因。在城市有更多的就业机会，尽管工资水平很低。我认为劳动人口的转移对农民工的家庭消费产生了正面的影响。

对上述分类进行补充的是陆学艺的分类方法（见表 2 －5）。他按照职业将其分成 10 类。[108] 如果把第 5、7、8、9 和 10[109] 项的数量加在一起，总数是 83.6%，与我们对工人、职员和农民的估计数量很接近。第 1、2、3、4 和 6 项总和达到 16.4%，与我们对中产阶级的估计数量接近。在这些类型中，我们可以找到政治和经济方面的精英人群。由于他们的数量很少，在全体劳动人口所占的比例也小，加上对这些人的精确估计比较困难，因此我不去估计他们到底有多大规模。

表 2 －5　中国社会十大阶层

	1	2	3	4	5	6	7	8	9	10
社会阶层	国家与社会管理阶层	经理人员阶层	私营企业主阶层	专业技术人员阶层	办事人员阶层	个体工商户阶层	商业服务人员阶层	产业工人阶层	农业劳动者阶层	城市失业、半失业人员阶层
所占比例（%）	2.1	1.6	1	4.6	7.2	7.1	11.2	17.5	42.9	4.8

中国领导人也承认中国社会结构产生了变化。例如，党的十六大报告描述了下列中国社会阶层的新形势：

随着改革开放的深入和经济文化的发展，我国工人阶级队伍不断壮

> 大，素质不断提高。包括知识分子在内的工人阶级，广大农民，始终是推动我国先进生产力发展和社会全面进步的根本力量。在社会变革中出现的民营科技企业的创业人员和技术人员、受聘于外资企业的管理技术人员、个体户、私营企业主、中介组织的从业人员、自由职业人员等社会阶层，都是中国特色社会主义事业的建设者。[110]

这段讲话认识到中国社会复杂的新结构，明显肯定了江泽民主席“三个代表”重要思想，尽管发展过程给社会带来了分化现象，中国领导人期望重建中国人民团结统一的愿望得到了诠释。[111]

现在可以得出结论，对经济发展带来变化进行估计必须一方面考虑对人民的影响，另一方面也要考虑国家采取措施的有效性，以便顺利转型。

中国新的社会结构还需要考虑 3 个方面：人口、就业和城乡结构。[112]这 3 个方面可能是正面的，也可能是负面的，为中国领导人提出了挑战。如果没有足够的应对政策，完全有可能给经济发展带来负面影响。

新的人口结构

中国人口的变化与 20 世纪 70 年代初实行的计划生育政策密切相关。中国领导集体经过 20 年的激烈讨论，再加上高校的研究[113]，才采取了这样的政策。为了控制人口的急剧增长，中央政府决定制定一系列控制家庭规模大小的法规。原则上，这些政策在城市和政府职员中得到严格地执行。然而，也有些例外情况允许生育第二胎，甚至第三胎。在城市，如果第一个孩子有残疾，或父母都在高危岗位上工作，或父母都是独生子女，这些情况都可以生育第二胎。在农村，计划生育政策执行得比较宽松。例如，如果第一个孩子是女孩，可以生育第二胎。少数民族地区和边远及人口稀少地区，甚至可以生育第三胎。计划生育政策对控制人口增长起到了非常有效和关键的作用。根据中国官方资料，这项政策让中国少生育 2. 5 亿 ~3 亿人。总生育率，即每个妇女平均生育孩子的数量，从1979年的2.9下降到2004年的1.7，城市为1.3，农村低于2.0。[114]出生率也从1972年的29.77%下降到2005年的12.40%。[115]然而，由于卫生条件和社会经济形势的改善，人们的平均寿命到2007年上升为男性71岁、女性74岁。[116]与平均寿命增加相关联的出生率迅速下降的情况使人口老龄化的问题日渐凸显，抚养比率不断增加。中国65岁以上的人口比例从1982年的5%增加到今天的7.5%，预计到2025年将达到15%以上。[117]

计划生育政策的第二个后果是由大家庭转型为核心家庭，出现“4－2－1”家庭结构，并且这种家庭结构在中国社会占主导地位。越来越多的夫妇需要照看一个孩子和4个老人，生活负担加重。国际横向比较表明，中国成为老龄社会的速度要比西方国家快得多。西方国家的过渡期为100年左右，而中国这个过程不到20年。中国老龄社会的另一个特点是人口老龄化发生在从不发达经济向发达经济转型的过程中。而西方的老龄化发生在经济发达之后。这就是说，西方比较容易解决执行老龄化应对政策（特别是养老金和医疗）所需要的资金问题，因为在一个相对富裕的社会，资金来源相对比较容易解决。相反，中国正处在一个经济发展阶段，为执行应对老龄化问题的相关政策筹措资金会更困难。因此，人口结构已经成为中国领导人面临的关键性挑战，要求制定和建立新的社会保障体系，就像我们在下一章要详细说明的那样。由于就业结构产生变化，执行新政策变得更加迫切。

新的就业结构

经济结构的变化我们已经讨论过了，这里只是简单地讲一下对就业结构的影响。

第一，表2－1描述了大批劳动力迅速从农业转移到工业和服务业的情况。

第二，随着国内经济自由度的提高和引入新形式的资产，新形式的企业在新的经济系统内开始新的经济活动。因此，外资企业和民营企业比传统的国有企业表现得更加活跃。市场机制的引入以及它带来的必然结果——竞争，为国有企业施加了更大的压力，促使它们改革，引进现代管理技术，降低成本。因此，国有企业不得不解雇大批多余的职工。此外，国有企业为员工提供传统的社会保障使其失去竞争力，市场机制的引入使国有企业没有能力继续履行其传统的社会保障功能，因此必然地（至少部分地）解除了这部分社会义务。这样，就要求建立一个以新的市场机制为导向的现代社会保障体系。

第三，与第一点有关，经济改革和城乡就业机会产生差异的另一个后果就是20世纪80年代中期，农村富余劳动力开始向有巨大吸引力的城市和乡镇工业、服务业转移。如今，这些转移的人口已经成为非常重要的劳动人口，对城市的发展做出了重大贡献。一位研究人员认为，这些转移劳动力在过去20年来对GDP的贡献率达到16%。[118]今天，转移劳动力的数量估计达到1.2亿~2亿。但不幸的是，这些转移劳动力要进入地方社会保障体系的条件是与户口所在地有关联。中国的户籍制度是20世纪60年代建立的，目的是克服经济危机和饥荒带来的困难。户籍制度把公民分成4类：农业户口、非农业户口、常住户口和临时户口。按照计划经济的逻辑，这种制度可以限制农民进入城市。这样虽然保证了农村劳动力留在当地，但是也剥夺了他们的许多权利，包括城市居民所享受的社会保障。农民被改革开放后城市涌现的就业机会所吸引，开始向城市迁移。然而他们的流动受到户籍制度的限制，也不能享受与城市户口相同的权益，这是现在中国政府面临的大难题。

新型的城乡结构

城乡发展不平衡是中国社会典型的，也是最重要的特点之一。总的来说，产生城乡发展不平衡有两个原因：不平衡发展战略和户籍制度。为了加快工业化的步伐，中国采取了不平衡发展战略，给予城市和沿海地区优先权。从那以后，农业和农村对工业和城市的发展做出了许多贡献。一方面，随着社会经济条件的改善，特别是城市就业机会的增加，户籍制度不再成为农民向城市流动，大批农民移居城市的障碍。然而，由于社会保障体系基于户籍制度，就像我以前讲的那样，在社会保障方面，流动人口不能享受与城市居民同等的待遇。

这就造成了城市和农村在收入和社会福利方面的巨大差距。中国政府非常重视这个问题，从 2002 年开始执行了城乡均衡发展的战略。[119]最近，户籍制度的限制开始松动，允许户口转移的政策在一些中小城市试行。城乡社会保障体系的统一规划也已经提上议事日程，出现了有关的研究和试探性的政策。然而，城乡的不平衡，与部分地区之间以及省与省之间的不平衡一样，都是中国采取不平衡发展战略的后果，特别是 1978 年改革以后。我刚刚指出，中国领导人已经意识到了这些问题，并采用公共政策来解决。不过，巨大的差距今天仍然存在，多位研究人员已经对此问题进行了测算。

经济不平衡发展的后果

对于改革引起的中国社会内部不平衡的研究已经有很多了。在这里，我引用其中几项非常有效的研究来说明认识和解决这种现象的重要性及复杂性。

省与省之间的不平衡

首先来看看亚洲发展银行发表的王小鲁的研究成果。[120]王小鲁用不同的发展指标将各省排序，列出各省之间的差距。[121]单个指标的得分（0 ~ 10 分之间）结合在一起，得到总的分数（也是 0 ~ 10 分之间）。按总分数来说，3 个沿海省份最突出，4 个直辖市中有 3 个排在前面，得分范围在 5.04 ~ 6.64（上海 6.64，北京 6.27，天津 5.96，广东 5.23，浙江 5.16，江苏 5.04）。[122]而 5 个内陆和西部省份排在最后，得分范围在 2.79 ~ 3.28（西藏 2.79，贵州 2.97，青海 3.20，甘肃 3.23，宁夏 3.28）。其他省份在这两组之间，得分在 3.66（云南）~4.76（辽宁）之间。从单个指标来看，沿海省份和其他省份的差距更大，特别是地区经济指数，只是排序稍有变化。3 个直辖市和一个沿海省份的得分在 5.88 ~9.96 之间（上海 9.96，北京 8.67，天津 6.15，浙江 5.88）。5 个沿海省份的得分在 3.31 ~4.71 之间，其他 22 个省的得分在 0.43（云南）~2.42（吉林）之间。这个结果表明，辨别中国各省份之间差距的最佳因素是经济发展水平。王小鲁计算了总的和单个指标之间的相关系数（见表 2 -6），找到了解释省与省之间差距的主要因素：经济发展（0.917）、基础设施（0.868）、教育（0.852）和制度安排（0.787）。

清华大学的杨永恒和胡鞍钢的研究更加详细、精确。他们进一步分析了中国省与省之间的差距。[123]杨永恒和胡鞍钢在评论 UNDP 人文发展指数的方法后，用 UNDP 指标（平均寿命、教育和人均 GDP）分析了中国各省份之间的不同点和相同点。通过对“3 个一维”（3 个 UNDP 指标）的分析结果进行对比，他们把各省份的情况分为 4 个级别，每一级的省份高度相似，然后按其 2003 年的表现进行分类：

> 按人均 GDP 的标准，各省的分布与地理位置和经济发展历史密切相关。3 个直辖市，即北京、上海和天津排在第一级，改革开放以来发展最快的沿海地区的 6 个省排在第二级。大概一半的省份（15 个）排在第四级，在那里人民生活依然很贫困，生活条件恶劣。4 个级别的分布呈金字塔形，表明中国的经济发展存在严重的两极分化。[124]

然后，杨永恒和胡鞍钢对 2003 年多维度分析的结果进行了评论，认为第一级

表 2－6　中国的发展：总指标和 11 个分指标之间的关系

	OVR	EDV	PRD	HD	EDU	SE	PBS	SS	IFR	EVP	IDV	NRG
OVR	1.000											
EDV	0.917	1.000										
PRD	0.733	0.613	1.000									
HD	0.671	0.507	0.407	1.000								
EDU	0.852	0.670	0.552	0.638	1.000							
SE	0.667	0.538	0.361	0.510	0.798	1.000						
PBS	0.424	0.496	0.356	−0.078	0.465	0.439	1.000					
SS	0.674	0.446	0.540	0.542	0.659	0.388	−0.056	1.000				
IFR	0.868	0.912	0.592	0.395	0.706	0.531	0.594	0.485	1.000			
EVP	0.322	0.287	0.213	0.350	0.086	0.041	−0.267	0.035	0.073	1.000		
IDV	0.787	0.706	0.506	0.741	0.575	0.368	−0.031	0.631	0.602	0.494	1.000	
NRG	−0.198	−0.162	−0.149	−0.334	−0.218	−0.216	0.145	−0.200	−0.149	−0.364	−0.483	1.000

资料来源：王小鲁，“谁是第一：中国地方发展指标”，亚洲开发银行，讨论文稿，2007 年 5 月，第 66 页

注：OVR = 总发展　EDV = 经济发展
PRD = 生产率和研究　HD = 人力发展
EDU = 教育　EVP = 环境保护
PBS = 公共服务　SE = 社会公平
IFR = 基础设施　SS = 社会保障
IDV = 制度安排　NRG = 国家资源和地理位置

（上海、北京和天津）实现了经济、教育和卫生的全面协调发展，达到了UNDP所确定的较好的人文发展水平。第二级（浙江、辽宁、广东、江苏、福建、黑龙江和山东，即沿海各省）在各方面都超过了全国平均水平，特别是在经济发展方面。第三级（包括 16 个省份）[125]在教育和卫生方面与全国平均水平持平。最后，第四级（包括青海、甘肃、云南、贵州和西藏等西部或中部省份）在所有 3 个方面都没有达到全国平均水平，教育方面的差距最大。

最后，杨永恒和胡鞍钢做了历史分析，从而确定各省应该如何从现有一级向更高一级过渡。他们使用了 1982 年、1995 年、1999 年和 2003 年的人文发展指数。改革初期，各省在这 4 个级别的分布产生了变化。1982～1995 年，第四级在经济、教育方面都取得了很大进步。有 3 个省份从第三级上升到第二级（福建、山东和海南）组成了一组沿海省份，它们从改革开放中受益。但是，过去曾是工业基地的省份（吉林、黑龙江和山西）由于改革重组蒙受损失，从第二级降到第三级。总的结果是前两级和后两级之间的不平衡加剧了。

1999 年以后，4 个级别在卫生和教育方面都取得了进步，但是经济发展也越来越不平衡。最后，到了 2003 年，第三级和第四级与第一级和第二级在教育方面的差距缩小了。但是，由于第一级的经济快速发展，与其他级别的差距进一步扩大。杨永恒和胡鞍钢评论了研究成果，得出以下几个结论：第一，经济发展优先的改革战略使经济的发展快于教育和卫生。第二，教育、卫生和经济的协调发展是实现更平衡发展的先决条件。现在所有四级都在向 UNDP 所确定的协调的人文发展方向努力。第三，改革造成越来越严重的地区经济发展的不平衡，经济发展的不平衡成为地区间最显著的差距。最后，他们提出，他们的本次研究以省作为基本单位，“省内，特别是城乡之间的差距极大”。[126]

这项研究证实了胡鞍钢关于 20 世纪 80 年代以来发展不平衡的主要论断。胡鞍钢以创建下面的表达方法而著称：

“一个中国，两种制度”——“一个中国，四个世界”和“一个中国，四种社会”……“两种制度”，并不是指内地和香港、澳门之间的关系，而是指城乡居民在认同感、教育、就业、公共服务和财政转移支付方面的不同。“四个世界”是指中国不同地区之间的不平衡发展。[127]

胡鞍钢在他的著作《中国发展新战略》中证明，农村远远落后于城镇地区（特别是沿海省份）。[128]这种隔离状态加剧了城乡居民收入的差距，减少了提供给贫困人口的公共服务。此外，根据胡鞍钢的观点，中国是个非常复杂的社会，可以分为4种社会形态：农业、制造业、服务业和知识界。知识界的人数不到劳动力总数的5%，他们分布在技术、教育、卫生、金融、企业和公共服务等部门。为了缩小差别，胡鞍钢建议政府加快城市化步伐，增加对经济落后的西部地区的投资，加快制造业、服务业和教育的发展。[129]

城乡以及农村之间的不平衡

上一节所讲述的杨永恒和胡鞍钢的研究特别提醒我们注意这样的事实：他们的研究是以省为基本单位的，而这不能说明全部的现实情况。就像研究者所说的，各省内部和城乡之间存在不平衡的可能性极大。[130]在表2－7中可以看到2006年各省城乡差距的最新数据，这些数据证实了杨永恒和胡鞍钢指出的省内城乡之间存在巨大差距。这种差距一般在内陆和西部欠发达省份更加明显。以城镇地区的可支配收入和农村地区的净收入为例，比例最低的省份（2.26~2.49）是天津、上海、北京、江苏和浙江；比例在2.5~3之间的是河北、辽宁、吉林、黑龙江、福建、江西、山东、湖北和海南；湖南、山西、内蒙古、安徽、河南、广东、四川、宁夏和新疆的比例在3~3.5之间；广西、西藏和青海的比例在3.5~4之间；比例最高的（4以上）是重庆、甘肃、贵州、云南和陕西。

表 2-7　城乡家庭人均年收入（2006 年）

比例 (3)/(2)*	地区	城镇地区		农村地区
		可支配收入（3）	总收入（1）	净收入（2）
	全国平均	11 759.45	12 719.19	3 587.04
2.41	北京	19 977.52	22 417.16	8 275.47
2.29	天津	14 283.09	15 476.04	6 227.94
2.71	河北	10 304.56	10 887.19	3 801.92
3.15	山西	10 027.70	10 793.89	3 180.92
3.10	内蒙古	10 357.99	10 811.87	3 341.88
2.54	辽宁	10 369.61	11 230.03	4 090.40
2.68	吉林	9 775.07	10 245.28	3 641.13
2.58	黑龙江	9 182.31	9 721.90	3 552.43
2.26	上海	20 667.91	22 808.57	9 138.65
2.42	江苏	14 084.26	15 248.66	5 813.23
2.49	浙江	18 265.10	19 954.03	7 334.81
3.29	安徽	9 771.05	10 574.51	2 969.08
2.84	福建	13 753.28	15 102.39	4 834.75
2.76	江西	9 551.12	10 014.61	3 459.53
2.79	山东	12 192.24	13 222.85	4 368.33
3.01	河南	9 810.26	10 339.20	3 261.03
2.87	湖北	9 802.65	10 533.34	3 419.35
3.10	湖南	10 504.67	11 146.07	3 389.62
3.15	广东	16 015.58	17 725.56	5 079.78
3.57	广西	9 898.75	10 624.30	2 770.48
2.89	海南	9 395.13	10 081.70	3 255.53
4.03	重庆	11 569.74	12 548.91	2 873.83
3.11	四川	9 350.11	10 117.00	3 002.38
4.59	贵州	9 116.61	9 439.31	1 984.62
4.47	云南	10 069.89	10 848.10	2 250.46
3.67	西藏	8 941.08	9 540.86	2 435.02
4.10	陕西	9 267.70	9 938.19	2 260.19
4.18	甘肃	8 920.59	9 586.46	2 134.05
3.82	青海	9 000.35	9 803.13	2 358.37
3.32	宁夏	9 177.26	10 002.03	2 760.14
3.24	新疆	8 871.27	9 689.07	2 737.28

资料来源：《中国统计年鉴》（2007 年），国家统计局，北京，网站：www.stats.gov.cn/eNgliSH/statisticaldata/yearlydata（2008 年 5 月访问）

* 作者计算。

为了进一步完善对中国发展不平衡问题的分析，我们再来看看最近盖保德（Albert Keidel）按照卡内基国际和平基金会的框架所做的一项关于中国不同省份农村地区之间差距的研究。[131]如果省与省之间的差距能够反映出更加城市化的省份与农业占很大比重的省份之间的差距，那么就像杨永恒和胡鞍钢所说的，这并不意味着同水平省份的农村的情况是基本相同的。盖保德的研究表明，不同程度城市化的省份中，农村与农村之间的差距也是很大的。为了构建分析单元，盖保德划分了两个“地区”组。考虑到直辖市（如上海、北京和天津，高度城市化，农村地区很少，其地位同省相同）以及没有重要的城镇地区的省存在非常特殊的情况，盖保德把一些直辖市和省集合在一起，构建新的具有重要城市和乡村地区的“集合大省”项。例如，大河北（包括河北、天津和北京）、大江苏（包括江苏和上海）、大四川（包括四川和重庆）和大广东（包括广东和海南）。这样就总结出26个省，然后再把这些省分成7个地区。[132]26个省和7个地区构成盖保德分析的两个单元。

在分析单元的基础上，该研究表明，中国的7个地区和26个省之间在人均GDP上存在严重的不平衡。7个地区的人均GDP最高与最低的比值大于3.5，而26个省的人均GDP最高与最低的比值大于5.5（大江苏和贵州之比）。盖保德怀疑这个结果的可用性，因为改革初期产生并在20世纪90年代中期逐步加快的巨大的移民潮使这些数字出现了偏差。我们不仅要考虑现今的移民（估计在1.2亿~2亿之间），也要考虑20世纪80年代改革初期，从农村迁移到其他省份的前几代移民。根据盖保德的说法，“这需要调整我们对城乡差别的思想”。[133]为了防止移民现象给计算数值带来偏差，盖保德建议采用农户家庭调查的方法。这个方法给胡鞍钢“中国四种社会”的概念之一——农村社会的研究提供了非常有用的分析视角。

这个研究方法取得的第一个有趣的结果是中国各个地区的农村家庭之间的差距很大，特别是沿海和内陆地区之间。盖保德用历史的眼光（考虑了1985~2005年每5年的数据）认为，各地区农村的人均收入都有所增长，但是沿海地区（人均收入增长7.4%～8.5%）比内陆地区（人均收入增长6%～6.7%）增长得更多。从消费开支来看，差异仍然存在，地区的排名也没有变，只是在收入上差异变小了。而各地区农村的人均收入和消费不仅存在差异，而且一直在扩大。最后，盖保德用一个复杂的分析方法来评价中国农村之间在贫困率方面的不同。在这里我们不可能展开详述。[134]但我们可以说，盖保德用两个沿海省份和3个内陆省份的比较研究表明，无论用什么方法来计算农村的贫困率，沿海省份都要比内陆省份低得多。[135]

可否这样说，我们很难计算出中国究竟有多少人生活在贫困线以下。一般来说，这可以通过确定一个财富水平来测算，在这个水平以下就被认为处于贫困状态。当然这不仅要看方法的选择，更重要的一点是需要解释和讨论。[136]无论如何，中国学者承认，从20世纪90年代中期，尽管绝对贫困已经被消灭了（世界银行估计，在1981～2004年，中国有5亿人口脱贫），但农村和城市都出现了新形式的贫困。[137]

这些都意味着，沿海和内陆农村地区的收入、消费和非常可能的贫困差异还要继续扩大，这可能是中国领导人难以应对的挑战之一。不过，盖保德提出一个既有趣又鼓舞人心的解释，那就是要把这些结果放在总的发展战略的高度来看。增长率（人均收入和消费）在各地区的表现都如此之高，趋同或差异的问题就变得越来越不重要了。[138]换句话说，尽管不同省份的农村之间存在差距，但中国经济发展的成果如此重要，每个农村在人均收入和消费[139]上都有实质性的改善。当然，盖保德毫不掩饰地表明研究运用了西方国家自工业革命以来关于经济发展的逻辑。工业革命导致人均收入实现普遍增长，尽管不同类型人之间的差距也不断扩大。[140]盖保德还认为，不管是否认为不平等是经济发展的负面结果，或与之相反，是否存在有效的刺激手段使劳动力自愿向生产力水平更高的地方和部门流动，完全取决于城市的市场能否创造工资更高的工作机会，以及政府是否有能力发展各个领域的基础设施（交通、通信、能源，还有教育、卫生和社会保障），使经济发展更加平衡。[141]

盖保德的研究得出了更鼓舞人心的结论，但这似乎并不意味着政府不重视中国社会正在不断扩大的差距，而企图让市场机制自行恢复其平衡。我要在第三章就这个题目进行更加详细的阐述，那就是中国政府已经采取措施缩小这些差距。

执行市场机制的困难带来负面影响

建立市场经济（即使是渐进的过程，中国已经这样做了）不是一件容易的事。总的来说，西方的经验可以作为发展中国家和转型国家的样板，而这个样板应当具有相应的前提条件。在许多能使市场经济健康发展的制度安排中，有两项最为重要：金融系统和法制。经验表明，这样的目标不可能在短时期内实现。因此，中国在这方面遇到困难并不奇怪。

中国金融系统的弱点

无论是西方学者还是中国学者，他们都一致认为，中国的金融系统（包括银行和金融市场）太弱，没有能力承担强大的经济催化剂的作用，当然这是与西方的市场经济相对而言。西方国家的金融部门（当然各有各的不同，这里不能详述）是市场经济最重要的一部分，因为许多经济危机都表明了一种反作用，从 1929 年的经济危机开始直到 20 世纪 90 年代的危机以及 2008 ~ 2009 年金融危机。例如，里德尔、金菁和高坚写了一本书专门讨论中国金融系统的弱点。[142]这几位作者承认，中国在金融方面进行了重要的改革，包括恢复商业银行系统，创建债券市场，在上海和深圳建立证券市场，而且改革也是成功的。然而，几位作者也严厉地批评了中国采取的强制性金融政策：限制非银行的储蓄工具，鼓励家庭和企业存款以应对由于限制贷款所面临的货币先行的制约。另外，股票市场只有 1/3 的股票可以交易，债券只能在银行间市场交易，发行债券的权利受到严格限制，公司债券的价格由政府决定，银行利率也受到严格控制。他们进一步解释说，政府采取强制性金融政策是为了服务于其总体发展战略，使资源能最大限度地流向政府和由政府控制的工业企业。从传统的自由经济理论出发，几位作者遗憾地认为，这样做会阻止储蓄，在民营经济成为工业化和经济增长的主要驱动的情况下，导致资本资源分配不合理。[143]运用自由主义经济分析的强大武器，几位作者根本没有顾及他们这是在分析中国复杂的现代化进程。在此只举一例：在讲到中国的储蓄和融资投资时，他们迫切地说，“当政府借钱融资时，不可避免地把私人投资者挤出金融市场”，暗示政府借贷会提高利率，使私人投资者借款成本提高。[144]而在此处关于挤出的假设根本不是像新古典经济学家所认为的那样简单，其他许多变量也在影响着利率水平。[145]

他们所批评的另一个重要方面与国有企业在从计划经济向市场经济转型过程中的状况有关。在计划经济体制下，国有企业没有竞争压力，因此效率很低。改革时代引入了竞争机制，国有企业在提高效率方面遇到很大困难，每年都积累了可观的赤字，这些赤字由国有银行根据政府的行政指令来弥补，结果造成大量的不良贷款，即国有企业在不久的将来也不可能偿还的贷款数额。中国 4 个大型商业银行的不良贷款规模最高（1999 年）达到 2.5 万亿人民币，全部商业银行则达到 3.5 万亿人民币。[146]2004 年官方对银行不良贷款的估计是 3 000 亿美元或占整个贷款的 15%，一些专家估算已经达到 5 000 亿美元或占整个贷款的 25% ~30%，或占 GDP 的 50%。[147]这种情况使转型中的中国经济所面临的两个问题变得更加清晰了。第一，国有企业的低效益。第二，中国国有银行的政治特点，即从政治角度而不是商业规则来进行贷款。[148]出于这个原因，大多数西方银行不认为中国的银行是真正的银行，除非政府提出要根据经济和商业规则改善银行治理。与此同时，政府推进国有企业改革，甚至关闭了亏损的企业，整合一些国有企业，使它们成为独立发展的生产单位，形成规模效应。尽管描述了这些困难，里德尔、金菁和高坚也承认，“中国取得了很高的投资和增长率”。[149]

在下一章，我将简单地介绍中国在这个重要部门所取得的成就。现在，我要指出一些学者对中国金融系统的评价实际上并不那么负面。例如，盖保德在分析前面提到的农村差距时认为，“中国有一个成功运行的双轨制金融体系，同时改善了其大规模的直接信贷系统，将银行和邮政储蓄的一大部分用于公共投资，如基础设施等”。[150]这个评论非常有意思。盖保德的研究让人了解到中国经济发展的负面影响，同时他也承认中国领导人有能力将储蓄转变为一个最有效的因素来促进经济发展，即基础设施。如果说在改革头10年中国确实把投资引向了基础设施，那么至少从2004年开始，经过2007年中国共产党第十七次全国代表大会庄严的证实，中国领导人采取了非常严厉的措施将直接投资引向我所提到的软基础设施，即教育、卫生和建立现代社会保障制度。[151]这样一来，又给中国已经大大改善的实物资本增加了人力资本。写到这一章时，不禁使人联想到，不知道西方国家（尤其美国）有多少钱投入到金融系统，去纠正一些最著名和值得尊重（至少到现在为止）的金融机构的管理者所犯下的难以置信的错误。回忆起西方专家们对中国在这方面的许多严厉批评，难免让人觉得尴尬。[152]

最后，有必要提一提中国经济发展的另一个负面影响，这与国有企业较差的表现有关。我已经说过，为了使国有企业适应更多市场机制带来的经济新结构，政府要求这些企业进行改革，通过改进公司治理水平，实现自负盈亏（政府不再像过去那样为它们贴补赤字），降低生产成本，提高效益。降低成本的一个传统方法就是减少劳动成本。一个伤筋动骨的方式就是辞退几百万政府和国有企业的职工。

详细统计中国的失业人数到底有多少不是件容易的事，因此不能说中国有掩盖失业情况的习惯做法。许多政府都在力图隐藏自己国家不好的方面。但是，普遍观点认为，中国实际失业人数比官方数字要大得多。在估算数据存在差异的情况下，我们就设定一个大概数字，即城市为10%，农村比城市要高得多，因为那里有相当一部分人就业不足。[153]此外，失业成本被认为是经济发展的一个非常负面的结果，不仅因为它的经济成本，而且因为它影响了许多陷入困境但自身并没有任何责任的人，他们可能生活在贫困线以下。胡鞍钢曾计算过 1997～2000 年的失业成本，他认为应该在 GDP 的 5.2%～7.4%之间。[154]

中国法制体系的弱点

许多西方观察家以西方的模式为标准来衡量中国法制能否成为基于市场机制的经济发展的约束力和推动力。甚至连越来越多的中国法律专家们也认为，改革的一个重要弱点是中国建立法制体系的步伐太慢。在第一章我提到了建立西方式法制体系的传统障碍。中国目前有相当数量的现行法律法规已经修订，大批新的法规出台。这些创新已经开始形成一个正规的环境，能够实现对执行法律准则结果的可预测性。经济参与者通过法律制度规范自己的行为，可预测性是保证法律制度稳定性和安全性的先决条件。尽管进行了这些革新，许多观察家仍然对中国的法制体系表示不满，认为它仍然不完善，阻碍了经济的更快发展。

事实上，正因为这种不确定性，许多经济参与者不愿意充分利用市场机制所提供的机会。[155]

这些批评强化了对金融系统弱点的批评。建立一个与市场机制相匹配的、好的法律制度是完善法制体系的重要一步，它将有助于中国政府实现经济发展这个主要目标（如果不是最重要目标的话）。但是，这不意味着应该从发展其他法律方面转移出去，如行政法规、改进法院的法律程序和保护改革初期许多法律赋予公民的权利。我特别想提到保护职工的新《劳动合同法》。如果谨慎对待，这也是能帮助中国领导人逐步满足教育程度越来越高的民众需要的领域，可以保障社会和政治的稳定。最后一章结尾我还要讨论这方面的问题。

经济发展对环境的影响[156]

最后但同样重要的一点是，中国的经济发展对环境造成了非常大的负面影响，使本来令人担忧的形势变得更加严峻了。快速的工业化和城市化是中国领导人面临生态困境的主要原因之一。此外，对自然环境（土壤、空气和水）的影响反过来又剧烈地影响着人文环境，威胁着大部分中国人的健康，而人民的健康状况又被薄弱的健康保险系统，特别是整个社会的保障系统进一步恶化了。在这里仅讨论中国遇到的环境危机中最重要的方面，首先是分析造成中国环境问题的主要原因，然后再讨论环境问题面临的重要挑战。

影响中国环境的主要因素

中国的环境问题与两个因素有关：人口和经济发展。两个因素加在一起强烈地预示着，在未来的几十年自然资源压力可能将逐步增加。

人口爆炸

毛泽东时代，人口出现空前增长。1954 年中国有 6 亿人口，到毛泽东逝世的 1976 年，人口已经达到 9. 37 亿，今天中国人口已经达到近 14 亿。[157]人口爆炸是社会经济和政治因素共同作用的结果。首先，中国具有早婚多子的传统思想，因此保持了较高的出生率和低死亡率。[158]其次，政治领导人迟迟没有看到人口迅速、大量增加的危险性。确实，马尔萨斯（Malthus）在一个世纪前就提出收益递减规律，并把人口增长和有限的资源联系起来。然而，这个学说被恩格斯、马克思主义和毛泽东思想扫除出去，关于人口问题的讨论被中国领导人贴上“右派言论”的标签。[159]当时占主导地位的观点认为人口就是力量：“人多力量大。”[160]从这个角度看，中国庞大的人口代表着不可预料的生产潜力，这种潜力一旦被挖掘，就会变成强大的建设社会主义的动力。正是这个庞大的人口，提供了必要的力量以实现“大跃进”。

人们曾经普遍认为这个政策是错误的。[161]不断增长的人口确实增加了社会发展的压力，生产用水增加了，从而增加了污染物的排放，此外，减少了人均增长的空间。[162]这些鼓励生育政策所产生的苦果就是森林的乱砍滥伐、污染和饥荒。不过，毛泽东时代已经提出了计划生育政策并逐渐得到执行。但是，批准和全面执行这个政策的过程用了将近 20 年的时间，其后果是加剧了后几十年计划生育政策的执行，特别是 20 世纪 80 年代开始执行的“一对夫妇只生一个孩子”的政策。这一政策违背了中国多子多福的传统和农村人口的经济需要，因为根据农村地区的传统，孩子就是社会保障的唯一手段。[163]

社会发展、人口增长和城市工业化

虽然中国是一个农业国，但城市人口对环境产生的压力也非常惊人。城市环境的压力仍然呈指数增长，尽管政府采取了法律措施以限制人口的流动和农村人口外流（比如，户籍制度）。随着城市的发展，这些政策有所松动，有利于农村劳动力向城市流动，缓解农村失业和就业不足的问题，提高农民的生活水平。考虑到这一点，一般观点认为，中国人口到2030年预计将达到15亿左右，实现人口在农村和城市较为均衡的分布。

改革开放以来，中国经济取得惊人的发展，人民生活水平得到实质性的改善，出现了消费倾向日益增强的中产阶级，这些都意味着社会生产必然会进一步发展，其结果就是更增加了电水能耗的压力，汽车数量剧增，商品消费不再局限于最重要的生活必需品。所有这些都意味着将更多地使用资源，特别是为了实现在2000～2020年中国GDP翻两番的目标。

工业化在毛泽东时代已经得到快速发展，从20世纪80年代改革以来，工业化的发展速度更快。这种惊人的工业发展速度伴随着污染物排放的增加，这也是工业化发展初期的特点。生产的现代化要求具备相当数量的能源支持，特别是污染排放最严重的国产煤炭。[164]再加上中国的工业效率较低，即单位产量的能源消耗比较高，污染将更加严重。

农　业

中国现在的农业生产都广泛地采取精耕细作的方法。因此，种地需要灌溉设施，这意味着改变了水文的平衡状态。中国使用化肥和农药的时间比较晚，但增长极为迅速，几十年间就使中国变成了全球第一大化肥生产国和消费国，[165]造成人均生存空间缩小，粮食产量的压力增加，这样就促使政府大力推动农业生产，导致森林面积缩小。农业生产还可能是全球变暖的因素之一，因为水稻（中国极为重要的粮食）种植过程中，将不可避免地排放大量的甲烷气体

（CH_4，一种温室气体，这种气体使全球变暖的潜力比 CO_2 高出 21 倍）。

经济增长和环境

自从工业革命导致人类与自然界的关系破裂以后，经济增长和环境之间的关系就变得越来越明显。经济增长意味着生产和消费的增加，自然资源的利用越来越多，向生态环境排放的废物也越来越多。[166]因此，经济发展在本质上就意味着对环境产生影响。由此，确定一个可以接受的影响范围就提到了政策制定的日程。然而，如果经济增长本质上要对环境产生压力，那么认识到以一些对环境友好的办法来管理经济增长，是很重要的。

中国重要的环境问题

水的缺乏、水的质量和水的获得问题

水的问题与全球变暖息息相关，可能成为中国今天和明天所面临的一个主要挑战。虽然中国有数量可观的水资源（位列世界第三），然而中国的人口如此庞大，按人均计算只有世界平均水平的 1/3。[167]中国水资源的地理分布很不平衡，受季风气候的影响，中国南方洪水泛滥的问题比水资源的缺乏更严重。相反，北方季节性雨量的分布差异很大，严重缺水。中国还有一个特点，东北地区的人口占全国总人口的 45%，可耕种土地占到 60%，但是水资源却只占全国总量的 15%。水资源的缺乏就给可得到的资源带来巨大压力，进而造成污染的增加以及使用者之间的冲突。

缺水问题与 3 个使用主体产生的需求有关：家庭、农业和工业。需求如此之大，有些河流的水还没有流入大海就已经被用光了，就像几年前黄河断流一样。此外，中国湖泊的面积缩小了 1/7。今天的中国 660 个城市中大约有 400 个出现缺水。[168]北方地区近一半的水井和地下水被污染，不宜饮用。这种形势使中国政府有充分理由修建三峡大坝，实施南水北调（长江的水经过一千多公里输送到北京地区）等重要水利工程。今天，在水资源缺乏的问题上又出现了由于农药在生态系统的排放而造成的水污染问题。水污染对中国政府构成极其严重的挑战，因为污染源不断增加，而且水循环很复杂。和其他地方一样，中国可能有4个主要的水污染源，即农业、工业、国内需求和能源生产。

中国有史以来就是个农业国，尽管近年来中国社会发生了翻天覆地的变化，但中国的大部分人口（约50%的劳动人口，见表2-1）仍然住在农村，从事着农业生产。[169]农业生产要消耗62%的水。[170]农业给水资源带来了各种压力。严重依赖水资源的水稻种植在中国很普遍，要想提高产量，就需要灌溉。20世纪人口大爆炸后，保证粮食自给自足的必要性比以前更加重要。中国要养活超过全世界20%的人口，但是可耕地面积只占全球的7%。这就要求中国有一个生产率较高的农业。从质量上来说，农业生产需要使用化肥和农药等现代化的生产手段。而这些农业化学品会渗透到土壤，污染地下水，其后果是多方面的：破坏公共卫生，改变生态系统，失去生物多样性。

1949年以来，中国的经济结构发生了许多变化。新中国成立初期，国民经济主要依赖农业，为了优先发展工业，政府将原来的发展政策倒了过来。因此，1978年工业对GDP的贡献比农业更大。[171]然而，新发展的工业部门效率很低，这样一来，减少贫困就成为经济发展需要最优先解决的问题，进而将环境的重要性置于次要地位。除了排放有害物质之外，工业以及农业对水资源施加了更大的压力。工业生产要求大量的水。[172]由于新中国接过来的是被几十年战争和内乱破坏的“烂摊子”，处理污染的废物就变成次要任务了，发展才是最重要的。

水资源管理不善也造成许多不良后果。缺水不但比以前更严重了，而且由于农业精耕细作和工业生产所排放的污染物破坏了水源，水的质量问题又出现了。水源中重金属和微量污染物的比例不断增加，使污水处理变得更复杂，代价更高。安全饮用水变成了中国的社会问题，大量的人口无法直接得到可饮用水。[173]因此，水资源治理不善不仅成为经济问题，而且成为社会问题。由水污染引起的健康问题非常严重，这将不可避免地引发社会问题，特别是在卫生保健尚不健全的中国。这种形势还产生了新的经济问题：治理水污染的成本和水污染对健康的威胁。

空气污染

在空气污染方面，以吨标准煤当量（TCE）计算，中国在世界上排名第二，仅次于美国。[174]除了温室气体排放对全球气候产生影响外，中国的经济发展造成的空气污染也很成问题。世界银行认为，全球10个污染最严重的城市中有8个都在中国。[175]空气污染物的排放在中国主要产生两个后果：一方面是对气候变化的影响，另一方面是对公共卫生、公众福利和生物多样性等方面的影响。中国主要的污染企业包括造纸、化工、炼油、冶金和汽车制造。[176]

对中国来说，能源需求的急剧增长导致了煤炭的二氧化硫（SO_2）和二氧化碳（CO_2）排放水平的升高。中国的二氧化硫排放量居世界第一。二氧化硫主要引起肺部疾病，导致酸雨产生，对生态系统造成严重损害，给社会带来巨大的环境污染成本，其主要来源是热电厂和水泥厂。

森　林

与其他地方一样，出于支撑城市化和农业发展的政策，中国的森林屡遭破坏。森林是保持气候平衡的根本因素，森林里树木的光合作用能够吸收大气中的部分二氧化碳（CO_2），成为“碳汇”。[177]新中国成立的时候，中国的森林就已经遭到严重破坏。根据霍顿（Houghton）和哈克勒（Hackler）的一份研究报告，中国的砍伐森林一直持续到20世纪70年代。直到1984年（第一部《森林法》颁布），乱砍滥伐的现象才被制止，森林开始得到恢复。[178]

土地荒漠化和水土流失

一直以来中国面临着可耕种土地不足和粮食安全的问题，水土流失和土地荒漠化的问题威胁着进一步缩小、面积已经严重不足的可耕种土地。据估计，中国荒漠化目前已经扩大到国土面积的23%以上，而且还在以每年2 460平方公里的速度增加。过度使用化肥和农药，以及精耕细作、乱砍滥伐，都造成了水土流失。后果是中国失去了几十万平方公里的耕地。考虑到全球变暖使旱灾更加严重，可耕种土地面积的缩小更令人担忧。

经济损失

环境恶化带来很多财政上的成本，特别是在迫切需要清理污染源，为了增加可耕地面积而乱砍滥伐，以及将人为环境污染的土地转作他用的情形下。被微生物和重金属污染的水源要依靠科学技术和昂贵的手段来处理。当污染使一种经济活动无法持续时，就造成了经济损失。例如，当水源不再适合养鱼时，当酸雨或荒漠化使粮食产量大大减少时，当水土流失或由于土地过度使用而不能再进行耕种时。因此，最重要的是将这些成本和损失计入经济核算，即使它们很难用金钱来计算。已经被破坏的环境，清理污染所付出的代价，以及采用更清洁生产方式，应当与生态系统遭受破坏所造成的经济损失放在一起进行计算。

对公共卫生的影响和公共卫生改革的代价

最后要再一次提及很重要的一点，那就是总的经济发展对公共卫生的影响。根据胡鞍钢的计算，解决经济增长带来公共卫生问题的成本代价是 GDP 的 7% ~8% 。[179]当然不是所有的公众健康问题都归因于水或空气污染等环境恶化问题。但是可以肯定地说，这是经济发展给中国政府带来的难以应对的挑战，因为发展改变了人们赖以生存的环境，使他们遇到不同于改革前的新形式的公共卫生安全问题。[180]根据胡鞍钢的研究，2003 ~2004 年的主要公共卫生问题是：

1. 城市和农村的发病率为 50 亿人次，几乎一半病人没有就医。
2. 80% 以上或 10 亿城乡居民没有享受到医疗保险。
3. 妇女、儿童和贫困地区的居民身体状况不佳。
4. 各类健康不安全的状况规模很大。

结　论

在本章结束之时，我们可以得出以下结论：邓小平领导的改革开放使中国创造了惊人的财富（GDP），大多数中国人在人均收入和消费方面得到了改善。但与此同时，30 多年的改革进程中也出现了负面的影响——财富分配的不平等和发展的不均衡。城乡差距最为明显，不仅表现在经济上，而且（与经济和改革的其他方面有一定的关系）在教育、公共服务、基础设施的可利用和共享程度，包括健康保健方面，都有所体现。低报酬和得不到社会保障的农村进城务工农民涌现，城乡新形式的贫困现象清楚地表明了谁是经济发展的失败者。

这与西方工业革命的第一个 10 年出现的情景没什么区别。几代西方工人都是经济祭坛上的牺牲品，至今仍然没有任何办法挽回对这些人的伤害。今天的中国的情况与西方基本相同。但是，今天中国还有可能弥补这些损失，因为中国具备两个因素，这就是中国的自然环境，以及现在和将来的几代中国人。就像我们看到的那样，不平衡发展当然值得重视，中国领导人应当尽可能地投入力量和金钱来改善不平等现象。但是中国的经济发展已经走上正轨，这是创造更多财富的关键因素。政府应当合理分配经济发展所增加的财富，减少不平等现象。例如，迅速地改善金融系统的效益，创造过硬的企业效益和治理能力，等等。但是，这些要冒着现有不平等现象继续恶化的风险。另外，还有几个指标可以证明，中国即使没有这样的进步也能实现经济的发展。相反，对人文和自然环境的破坏才是不可逆转的。如果中国人民对政府公平分配财富的能力失去了信心，那么在中国历史上频繁出现的人民起义就会再次出现，从而结束中国稳定与和谐的社会局面，新创造出来的（相对来说）繁荣局面将面临危险。与此同时，中国完全可以在世界上扮演重要角色，提出恰当的措施以减少目前的世界经济组织对环境所造成的破坏。但是到目前为止，这些组织似乎忽视了科学界众多（今天已充分证明）的告诫。

在下一章，我将提出一个政策调查以解决本章所提出的问题，然后再讨论上面提到的建立一个健全的社会保障制度的问题，以此作为案例研究，评价中国领导人解决这些问题的意志。最后一章将讨论中国政治领导层和中国人民的关系，还将谈到有关开放政治制度的问题。

第三章

正确认识并解决经济发展带来的问题

引　言

第二章谈到了邓小平及其继任者的经济发展战略取得的成果，以及给中国社会带来的影响。这一章将讨论20世纪90年代中期以来推行的更加平衡发展的政策。首先第一节概括地讲述了这些政策，然后第二节讨论了社会保障体制改革的情况。在第二章末尾我表达了这样的观点，即中国已经采取措施改善经济运行状况，这似乎足以保证经济的合理持续发展，而在城市化和工业化对自然和人文环境造成的影响方面，却存在着产生中长期负面的和不可逆转的后果的风险。因此，一个迫切的任务就是要建立一个即使不太大但有效的社会保障体系，重新平衡中国社会，帮助那些没有从惊人的经济发展中获益的人们提高生活水平。从中国领导人是否有能力保证有效治理的角度来看，建立一个高效的社会保障体系才能促进社会安定，这将是维护经济和政治稳定，并保证经济发展合理速度的最重要的条件。

第一节　重新平衡中国社会：总的前景

新的发展战略："以人为本"

首先总结一下胡鞍钢提出的中国领导人的3个发展战略。[1] 第一个战略是中华人民共和国建立初期采取的战略，即传统的发展战略。这一战略在计划经济时期得到贯彻，目的是赶英超美。20世纪60年代中期，毛泽东提出了到20世纪末实现四个现代化的目标。执行的政策是“高积累、低消费”，优先发展重工业，包括国防工业和资本密集型工业，并且提供进口保护，其结果是城乡差别越来越大。第二个战略是邓小平在20世纪80年代提出的转型战略，即“三步走”战略，确定的目标是GDP翻两番，[2]实现贸易和投资自由化，引入市场机制和竞争机制。这一战略把发展速度放在最优先地位。邓小平允许在发展中让一部分地区和一部分人先富起来，集中发展沿海地区。其结果正如我们在第二章所分析的，造成了发展的不均衡，城乡居民不仅在收入上，而且在消费和享受公共服务上，如教育和卫生等，差距逐渐拉大。

在第一个和第二个发展战略的基础上，中国领导人在20世纪90年代后期提出了第三个发展战略观点，期间提出了“西部大开发”战略，成为政府下一个10年最优先发展的项目。[3]新的战略清晰指明，发展的重点从单纯经济角度转到社会经济角度，目标是缩小沿海地区和内陆地区之间的差距。[4]这个战略是20世纪90年代中期由江泽民首先提出来的，后来朱镕基总理在2001年3月5日举行的全国代表大会上所做的《关于国民经济和社会发展第十个五年计划纲要的报告》中对此做了进一步阐释。这个战略的主要内容包括：

1. 加强基础设施建设，如陆地、航空、水运设施，发电厂和水利工程。

2. 加强生态建设和环境保护。

3. 调整西部地区的工业结构，更加强调消费品工业而不是过去的重工业和国防工业。

4. 促进科技和教育的发展。

5. 使西部地区从开放政策中获益。[5]

这个战略把软硬基础设施作为两个相互补充的组成部分结合起来，有利于实施西部地区的发展战略。[6]

为了给发展战略的这种根本性变化提供依据，相关组织和机构做了重要的调研工作。在第四章我将介绍不同组织所扮演的角色，它们在收集最相关的理论思维和实证证据，以说服中国领导人部分地转变思想理论基础，重新制定发展战略方面做出了重要贡献。[7] 在这里，我想强调大学在其中扮演的重要角色，特别是一些研究持续到 80 年代末、有影响力的知识分子。在学术界，有一些学术专家表现很突出，并给予中国领导人重要启发。在第二章我经常引用胡鞍钢的著作，他是清华大学一个很有影响力的智囊团的创始人和主任，他的观点是这方面的最好样板：

> 在众多的学术声音中，胡鞍钢教授在创造一个知识分子环境、参与政治讨论和制定“西部大开发”战略方面起到了推动作用。

胡鞍钢说中国领导人是他的读者，他们对《中国国情报告》非常重视，而且进行了批示。

事实上，胡鞍钢从 20 世纪 80 年代就开始对中国的国情发展进行框架分析。那时他正在中国科学院准备博士论文，[8] 论文的题目是“人口与发展”。后来他和邹平一起将此论文改编成书《中国人口发展》，于 1991 年出版。[9] 同时，胡鞍钢在中国科学院的一个研究小组里研究中国国情和长期发展战略，并将研究成果结集成书，中国领导人在 1988 年得到这本书的书稿。[10]《生存与发展：中国长期发展研究》的英文版于 1992 出版。[11] 这两本书是中国学者的极好代表作，借鉴了中国和西方的最佳研究成果。这也说明了这一代中国研究者对世界学术界开放的精神和高水平研究的独立性。[12]

《中国人口发展》一书从历史、人口、经济、环境、地区（城乡之间的差距）以及社会和计划生育等视角进行综合分析，为中国应该采取什么策略打下基础。第二本书《生存与发展：中国长期发展研究》又对相关内容加以扩展。人口研究的一个重要发现就是：不管是理论还是实证模型，特别是西方的模型，都不能机械地直接套用于中国，但是可以结合中国的特点作为参考。不符合中国实际的人口理论必然导致错误，成为教条。这就使两本书的作者摒弃了传统的马克思主义发展理论[13]和苏联的发展模式，包括它们的人口论，而根据中国社会人口的迅速增长，生产设备的缺乏，工业原料的增长，就业、教育和科技的发展，粮食需求的增加和生活的改善等因素之间的矛盾，构建了自己的发展模式。[14]

发展模式的改变导致中国决定采取计划生育政策，以降低生育率，这一政策至少部分解决了上述提到的矛盾。如果不摒弃当时占主导地位的理念，即经济发展是导致生育率下降的原因，因此经济发展必须先行，那么这种变化是不可能发生的。胡鞍钢和邹平认为，这种联系并不是“简单的因果关系，而不顾时间、地点和条件”。[15]相反，他们认为这种关系是很复杂的。他们参考魏锦盛（音译）关于欧洲家庭生育的研究，说明生育率的下降：

> 不只是经济文化发展的结果，而且是各种因素共同作用的结果，包括经济、文化、历史和风俗习惯等……生育率可以在经济和文化相对落后的国家提早下降。因此认为只有在经济发展后生育率才能迅速下降是不符合历史事实的。

他们以政府利用人口政策使生育率下降的韩国、新加坡、泰国和马来西亚等国家为例，得出的结论是，在当时中国的条件下，“（政府）有力地控制人口增长必然为经济起飞提供非常有利的条件”。[16]

《生存与发展：中国长期发展研究》从人口和国土的角度指出了中国在发展道路上所面临的根本问题：人口过多，底子过薄，教育文化、科技水平低，自然资源相对紧缺，人均 GDP 很低。改革 10 年来，中国取得了伟大成就，但上述问题并没有明显好转，甚至在某些方面进一步恶化。[17]这项研究之所以出色，不仅因为它的分析质量，还因为它指出了邓小平发展战略存在的主要问题。这些问题在 20 世纪 80 年代末就已经在中国出现了。

报告认为，中国的基本问题是人口和资源的矛盾。同时，这个报告指出了经济发展所造成的 4 个主要挑战。作者称之为“前所未有的多重危机”：

1. 尽管政府采取了控制生育的政策，但人口依旧增长，而且迅速老龄化，就业负担沉重。另外，平均受教育水平只有4.6年，如果要发展要求具备良好教育水平的行业，那么这个水平就太低了。最后，人口增长迅速，造成长期的失业和就业不足，特别是在农村。

2. 农业资源日益紧张，接近资源承载的极限。预测这种形势在将来会更加严重。

3. 环境污染的迅速蔓延与自然生态日趋恶化，将不断演化为下个世纪中华民族生存与发展的最主要危机之一。

4. 粮食需求的迅速扩张与粮食增产的举步维艰。[18]

在危机分析的基础上，报告建议在相当长的时间内采取下列政策（中国政府已经采取了这些政策）：

1. 计划生育，控制人口。

2. 较高积累，适度消费。

3. 普及教育，发展科技。

4. 节约资源，保护环境。

5. 改革开放，持续发展。

报告指出，这些政策的成功取决于一些重要条件：不要再犯类似于“大跃进”的重大战略决策失误而导致大的经济波动，不再重演“文化大革命”的政治动荡和社会动乱，不发生特大的全局性的自然灾害，不爆发大规模的外国入侵战争，不卷入他国的军事对抗。[19]

报告还特别坚定地说，中国的现代化道路只能独辟蹊径，不得不寻求一种与外国不同的、非传统的现代化道路，这种非传统的现代化发展模式，其核心就是打造：

1. 低度消耗资源的生产体系。

2. 适度消费的生活体系。

3. 使经济持续稳定增长，经济效益不断提高，同时控制污染，保持生态平衡，合理利用自然资源的经济体系。

4. 保证社会效益和社会公平的社会体系。

5. 不断创新，充分吸收新技术、新工艺、新方法的适用技术体系。

6. 促进与世界市场紧密联系的、更加开放的贸易与非贸易国际经济体系。

作者们承认，这绝不是一个理想的模式。面对发达国家和地区消费示范效应的后发劣势，全体国民在消费预期与心理上所形成的“穷攀比”与日俱增，给中国领导人施加了更大的压力。他们非常理智地得出结论：

> 我们必须开诚布公地告诉人民，我们没有条件与美国等发达国家的资源消耗水平相比……在一定的发展水平和资源总量条件下，它是一种迫不得已的选择……本报告的结论既区别于盲目乐观，又区别于悲观论，是有条件的谨慎乐观……基础条件是苛刻的，但对中国来说，这是展现其发展的最后机会……面对未来多重发展风险，有可能在决策者、知识界和工农民众之间形成对改革与发展的长期性、艰巨性、痛苦性的共识和认同，产生持久的强大凝聚力，做长期艰苦奋斗的准备，力争摆脱危机，走出困境，实现21世纪中华民族的复兴。[20]

评论这个报告，人们不禁对作者的适度乐观精神感到诧异，因为作者认为在下一个10年中国城市个人消费将以惊人的速度增长。他们认为有必要让全国各界都了解中国发展面临的困难，并分析发展中的主要矛盾。这再次表明，甚至在那些实事求是的学者中也深深地保持着中国传统文化大一统与和谐价值观的特征。更加有趣的是，报告指出并分析了几乎所有出现在20世纪90年代末的主要问题，并涉及胡锦涛“以人为本”的新发展战略的所有重要方面：经济效益、社会平等与社会效益、生态效益和各领域的创新。

《生存与发展：中国长期发展研究》后，1991～1992年，胡鞍钢到耶鲁大学经济系读了一年博士后，并与另一个中国学者王绍光一起进行研究工作。1993年，胡鞍钢和王绍光写了一份题为《加强中央政府在市场经济过渡时期的作用》的报告，[21]在报告中，他们提倡中央集权，特别是对于财政政策。源于这份报告的启发，1995年，江泽民决定由中央政府收回财权，使中央政府获得更多的财政收入。

付士卓（Joseph Fewsmith）认为，胡鞍钢和王绍光只关注了政府的汲取能力，却忽视了国家能力中其他更加难以获取（然而却重要）的能力，例如合法化能力、反腐败和官僚机构的效率。[22]我认为这个说法不准确，因为胡鞍钢和王绍光用相当大的篇幅分析了中国越来越严重的不平衡，并且提出政策建议重新平衡经济和社会发展，[23]这是对共产党合法化能力的实质性贡献。[24]另外，我在前面曾提到，胡鞍钢提出了一个理论框架来分析国家和市场的关系，然后得出结论，有些领域不能留给市场，特别是那些旨在缩小地区差距的政策。[25]20世纪90年代初，正确把握国家和市场关系的演变无疑是对中国领导人的重要挑战。正如张旭东所说："王绍光和胡鞍钢的论断被认为是第一个以中国为背景，系统地讨论国家与市场的相互关系，并且是对东欧过渡社会的经济崩溃、政治失败和社会悲剧的最早反应，特别是苏联和前南斯拉夫。"[26]最后，胡鞍钢还对中国的腐败现象提出严厉批评。[27]

当然，如果认为共产党政权的垮台是历史的必然，应当将政治舞台让给自由主义民主，将经济舞台让给自由主义市场经济[28]，那么王绍光和胡鞍钢的理论可以说是有缺点的。问题是，尽管中国领导人从改革一开始就遇到了相当大的问题和挑战，中国共产党不仅保持和加速了改革进程，并将其置于党中央的控制之下（苏联没有做到），而且还满足了大多数中国人民的预期，大大地改善了城乡几亿家庭的生活条件。这清楚地表明在特定的历史阶段（自从封建帝国崩溃之后的中国），有许多其他方法可以使政权合法化。对中国人民来说，改善物质生活条件，无论是在过去，还是在现在，都优先于政治制度的突然开放，如赐予公民自由主义民主典型的言论和集会自由。这可以用以下事实或其中一个事实来解释：中国珍视大一统与和谐的传统政治文化传承；在改革初期，经济发展水平非常低，似乎那时改善物质生活条件比争取政治体制改革更重要。我们不应该忘记，在西方的历史上，政治自由不是从自由革命一开始就给予每个人，而是经过了渐进的过程，至少花了一个世纪的时间才实现。[29]为什么中国就应当走不同的道路呢？王绍光和胡鞍钢非常正确地根据众多的实际情况提出政策建议，而不是根据基于不同的文化、经济、社会和环境设置，可能取得满意结果，与中国完全不同的理论和思想路线去做。这并不是说政治体制改革没有必要，胡鞍钢多年来都是提倡政治体制改革的。[30]

胡鞍钢列举了大量的实证证据，说明中国社会越来越大的差距，并且提出许多政策建议，构成了“西部大开发”战略的科学基础。中国国情研究中心撰写的报告很多都被高层领导传阅，并对向“以人为本”的可持续发展战略转型和第十一个五年计划的准备产生了巨大影响。

2004 年 2 月，朱镕基的继任者温家宝总理意识到中国迅速发展积累了不少问题和矛盾，即城乡收入的差距越来越大，地区差距不断扩大，家庭收入越来越不平等，就业和社会保障压力剧增，教育、医疗卫生、文化发展滞后，不断增长的人口和发展与生态环境和自然资源之间的矛盾加剧，经济系统质量下降，失去竞争力等。根据这样的形势，温家宝总理认为，中国必须适时地解决这些问题，并提出了发展的新观点，即“以人为本”。这个战略包括以下几个方面[31]：

1. 城乡协调发展，缩小收入差距。

2. 西部大开发，振兴东北老工业基地，缩小地区差距，特别是东西部地区和南北差距。

3. 经济社会协调发展。

4. 实行“绿色发展”，改善生态环境。

5. 就业优先，建立基于就业的增长模式。

这个发展战略意味着，中国在 21 世纪面临的最大挑战不是进一步加快经济增长，而是如何保持可持续和均衡的增长；减少贫困，倡导人文发展，集中精力搞发展，而不是为了发展而发展。“以人为本”的发展理念就是投资于人，服务于人，为人民而发展经济，促进人文发展，增强人民的发展能力，给他们提供更多的发展机会。

这个政策在2007年10月的中国共产党全国代表大会上通过。在第三步发展战略的框架下，上千亿元被投资到各贫困省和地区。现在评价其效果还为时过早。不过，中国所有地区的收入和消费都得到提高，这是个令人鼓舞的消息，使政府认识到新战略是可行的。下面我将通过其他指标说明新战略的优越性。

金融部门和国有企业的改善

如第二章所述，即使对中国金融系统批评得最厉害的学者（如里德尔、金菁和高坚）都看到："金融部门实施了重要的改革，包括恢复商业银行系统，创建债券市场，在上海和深圳建立证券市场，而这些改革是成功的。"[32]尽管中国遇到了很多困难，"但还是取得了很高的投资和增长率"。[33]在这个背景下，招致西方经济学家严厉批评的（第二章已看到）不良贷款规模最近几年又有相当程度的下降。不良贷款是计划经济的后果。那时，国有银行的功能只是按照行政指令而不是风险评估的标准向国有企业提供贷款。这种情况一直持续到改革的前10年，国有企业积累了巨额贷款，无力偿还，再加上表现不佳，就更无力偿还了。为了减少不良贷款，[34]政府于1999年在4家商业银行设立4个财产管理公司[35]，任务是处理1.4万亿人民币不良贷款，这些不良贷款几乎等于20%的GDP。然后，在2003年和2004年，4 756亿人民币不良贷款从中国建设银行和中国银行剥离，再加上225亿美元的拨款，用来支持这两家银行的业务发展。最后，2005年，7 050亿人民币不良贷款又从中国工商银行剥离，同时注入150亿美元，发放121亿美元的次级贷款。4家商业银行的治理得到了改善。这样做的目的是准备将这些银行上市，吸引投资者。实际上，2005年中国建设银行在香港上市，然后是中国银行和中国工商银行。这些改革和政府干预使银行的不良贷款比例大大降低：中国工商银行降低到

4.5%，中国银行降低到9.6%，中国建设银行降低到3.3%。只有中国农业银行还保持着23.5%的不良贷款率。中国政府又向中国农业银行注入190亿美元，[36]最近又批准中国农业银行改制为股份制银行，为其上市铺平道路。

与此同时，中国采取了措施改善国有企业的治理和运行状况，其中一些已经成为重要的跨国企业。

环境保护加强

西方观察家们担心中国经济将越来越多地使用自然资源，从而更加严重地破坏世界的生态环境。同时，有些专家认为中国官方环境治理的数字是不可靠的。然而，不能说中国政府没有采取措施制止环境的恶化。我们已经看到，污染不仅破坏自然环境，而且影响人们的健康。中国政府已经采取了若干措施防止对环境的进一步破坏。第一，关闭了表现不佳且污染严重的国有企业。第二，减少城市供暖用煤的数量。第三，推行了重要的退耕还林政策。1998~2001年，中央政府投资420亿人民币用于25个地区的退耕还林项目以及国有森林的管理和恢复。在制定新的发展战略时，中国计划到2050年将森林覆盖率提高到28%。第四，改革后，特别是1982年发布《海洋环境保护法》后，又制定和实施了许多法律和规章制度，涉及水源、草原、渔业、国土、野生动物、农业和空气等多方面。研究机构为政府提供了专业知识以便制定更好的法律法规，例如中国科学院、中国环境科学院以及地方研究中心等。

最后但同样重要的是，中国政府和非政府组织还努力教育人民保护环境。[37]这很重要，因为环境保护不仅是政府的事，也是每个中国人的事。一般来说，公共政策的目的是改变人们、利益集团和其他组织的行为，实现的方法是颁布法律法规或/和提供刺激手段。政府结束计划经济，引进市场机制后，每个人都知道要遵守新的游戏规则。市场以竞争的方式激励供需双方改变行为。例如，作为一个雇员，要培养提高效率的习惯，使自身行为尽快地适应新形势，因为这对个人、家庭和国家都极其重要。只有本人工作好了，集体才能好，从而国家才能富强。然而，在环境问题上，不论是家庭还是企业都不容易理解节约水、电等稀缺资源以及避免空气、水和土壤污染的目的。在这个领域，对于民众来说，根本、自私和重要的东西正是其自身的舒适度。因此，与在经济领域所秉持的原则相比，在环境保护领域相反的东西才是正确的：只有大家都尊重环境，个人才能享受新鲜的空气，清洁的土壤和饮用水。在环境保护方面，只有个人改变看法，了解如何使用稀缺资源，才能树立新的行为方式。这可以通过教育来实现。中国从改革伊始就是这样做的。如果教育成功的话，可以避免因违犯法律法规而受罚。这是管理环境保护的更友好的方式，不必采取处罚的手段来实现环境保护。当然，教育，特别是要改变长期养成的习惯，是一个长期的任务。

1979 年，辽宁、广东、北京和上海率先发起试验性的教育计划。然后，中国政府于 1987 年（1991 年和 1992 年正式实施）规定环境教育作为中小学的必修课程，并出版相应教材。例如，人民教育出版社于 1993 年出版的《环境导论》已经作为大学的选修课，这本教材涵盖各方面的环境污染问题（水、空气、噪声、土壤等）。1999 年，该出版社又出版了一本教师指南。此外，该出版社还与世界自然基金会合作出版了一本关于长江流域环境保护的书。除教材外，还有许多环境保护网站（如 www. pep. com. cn. eec/index. htlm），学生和教师可以从中搜索关于环境保护的信息。还有一本学术期刊《环境教育》，以及由“中国中小学教育行动”（EEI）创建的 3 个环境教育中心，EEI 是中国教育部、世界自然基金会、BP 公司（原英国石油公司）联合开展的一项教育项目。这 3 个环境教育中心分别设立在北京师范大学、西南大学和华东师范大学。这 3 个中心负责撰写教师和学生手册，同时发起了一个中小学教学计划，分别在 34 所学校试点。这些手册将由人民教育出版社出版。其他类似的中心已经设立或即将设立。

在政府层面上，负责环境保护的是国家环境保护总局，2008 年国家环境保护总局升格为环境保护部。[38] 环境保护部主要负责制定环保政策，也负责在内设的信息中心和宣传教育中心的框架内监督环保教育。宣传教育中心组织宣传、协调全国绿色学校计划，目的是训练负责执行绿色学校计划的教师，评价绿色学习计划的执行情况。宣传教育中心还负责监督国际合作。

除政府机关外，还有几个非政府组织活跃在中国各地，如“自然之友”“北京地球村”“世界自然基金会”“国家环境信托基金”（促进中国环保教育电视工程）等。另外，一些大型企业也有自己的环境保护计划，如贝尔（Bell）、埃克森—美孚（Exxon-Mobil）等。

最后，作为《京都议定书》的签署国（1998 年 5 月 29 日签署），中国在 2002 年约翰内斯堡的联合国可持续发展世界首脑会议上宣布中国已核准《京都议定书》。这表明中国不但严肃地对待环境问题，而且承诺成为世界经济、政治和环境的主要参与者。[39]

中国承担了什么义务呢？根据《京都议定书》第 10 条，以下是中国必须遵守的一部分协议条款：

1. 在相关时并在可能范围内，制订符合成本效益的国家的方案以及在适当情况下区域的方案，以改进可反映每一缔约方社会经济状况的地方排放因素、活动数据和/或模式的质量……

2. 制订、执行、公布和定期更新载有减缓气候变化措施和有利于充分适应气候变化措施的国家方案以及在适当情况下区域的方案。

3. 合作促进有效方式用以开发、应用和传播与气候变化有关的有益于环境的技术、专有技术、做法和过程。

4. 在科学技术研究方面进行合作……

5. ……加强对公众的气候变化教育。

6. 根据《公约》缔约方会议的相关决定，在国家信息通报中列入按照本条进行的方案和活动。

请注意，因为《京都议定书》附件一国家中不包括中国，因此中国没有义务减排，但是可以通过清洁发展机制（CDM）参加国际减排活动。[40]

中国是在这个充分的制度安排下执行其环境政策的。除了这方面的监管措施外，中国自20世纪80年代初引进市场机制以来就一直意识到用经济措施保护环境的可能性。下面我要特别强调以下影响CO_2排放的措施：[41]（1）说服；（2）法律法规；（3）税收。

第一，说服是基于中国签署的《联合国气候变化框架公约》（UNFCCC）提供信息的义务。在这个背景下，《中国青年报》和中央人民广播电台专门开辟“气候变化”专栏。中国气候变化信息网（www. ccchina. gov. cn）向中国民众提供气候变暖的环境信息。当然，劝说环境友好的行为并没有法律约束的效力。但是关于污染造成灾难性后果的信息肯定会对民众心理产生影响，使他们认识到保护环境的重要性。

第二，关于法律法规，自1980年以来，中国颁布了几种类型的监管指南，并且纳入新的《中华人民共和国节约能源法》。中国向《联合国气候变化框架公约》提交的报告中曾提到了这些监管指南。[42]这份报告是中国和其他发展中国家必须履行的义务之一。报告中提到的监管指南介绍了中国在《联合国气候变化框架公约》和《京都议定书》框架内都做了些什么。目的是介绍各部门能源节约的情况（纳入《节约能源法》，实际上是政府新的节约能源计划）。例如，采取的措施有：建筑节能[43]，交通和工业节能，森林（森林管理和造林补贴）、农业节能（提高效益，防治病虫害），废物管理。

第三，税收方面，根据中国的法律，“环境税”是通称，指的是与自然资源和环境有关的税收。中国税收制度中包括20多种税，共5大税种：流转税、所得税、资源税、财产税和行为税。在这些税种中，有6个直接或间接地涉及环境：消费税、资源税、车辆购置税、固定资产投资税、建筑税和城市维护建设税。[44]此外，还有按污染物的性质所收的税。这种税是对地区造成酸雨和其他环境问题所缴纳的。国家对污染物征税，例如SO_2[45]。“环境税”的税收在1986～1996年10年间翻了两番。

最后，政府对两个部门的温室气体排放发放补贴，即能源和电力。中国

80%的电力源自火力发电。对这个部门补贴就相当于降低电费，因此增加消费，使用更多燃料发电，从而使空气质量下降。从环保的角度看似乎不合理，但是，对能源来说，补贴的是两种污染物——煤炭和原油生产。中国能源消费70%来自煤炭，17%来自原油。这就是说，中国政府继续补贴煤炭和石油企业以弥补它们的损失。唯一理由就是，中国的发展战略的目标是继续用经济发展作为人们致富的手段，希望尽快采取更加严厉的措施保证环境的可持续发展。情况正是这样，政府已经采取许多措施发展环境友好的替代能源。

所以，我们可以看到，尽管存在上述困难，但从长远来说，许多资源，公共的、半公共的以及私人的，都参与实现中国领导人的主要目标：重新平衡自然环境和人文（特别是经济）活动。

在这个背景下，清华大学胡鞍钢教授提出用胡锦涛时代的“绿猫”代替邓小平说的“黑猫”和“白猫”理论。[46]他提醒我们，第十一个五年计划（2006~2010年）的主要目标之一就是将GDP单位能源消耗降低20%。即使中国经济继续以每年10%的速度增长，已有迹象表明能源消耗和污染物已经开始下降，有可能在2008~2010年每年平均降低5.4%。胡鞍钢说：

> 这个指标并不是一个简单的经济指标，而是政府对人民的政治承诺。它表明中国减排的政治决心和承诺……这是通往低碳经济的第一步，具有很大的政治和经济意义。

胡鞍钢还强调：

> 中国领导人面临两个急迫的问题：如何把中国经济变成低碳经济和如何参加全球能源治理，从全国到地方再到世界的能源治理。[47]

最后一个目标非常重要，是中国已开始执行的政策的最后一步：成为全球绿色经济长征中的领导者。这是中国恢复其大国地位的重要机会。

然而，胡鞍钢非常清楚前进道路上的困难。看到2009年12月在哥本哈根关于取代《京都议定书》的国际谈判难以达成一致的情况，尽管奥巴马政府持正面态度，胡鞍钢建议用更复杂的分类代替目前简单的发达和不发达国家的分类，我认为这种分类更加公平，即按照人类发展指数（HDI），将国家分为4类：高指数国家（0.8以上）、中高指数国家（0.65～0.8）、中低指数国家（0.5～0.65）和低指数国家（0.5以下）。[48]第二个决定国家责任的标准是减排水平：污染水平，包括总水平和人均水平。最后确定哪些国家必须减排，哪些国家自愿减排。

根据第一个标准，高指数国家必须按照联合国确定的要求无条件减排。中高指数国家（包括中国）有条件地减排，减排目标根据其与高指数国家的差距而定。中低指数和低指数国家没有义务减排，但是鼓励减排。根据胡鞍钢的估算，世界20个最大污染国的排放总量占全世界排放的75%。因此，这是合理的。根据第二个标准，最大的污染国应当承担最大的减排任务。最后应当指出，一个国家可能从一组过渡到另一组（HDI和污染水平），这样就从自愿减排过渡到必须减排的行列。按照这个建议，中国必须遵守国际温室气体排放的目标："接受这个温室气体排放目标不仅符合国际利益，也符合中国自身的利益……中国是发展中国家，但是个特殊的发展中国家，人口最多，能源消耗大，即使现在不是，早晚会变成最大的温室气体排放国。我们必须参加这场共同的战争。"[49]根据胡鞍钢当时的估计，中国的HDI将在2010年达到0.8，进入高指数国家行列，必须接受有约束力的减排目标。[50]对那些怀疑中国领导人是否有决心接受这个建议的人来说，应当回忆一下人们怀疑中国、美国和欧盟的谈判能否达成协议。由于中国谈判代表的决心，最后中国在2001年加入WTO。胡鞍钢还提醒我们："就像加入WTO一样，这个（战略）形成了一个倒逼机制。"[51]

这个战略应当在谈判过程中软化中国政府的态度，尽管谈判之初给人以强硬的印象。[52]虽然，现在中国政府仍然没有准备按清华大学教授的建议让步。但是一位路透社记者采访胡锦涛时，针对这个战略，胡锦涛骄傲而幽默地回答说："我开始是少数派，最后还得随大流。"[53]

这种谨慎乐观的态度被两个出版物所证实。第一个是世界银行的出版物。该出版物指出，第十一个五年计划的头两年中国在环保上的进步喜忧参半，因为在降低能源使用强度方面进步不够，但是在减少空气和水污染，减少工业固体废物，提高水利用效率和扩大森林面积方面有所进步。[54]第二个是麦肯锡（McKinsey）公司的出版物。该出版物估计，"由于中国的努力和最近采取的政策，有望在2005～2030年期间的每个五年计划中将能源消耗强度降低17%"。[55]如果中国领导人采用胡鞍钢的战略，第十一个五年计划的目标完全可以实现。

没有有效的公共管理，中国的环境战略是不可想象的，也是执行不了的。

公共管理的改善

这是改革的一个重要方面。我将在最后一章，把它放在政治制度开放的更大背景下，特别是决策过程中，予以讨论。本节只论述中国在这方面的重要创新。首先，自20世纪80年代以来，中国进行了一系列的政府机构改革。大多数改革的目的是促进计划经济向逐渐引进市场机制的新经济转型，由于经济体制改革涉及政府职能从直接管理向监管转变，因此宏观经济管理就显得越来越重要。

这就要求对中央行政部门的结构进行改革。这个改革最后的结果是建立五大部委——工业和信息化部、人力资源和社会保障部、环境保护部、住房和城乡建设部以及交通运输部。它们将更好地指导那些对实现平衡、繁荣的社会起关键作用的重要领域的政策。必要的政府机构改革对执行新的公共政策来说是不够的。

因此，有必要将态度、技能和知识付诸实践。虽然公共政策的基本选择是政治领导人的首要责任，但政策必须由在国家活动的新领域接受过培训的公务员制定和执行。这需要不同手段来实现，比如中央和地方党校、国家行政学院以及高校。有些大学已经设立了新的行政硕士学位制度。政府支持研究机构、大学研究中心和智囊团的研究成果。中国还利用同国际组织合作的机会，如世界银行、亚洲发展银行以及个别其他国家，将其有用的研究成果用于中国相关领域的决策过程，如社会服务的改革、废水处理、金融管理等。[56]在大多数情况下，这些研究都是由中外专家组成的团队完成的。这种获得知识的方法使中国从外国政府和专家的经验中受益。这种知识与中国专家（比外国专家更了解中国的情况）的知识相结合，对提高中国领导人的管理能力非常有用。开放决策的一个很好的例证就是中国新的医疗卫生制度。

最后但同样重要的是，尽管大多数专家都认为中国应当进一步发展和完善法律制度，并且在公开言论中也经常提到有必要遵守法制，但中国法律制度相当大的发展表明了中国领导人在新的经济制度下引入更多法律保障的重要承诺。[57]法律重要领域的进展，如在雇员与用人单位关系方面给予雇员更多安全保障的新《劳动合同法》，都证明了这一趋势。现在越来越多的案件由法院审判。这说明中国的法律制度给予民众更多的权利，人与人之间的关系成为确定相互义务和解决冲突的主要方法。

第二节　中国的社会保障：一个国家，两种制度[58]

在第二章我描述了自 20 世纪 70 年代末改革开放以来中国社会发生的巨大变化：首先，不仅 GDP 大幅度提高，人民生活条件大大改善，而且在经济发展、教育和卫生等方面出现了沿海省份和内陆以及西部省份之间的差距。其次，市场机制的引入给国有企业带来巨大的承重压力，迫使他们解雇大批职工，而且放弃了传统计划经济为职工提供安全网的做法。最后，20 世纪 80 年代城乡差距的扩大和就业机会不均衡引发了大规模的劳动力转移。不仅大量的农村闲置劳动力转移到城市，寻找工作，而且那些从事服务行业的人们，如卫生保健人员，也转移到城市，因为那里的工作条件和报酬都比农村好得多。经济改革带来巨大变化的一个最令人担忧的后果就是大部分人口失去了正规的社会保障或根本没有社会保障，从此威胁着中国领导人主要目标的实现：保证经济持续发展的根本条件，是社会和政治稳定。

在第二章我们提到，经济发展不仅是提高整个和人均 GDP 的驱动力，也是改善教育和养老、失业和医疗保险等安全网的驱动力。由于经济发展，贫困已大大地减少了。然而最近几年，减少贫困与经济发展的关系已经不那么密切了。收入水平成为获得卫生保健和教育的更加重要的因素，因为政府在提供服务方面采取了市场化和货币化的政策。学校和医疗卫生机构越来越依靠使用者的费用来支付它们的开销。因此，收入分配不平等以及获得教育和医疗卫生服务的不平等会导致生活水平的不平等。这些服务对提高人力资本，保证经济发展来说极为重要。无力支付这些服务已造成新形式的贫困。[59]“以人为本”的新战略认识到这个新形势，并采取许多措施消除这些不平等。因此，分析中国领导人发展新的社会保障制度的战略，不仅对了解中国在执行公共政策，应对 21 世纪初的社会变化方面是否成功非常重要，而且对了解和评价应对这些挑战的战略也非常重要。其中后一个视角适用于最重要的公共政策之一（建立新的社会保障制度），可以过渡到本书最后一章的内容，在最后一章中，我提出了一个了解中国的总体框架。

为消除不平等而采取的措施是减少引起贫困的根源。这些措施可以总结为：为向城市转移的农村富余劳动力提供培训；2006 年年底取消农业税；按照第十一个五年计划，对农业实行补贴；2006 年 3 月发起义务教育和金融改革，为推广中小学义务教育，取消学费和书本费，为贫困学生提供住宿费，2007 年在中国共产党全国代表大会上胡锦涛主席宣布要制定更高的贫困标准。对于流动人口的特殊需要，世界银行承认，中国政府已经推出多项举措予以回应，如保护农民工的权利，保证公共服务，改善生活条件及社会保险，提高就业服务和发展技能。遗憾的是，缺乏这些新举措的实际进展的系统信息。但这同时表明中国已经采取战略改善农民工的生存条件，更泛泛地说，进一步减少城乡的贫困。[60]

除了上述措施，中国还出台了社会保险政策。鉴于第二章对中国不平衡发展的分析，中国社会保障制度呈双轨制就是很自然的事了，而且城乡之间有很大差别。因此有必要分析这两种情况。

中国根据城乡不同的社会和经济情况进行了一系列改革，改变了 20 世纪 80 年代中期以来计划经济体制下的传统社会保障制度，这个制度可以说是“从摇篮到坟墓”的福利制度，国有企业是这个制度唯一、独特的责任者，包括终身就业、医疗保健、养老等。然而，这个制度也成为国有企业难以承受的负担。随着改革的深入和非国有企业的发展，国有企业陷入了困境，管理无力。市场机制的引入、计划生育政策的执行和劳动力流动的增加，大大地削弱了城市的传统社会保障制度。

分析这种形势后，中央政府把社会保障制度改革提上议事日程，并采取了若干措施。总的思路是把国有企业从传统的社会保障功能中解放出来，建立与市场机制相适应的社会保障体系。政府开始考虑若干企业不再单独承担保障责任，而是与政府、员工一起承担（包括借鉴西方国家的模式），而且没有排除商业保险的可能性。在这样的背景下，中央政府开始改革和试点，以便找到一个适合中国国情的社会保障制度，最后能缩小城乡差距（如果不是消除的话）。

今天，一个与市场导向的经济体系相适应的社会保障体系的框架已经建立，包括社会保险、社会福利、社会优抚、安置和社会救助。作为社会保障制度的核心，社会保险分为 5 种：养老保险、失业保险、医疗保险、工伤保险和生育保险。下面我们将介绍社会保障制度改革过程、现在的制度及其运行情况，以及改革过程中出现的主要争论和挑战性任务。

城市社会保障结构

城乡之间在社会保障和福利方面的差异与它们的双重社会和经济结构一

样，是一个重要特征。与农村相比，城市的社会保障更加先进、更加完善。

社会保险

社会保险是社会保障体系的核心，包括5个方面。这一节主要介绍社会保险计划的演进过程、现在的制度及其运行情况，包括社会保险最近的覆盖面、保险费和资产余额等数据。

养老保险

中国的养老保险是20世纪50年代初设立的，经历了4个阶段。第一阶段是从新中国成立初期到1966年。1951年，国家颁布了《中华人民共和国劳动保险条例》，该条例覆盖了疾病、工伤、生育、医疗保健、退休、死亡和失业（称为待业救济）多个方面。后来，又颁布了一系列的政策和法规。那时，中华全国总工会是劳动保险的最高领导机构，劳动部是最高的监督机构。企业直接支付部分劳动保险金，其余的由总工会承担。

第二阶段始于“文化大革命”（1966年），于1984年结束。在这段动荡时期，管理机构解散，工会组织被迫停止活动。为了保证退休人员的养老金，中央政府1976年决定停止执行养老金社会统筹制度，并将这些费用都作为经营成本纳入企业预算。[61]也就是说，社会保险变成了企业保险。国有企业和集体企业为其职工的保险全权负责，现收现付。

第三阶段是从1984年到1992年的中共第十四次全国代表大会。改革初期出现了新形式的企业，如民营企业、合资企业和外资企业。结果国有企业的养老金负担比新出现的企业重得多。1984年社会统筹开始在广东试点。之后，试点扩大到四川、江苏和辽宁。到1986年，全国大多数省份都采用了社会统筹制度。在试点的基础上，国务院于1991年颁布《国务院关于企业职工养老保险制度改革的决定》，成为建立社会统筹的基础。

第四阶段是1992～1997年。这一阶段的主要特点是建立社会统筹加个人账户制度。十四届三中全会通过了《中共中央关于建立社会主义市场经济体制若干问题的决定》，第一次建议引入个人账户制度，作为保护职工的养老手段。1995 年，国务院颁布《关于深化企业职工养老保险制度改革的通知》，这意味着中国已经建立了社会统筹加个人账户的制度。1997 年，中国政府统一了全国企业职工基本养老保险制度，新的制度规定：第一，用人单位支付工资总额的 20%；职工支付个人工资的 4%，以后逐年增加 1%，直到个人工资的 8%。在全部支付的情况下，职工工资的 11% 计入个人账户（职工支付从 4% 增加到 8%，用人单位支付从 7% 下降到 3%），其余计入社会统筹账户，以现收现付的方式支付养老金。第二，男职工 60 岁、女干部 55 岁、女职工 50 岁，支付保险费超过 15 年的有资格享受养老金待遇。第三，基本养老金包括两部分：基础养老金和个人账户养老金。基础养老金每月等于地方平均工资的 20% 左右，个人账户养老金每月为个人账户总余额的 1/120。国家根据城市居民生活费用价格指数和在职职工工资增长情况调整基本养老金。

然而，由于政府拨款无法抵消历史遗留下来的养老金债务，所以基于个人账户的基金制运转失灵。为了保证基本养老金能按时足量支付，政府决定从个人账户中转移一部分资金，结果导致个人账户出现空账。2000 年年底，个人账户空账的规模达到 1 900 亿人民币。[62]从 2001 年起，政府开始在辽宁省进行补偿“空账”的试点。到 2004 年，试点扩大到吉林和黑龙江（统称“东北试点”）。[63]

根据试点的结果，国务院于 2005 年 12 月 3 日颁布了《关于完善企业职工基本养老保险制度的决定》，内容包括：

1. 个人账户比例降低到 8%，全部由职工支付。

2. 改变基本养老金的计算和支付方法。基本养老金的数额与支付保险费的年限和退休前工资水平挂钩。

3. 逐步将个人账户资本化。

4. 探索养老保险基金保值增值的方法。

到 2007 年年底，全国参加基本养老保险的人数达到 2. 013 7 亿（表

3－1），其中1.8235亿为企业职工。养老保险的收入从2006年的6310亿增加到7834亿，增长24.2%，其中6494亿为保险费。国家各级预算拿出1157亿作为基本养老保险基金。2007年，离退休总人数达到4954000。总支出为5965亿，增长21.8%。到2007年年底，养老金累计余额达到7391亿。

表3－1　社会保险的受益人（百万）

年份	养老保险	医疗保险	工伤保险	生育保险	失业保险
2001	141.83	76.3	43.45	34.55	103.55
2002	147.36	94	44.06	34.88	101.82
2003	155.06	109.02	45.75	36.55	103.73
2004	163.53	124.04	68.45	43.84	105.84
2005	174.87	137.83	84.78	54.08	106.48
2006	187.66	157.32	102.68	64.59	111.87
2007	201.37	180.20	121.73	77.75	116.45

资料来源：《劳动和社会保障事业统计公报》（2001～2007年）

除改革完善基本养老保险制度外，中国政府还建立了多支柱养老保险体系。除强制参加基本养老保险外，还鼓励资金充足的企业为职工建立年金制。2004年，劳动和社会保障部发布《企业年金试行办法》和《企业年金基金管理试行办法》，以保证年金制的顺利运行。2005年8月，劳动和社会保障部批准37家机构管理企业年金。2005年年底，有条件的中央企业向劳动和社会保障部呈递了年金计划。2006年2月7日，中国银行、中国光大银行以及中国人民保险集团财产和意外伤害险公司得到允许建立职工年金。它们是第一批获批建立年金制的企业。到2007年年底，32万家企业建立了年金制，覆盖929万人，年金总额达到1519亿元。理论上，企业年金的发展空间非常大。清华大学杨燕绥教授预测，中国企业年金总量到2010年可达到1万亿元。[64]根据世界银行的预测，到2030年中国的企业年金可达到15万亿元。[65]中国多支柱养老保险制度下，企业年金制的作用将越来越大。此外，国家还鼓励个人存款以备养老。

医疗保险

医疗保险系统建立于20世纪50年代早期，包括公共部门的社会医疗以及国有企业和集体企业为职工提供的劳动保险。[66]人们普遍认为，旧制度按照计划经济安排有利于促进人民健康。但是由于涉及医疗服务需求以及总开支的控制机制存在缺陷，因此医疗开支大幅增长。似乎中国专家普遍都这样认为，这也是西方国家解释其卫生开支的主要论点。有些专家甚至预测，在不久的将来（对某些人来说，现在已经如此），医疗服务将由“双速度系统”调节：一个是国家速度调节，每个人都可以享受，但是覆盖率不全。另一个是市场速度调节，几乎覆盖所有类型的保险（包括最昂贵的保险），但是受到个人资金的限制，越来越多的人被排除在外。不过平衡医疗保健账户的另一个困难可能是资金不足。[67]就像西方国家一样，需求的增加、医疗保健开支的扩大与人均收入密切相关。越来越昂贵的医疗手段（人员和技术装备）是开支增加的主要原因。在这种情况下，如果资金没有保证（国家独自承担或与其他人合作，如职工和用人单位），赤字是不可避免的。说到这里，西方的经验已经明显表明，对资金短缺的原因解读通常是建立在意识形态的基础上，将个人与集体的责任对立起来。

20世纪80年代，正当中国的经济社会进行改革的时候，中国政府就开始寻找医疗卫生改革的道路。在以前试点的基础上，中国政府1998年颁布了《国务院关于建立城镇职工基本医疗保险制度的决定》，以促进正式职工的基本医疗保险制度。改革的主要特点是采取社会统筹加个人账户制度。中国政府采取了许多具体措施改进医疗保险制度。第一，建立两个基金——社会统筹和个人账户，两个基金的资金来源不同：用人单位支付工资总额的6%（其中30%进入职工个人账户，70%进入社会统筹）。职工支付其工资的2%计入个人账户。第二，制定不同用途的基金：门诊费用（小额）由个人账户支付；

80% ~90%住院费用由社会统筹支付，余下的10% ~20%由个人用现金支付或从个人账户里扣除。住院费用扣除金额等于地方职工年平均工资的10%左右。第三，将医疗保险改革同医疗服务和公共卫生系统、药品生产和流通系统改革相结合。被保险人只能到指定医院就诊和开方取药。法律明文规定了保险范围内的药品、医院和药房。采取这些措施是为了提高基本医疗保险资金的使用效率。

长期以来，医疗保险只覆盖有工作的人。没有工作的城市居民，如儿童、中小学生、大学生和其他没有工作的人，都被排除在外。为了实现全民覆盖，国务院决定按照2007年颁布的《关于开展城镇居民基本医疗保险试点的指导意见》进行城镇居民医疗保险试点，重点是政府和个人共同负担的大病统筹。政府补贴每人每年不少于40元，由政府预算支付。中央政府对中西部地区被保居民的补贴是每人20元。另外，政府还为困难家庭提供补贴，用于缴纳保险金。到2007年年底，全国参加基本医疗保险的人数达到2.231 1亿，比2006年增加了6 579万。其中1.802亿是职工（增加2 288万），4 291万是城镇居民。2007年的基本医疗保险收入是2 257亿，比2006年增加29.3%。开支为1 563亿（增加22.3%）。到2007年年底，基本医疗保险累计余额达到2 477亿。[68]

失业保险

在计划经济体制下，每个人都有工作，因此国家没有必要设立任何制度应对失业。第一个关于失业的规定出现在1986年。一开始，中国政府不愿承认在社会主义中国存在失业现象，因此创造了一个词语叫“下岗”，似乎与失业有所不同。在这个制度下，虽然下岗工人失去了工作，但是在法律上仍然同原企业保持一种联系。随着国有企业改革迅速发展，大批工人被解雇，许多人因为文化水平低、没有专业技能、思维不灵活、对新的劳动市场适应性差而永远失去了工作。1998年，考虑到国有企业重新安排剩余人员的压力越来越大，失业保险覆盖不足，政府对下岗工人实行了最低生活保障制度。根据这个政策，1998 年建立了再就业服务中心。该中心有 3 项主要功能：第一，为下岗工人发放基本生活费，缴纳养老保险、医疗保险，组织下岗职工进行职业培训，为下岗工人提供再就业信息和指导。第二，以“三三制”的办法为下岗工人的基本生活费筹集资金。资金由 3 个方面提供保证：财政预算、企业和社会筹资（主要来自失业保险基金）。第三，建立“三保证”制度，即保证下岗工人的生活，保证失业保险，保证城市居民的最低生活标准。

1999 年中国政府发布《失业保险条例》，有力地规范和完善了失业保险制度。《失业保险条例》主要包括：

第一，保险费的缴纳：城镇企业事业单位按照本单位工资总额的 2% 缴纳失业保险费。城镇企业事业单位职工按照本人工资的 1% 缴纳失业保险费。

第二，可领取失业保险金的失业人员的资格条件：按照规定参加失业保险，所在单位和本人已按照规定履行缴费义务满 1 年的；非因本人意愿中断就业的；已办理失业登记，并有求职要求的。

第三，失业保险金的标准：按照低于当地最低工资标准、高于城市居民最低生活保障标准的水平，由省、自治区、直辖市人民政府确定。

第四，领取失业保险金的时限：失业人员失业前所在单位和本人按照规定累计缴费时间满 1 年不足 5 年的，领取失业保险金的期限最长为 12 个月；累计缴费时间满 5 年不足 10 年的，领取失业保险金的期限最长为 18 个月；累计缴费时间 10 年以上的，领取失业保险金的期限最长为 24 个月。重新就业后，再次失业的，缴费时间重新计算，领取失业保险金的期限可以与前次失业应领取而尚未领取的失业保险金的期限合并计算，但是最长不得超过 24 个月。

第五，其他失业保险待遇：失业人员在领取失业保险金期间患病就医的，可以按照规定向社会保险经办机构申请领取医疗补助金。医疗补助金的标准由省、自治区、直辖市人民政府规定。失业人员在领取失业保险金期间死亡的，参照当地对在职职工的规定，对其家属一次性发给丧葬补助金和抚恤金。

领取失业保险金期间接受职业培训、职业介绍的人员享受补贴。

随着失业保险制度的逐渐完善、资金积累的增加，自 2001 年起，下岗工人的基本生活保障系统被整合到失业保险计划中，并于 2005 年年底完成。[69]这就意味着所有再就业服务中心全部关闭，“下岗”这个名词就此消失。

如今，中央政府更加关注再就业，把再就业看成保障人民生活的基础。除基本生活保障外，政府还采取措施引导失业保险向促进再就业的方向发展。2006 年 1 月，劳动和社会保障部发布《关于适当扩大失业保险基金支出范围试点有关问题的通知》，并选择 7 个省和直辖市作为试点单位，包括北京、上海、山东、广东、福建、浙江和江苏。试点单位可以把失业保险资金用于职业培训、社会保险补贴和小额担保贴息贷款支出。

到 2007 年年底，全国参加失业保险的人数达到 1. 164 5 亿，比 2006 年增加 458 万（见表 3 – 1）。在不同期限内提供失业保险金达到 286 万元。2007 年失业保险收入达到 472 亿，比前一年增加 17. 5%，开支达到 218 亿，增长 9%。到 2007 年年底，失业保险累计余额达 979 亿元。

工伤保险

1951 年 2 月，国务院颁布《中华人民共和国劳动保险条例》，规定了工伤待遇。从此，中国逐渐调整待遇的范围。然而，总的来说，过去的制度有缺陷，即待遇较低，工伤程度认定标准不完善。

劳动和社会保障部从 1988 年开始试点，取得了明显进步，包括扩大覆盖范围、调整待遇、建立社会统筹、根据工伤程度确定差别费率等。2003 年 4 月，在试点的基础上，中国政府颁布了《工伤保险条例》，完善中国原有的工伤保险制度。其中包括：确定保险待遇，采取“无过错补偿”原则，制定劳动能力鉴定系统。《工伤保险条例》还确定了资金系统：用人单位缴纳保险费，职工不缴纳保险费。建立社会统筹基金，做到收支平衡，一收定支，政府根据不同行业工伤风险程度确定差别费率，并根据工伤保险费使用、工伤发生率等情况在每个行业确定若干费率档次。

应当强调的是，一般认为防止职业病和工伤比工伤发生后提供治疗康复更划算。因此，更多的投资应当用于改善工作条件，降低事故发生率。基于这个原因，中国政府提出“安全防范第一”的原则，督促企业和职工遵守安全和卫生的规章制度，严格执行规章和标准，降低职业性危害。

到2007年年底，全国参加工伤保险的人数为1.217 3亿，比2006年增加1 905万（见表3－1）。2007年一年为96万被保险人提供保险待遇。2007年工伤保险收入达到166亿元，比前一年增加35.9%，开支88亿元，增加28.4%。到2007年年底，工伤保险累计余额262亿元，储备基金达到33亿元。

生育保险

生育保险是1951年根据《劳动保险条例》建立的。从那以后，中国采取了具体措施改进与计划经济相适应的生育保险制度。然而，从20世纪80年代初开始，经济制度的改革带来一系列的变化，要求调整旧的生育保险制度，平衡不同企业间的负担，特别是妇女占多数的轻工业和服务业的负担。1988年，国家在一些地区实行生育保险制度改革，建立社会统筹。在试点的基础上，1994年12月，劳动和社会保障部颁布《企业职工生育保险的暂行规定》，采取社会统筹、收支平衡的制度。用人单位缴纳保险费，保险费不超过企业工资总额的1%，个人不缴纳保险费。被保险的妇女按法律规定享受90天的产妇津贴。

到2007年年底，生育保险覆盖7 775万职工。在那一年，收支分别为84亿元和56亿元，113万职工得到生育保险津贴，生育保险累计余额达到127亿元。

社会救助

中华人民共和国成立以来，中国政府逐渐调整社会救助政策，提高救助标准，适应社会经济发展的需要。到目前为止，中国已经建立相对完善的社会救助框架，包括：最低生活保障，自然灾害受害者以及流浪汉和乞丐的救助。一些地方政府开始探讨住房和医疗保健方面的救助。[70]其中，城镇居民低保是最重要的一项内容。

1999年，中国政府颁布《城市居民最低生活保障条例》。该条例规定：持有非农业户口的城市居民，凡共同生活的家庭成员人均收入低于当地城市居民最低生活保障标准的，均有从当地人民政府获得基本生活物质帮助的权利；对无生活来源、无劳动能力又无法定赡养人、扶养人或者抚养人的城市居民，批准其按照当地城市居民最低生活保障标准全额享受。

城市居民最低生活保障标准，按照当地城市居民平均收入和人均消费水平，前一年的价格水平，消费价格指数，当地维持基本生活费用和其他社会保障标准，基本生活所必需的衣、食、住费用以及未成年人的义务教育费用，同时考虑地方社会经济发展水平、享受低保人数和地方的财政状况确定。表3－2列出了截至2006年9月底各城市的低保标准线。

表3－2 低保标准线（2006年9月）

城市	标准线	城市	标准线	城市	标准线
北京	300	广州	330	海口	221
天津	265	南宁	210	成都	195
福州	210～230	乌鲁木齐	161	重庆	210
南昌	190	大连	240	昆明	210
济南	230	青岛	260	贵阳	170
郑州	200	宁波	300	拉萨	200
武汉	220	深圳	344	西安	200
长沙	200	厦门	265～315	兰州	190
石家庄	220	呼和浩特	190	西宁	165
太原	183	沈阳	220	银川	180
长春	169	上海	300	杭州	280～320
哈尔滨	200	南京	200－260	合肥	230

资料来源：民政部，http：//www.china.com.cn/city/txt/2006－11/25/content_7406758.htm

城市居民最低生活保障所需资金由地方人民政府列入财政预算，纳入社会救助专项资金支出项目，专项管理。中央政府对财政状况不佳的地方政府予以补贴。到2007年年底，2 370.9万城市居民享受低保，平均每人每月102元。2007年政府预算拨款274.8亿元用于低保，其中160亿元来自中央预算。[71]

此外，医疗救助也在城市不断展开。2007年，406.6万人次获得医疗救助。城市医疗救助总开支为12.5亿元，比前一年增加145.1%。

社会优抚和安置制度

社会优抚和安置是中国政府向军人及其家属提供物质和精神安慰的计划。为了保护享受特殊照顾人群的权益，中国政府颁布了《革命烈士家属、革命军人家属优待暂行条例》《军人抚恤优待条例》以及类似的其他法律法规。这些条例根据被安置者的能力和贡献，以及经济社会发展水平确定优抚优待等级和标准。2006年，496.4万人得到国家的补偿和补贴。各级政府用于补偿和补贴的资金达到157亿元。

《中华人民共和国现役军官法》《退伍士兵安置条例》以及类似的其他法律法规规定了退伍军人的工作分配和安置。政府给退伍军人在城市分配工作，并向自谋职业的人员提供一次性补贴。农村退伍军人生产、生活和医疗有困难的可根据不同情况处理。2006年，293 000名退伍军人分配了工作，得到安置，28 000名退役军官得到照顾。

社会福利

除20世纪50年代以来的社会保险、社会救助、社会优抚和安置外，中国政府更加重视改善社会福利。在计划经济时期，企业负责各自职工的福利。随着以市场为导向的改革和对外开放，中国政府多方筹资，积极促进社会福利的改善。现在中国已经建立一系列的福利制度，为老人、孤儿和残疾人提供福利待遇，提高他们的生活水准。[72]

根据《中华人民共和国老年人权益保障法》，国家和社会采取各种办法改善老年人的生活和医疗卫生条件，使他们从社会发展的成果中受益。近年来，由于社会福利社会化政策不断完善，一个以国家、集体兴办的社会福利组织为骨干，以社区老年人福利服务为依托，以居家养老为基础的老年人社会服务系统已经逐步形成。今天，中国已有 51 000 家老年人社会福利组织，有 105 万张养老床位。

根据有关法律法规，如《中华人民共和国未成年人保护法》和《中华人民共和国教育法》，国家向儿童提供全面的福利待遇，包括教育、计划免疫，对有特殊国难的残疾儿童、孤儿和被遗弃的幼童等在生活、康复和教育方面给予特殊照顾，向他们提供福利、设施和服务。今天，中国有 178 所国家资助的特殊儿童福利院（有 25 000 床位、22 000 名儿童）以及 8 个 SOS 儿童村所（约 700 名儿童）。

1990 年，国家颁布《中华人民共和国残疾人保障法》，为残疾人的康复、教育、就业、文化生活和社会福利提供法律保障。此外，政府采取措施帮助残疾人，例如开办福利工厂、支持残疾人自谋职业、提供临时援助等。

农村社会保障结构

如前所述，中国农村社会保障体系远远落后于城市。中国政府已经采取各种措施提高占全国人口 55% 的农村人口的社会保障，特别是建立新型农村合作医疗制度，将最低生活保障制度扩大到农村。

养老保险

长期以来，家庭保障和互助是农村养老的主要形式（这是传统上人们重男轻女的原因之一）。农业收入是抚养老年人的主要经济来源。随着社会结构的改变，越来越多的富裕农民开始向城市转移，靠种地所得收入下降了。结果，家庭保障和互助的作用减弱了。20 世纪 90 年代，中国开始在一些地区根据社会经济发展的实际水平试点社会化的养老保险。按照“资金以个人缴纳为主，集体补助为辅，国家予以政策扶持”的原则，一个以个人账户形式积累资金的养老保险体系建立了。然而，由于参保是自愿的，所以到2007年年底，只有生活条件较好的家庭参保，养老保险覆盖率只有5 171万人，占农村人口的16.7%。2007年，有3 700万农民领到养老金，开支总额为40亿元。

新型农村合作医疗制度

中国的合作医疗制度始于20世纪50年代。这一制度在促进卫生保障方面起到了重要作用。“赤脚医生”为农民提供了很好的基本医疗保健服务。到了70年代，农村合作医疗制度的覆盖率达到90%以上。然而，到了80年代，随着家庭承包责任制的实施，集体经济解散，农村合作医疗制度也随之解体，覆盖率最后只有5%。

为了保障农民的基本医疗服务，减轻他们的负担，解决因病致贫的问题，防止因病返贫，中国政府于2002年开始建立政府领导和支持的，以大病统筹为主的新型农村合作医疗制度。农民可以自愿参加，资金来自政府、集体组织和个人。政府补贴从2003年每人每年20多元增加到2008年的80元。中央政府对中西部地区参加新型农村合作医疗的农民每人每年补贴40元，地方政府也按这个标准予以相应补贴。另外，个人缴纳也从每人每年10元增加到20元。到2007年年底，已有2 448个县实施了这个制度，覆盖73 000万人，约占85.7%。2007年领到补偿金的有26 000万人次，约22亿元。[73]据当时的预测，新型农村合作医疗制度到2010年将实现全覆盖。

社会救助

中国的“五保”制度始于20世纪50年代。1994年国务院颁布《农村五保供养工作条例》，规定：老年人、残疾人或者未满16周岁的村民，无劳动能力、无生活来源又无法定赡养、抚养、扶养义务人的，或者其法定赡养、抚养、扶养义务人无赡养、抚养、扶养能力的，享受农村“五保”

供养待遇。为了照料不能自理的“五保”老人，政府设立养老院，并逐步成为照料“五保”老人的主要形式。到2006年年底，“五保”老人达到484.5万。

1999年，国家颁布《城市居民最低生活保障条例》。这个条例只适用于城市居民，不包括持农村户口的人。为了保障持农村户口人群的基本生活保障，中国政府鼓励有能力的城市各区县建立农户最低生活保障制度。浙江省第一个在农村建立了试点。到2006年年底，全国共有2 133个县建立了这个制度，1 509.1万农村居民领到低保金。2007年，全国所有的县都建立了这个制度，3 451.9万人受益，比2006年增加了1 943万人。

此外，国家还建立了贫困农民的医疗救助制度。2007年，领到医疗救助补助的有603.4万人次。因参加新型农村合作医疗而得到国家补贴的有2 305.5万人次。农村医疗救助总支出为23.5亿元，比前一年增加146%。

随着经济社会的发展，中国政府还将继续促进农村社会救助事业的发展，最终建立一个涵盖最低生活保障、“五保”、生活困难补助、临时救助和医疗救助等制度的综合社会救助体系。2006年11月23日，时任副总理回良玉承诺中国到2010年将建立一个城乡社会救助体系。

中国社会保障组织

在介绍了中国大力改善城乡社会保障体系以后，我们有必要了解管理这个新型社会保障体系的组织、这个组织所要克服的困难以及中国政府在哪些方面需要继续努力。这个体系是由纵（各级政府）横（中央）交错、复杂的组织来管理的。

从横向来说，中央有6个部委或政府机构负责：人力资源和社会保障部、民政部、卫生部（现国家卫生和计划生育委员会）、财政部、审计署以及国家发展和改革委员会（简称“国家发改委”）。

人力资源和社会保障部是2008年开展政府机构改革，在相同或相近的领域，合理整合分散的行政职能和机构时设立的。新的人力资源和社会保障部承担过去劳动和社会保障部及人事部的职能。这一调整有利于建立一个全国统一的劳动市场，统一管理不同行业劳动力的流动，也有利于缩小不同社会地位职工的社会保障待遇差距。

过去的劳动和社会保障部统一管理全国的社会保障事务，负责城市国有企业社会保障的计划和调整。国有企业的社会保障包括5个方面：养老、医疗、失业、工伤和生育。农村社会保障计划也是该部的一项任务。过去的人事部负责党政机构、文化、教育、科技部门职工的福利。必须指出的是，中国政府职工在社会福利方面仍然享受一些特权。

民政部负责城乡居民的最低生活保障金、农村救灾款项、优抚安置和部分社会福利。卫生部负责新型农村合作医疗服务，包括制定、执行和评估政策，还负责医院的建设和资源分配，包括提高社区医院的医疗服务水平。社区医院的建立是医疗卫生改革的主要任务。财政部将为建立新型社会保障制度提供资金支持（财政资本注入，代表国家向海外借债）。财政部还有权从财务的角度监督社会保障制度的运行，保证资金的正确使用。审计署负责监督社会保障资金的使用，包括集资、开支和管理。国家发改委从宏观经济的角度参与社会保障系统的决策，因此也是社会保障系统的一部分。

从纵向来说，各级政府，从中央到省、市和县，都负责社会保障工作。每级政府都设立一个执行机构，称为社会保险局（或中心），负责社会保障系统的运行。基层民政部门、次区级办公室和社区居民委员会负责具体落实社会福利和社会救助。

关于中国社会保障的争论：公共养老金改革文件的回顾

许多学者都参与了中国社会保障制度改革过程并提出许多建议。他们在社保社会化、多渠道筹措资金等问题上观念是一致的。但是，在一些关键问题上出现了分歧。我认为，列举学术界参与决策的过程对理解下一章所讨论的开放政治制度改革，特别是决策过程，是非常有帮助的。

现收现付制向基金制或名义账户制的转制

20世纪80年代到90年代，许多国家的现收现付养老金计划转制为基金制或名义账户制，中国也进行了这方面的改革。1993年，中央政府决定采用个人账户作为养老金制度的第一个支柱，这是一个由现收现付制和基金制构成的混合制度。然而，其理论基础的准备不足。20世纪90年代初，一些中国经济学家，如吴敬琏、周小川和王林等建议，将部分国有财产转移到基金到位的公共养老金计划，目的是补偿养老金中的隐形债务。[74]从那以后，中国的经济学家们就仔细研究、监控养老金基金。1998年，李绍光分析了社会保障制度再分配效应以及社会保障与经济发展的关系，认为中国养老金制度改革的关键问题是如何把现收现付制和基金制结合起来。然而，基于个人账户的基金制，由于政府拨款难以抵消历史遗留下来的养老金债务，所以运转失灵。2001年，政府开始在辽宁试点补偿“个人空账”。到2010年，试点已经扩大到11个省。

学者们对于如何转型表达了不同意见。这些意见主要分为3种：基金制、现收现付制和名义账户制。第一种意见认为，现收现付制不能应对人口老龄化造成的资金危机而基金制可以。因此养老金制度改革应当在个人账户中储备足够的资金。王燕、徐学者等认为，现行的养老金制度必须改革，否则资金危机会给人口老龄化带来巨大压力。[75]中国为过渡应付出代价，全部补偿个人账户，以使养老金制度持续下去。赵耀辉和徐建国认为，基金制具有更好的激励作用。[76]

第二种意见不相信人口老龄化必然要求社会保障制度转制为基金制。封进力图证明现收现付制是一个长远的选择。[77]何樟勇和袁志刚认为，当前中国经济正处于动态无效区域，因此养老保险制度的转轨时机并不成熟，而现收现付制仍是当前更适合国情的一种养老保险筹资模式。[78]朱青认为从长远看，中国将具备“艾伦条件”（Aaron Condition），尽管老龄化非常严重，但是中国的总抚养率并不高。[79]

随着名义账户制在北欧兴起，一些中国学者认为这是中国解决转制代价的最优选择。郑秉文分析了北欧的名义账户制，认为中国可以从中受益。[80]王新梅和李剑阁提出相同的建议。[81]

关于社保的争论：征税还是缴费

关于社保是征税还是缴费的争论始于 20 世纪 90 年代。赞成征收社会保障税的学者认为：

1. 因为社会保障税是强制征收的，因此可以避免个人缴纳保险金。

2. 社会保障税可以减少“搭便车”现象。

3. 许多国家征收社会保障税。

4. 随着经济的发展、人民生活水平的提高，中国已经具备征收社会保障税的条件。同时社会保障法的完善已经创造更好的征税条件。胡鞍钢是赞成这种意见的最突出的代表。他建议征收社会保障税，规范税率、征收制度和管理制度等。[82]贾康及其同事认为，征收社会保障税可实现公平税负，建立社保预算。[83]

反对征收社会保障税的学者认为：

1. 如果法律健全，缴费筹资与征税同样有效。

2. 同个人所得税一起征收，就会形成双重税收。

3. 实际上，全球只有几个经济发达国家征收社会保障税，如美国、加拿大、英国和爱尔兰。

4. 中国还不具备征收社会保障税的条件，因为政府间社会保障责任还不明确，而且社会保障法还不完善。李绍光和郑功成是持这一观点的最具代表性的两位学者，只是分析的视角不同：李绍光着重分析税收归宿、分配和增长效应理论，而郑功成更加注重现实形势。[84]

社保管理体制的争论

2003 年，中共十六届三中全会宣布，社保管理的目的是逐步建立养老保险省级统筹制度，最后实现全国统筹。这个决定得到大多数学者的赞同。李珍强调，省级统筹应当是扎扎实实的机制，通过省级统筹中国可以统一省级的制度、标准和管理，达到养老基金的适度平衡，降低管理成本和投资风险。[85]冯兰瑞认为，社会保险的性质是社会化，统筹程度越高，社会化程度就会越高。[86]万春和邱长溶经过研究指出，全国统筹是完善养老金制度的重要保障，因为中国已经具备了执行的条件。[87]

但是，到 2010 年，只有少数省份实现了省级统筹，如北京、上海、天津、陕西和福建。目前的养老金制度由全国近 2 000 家官方机构在省、市或县级运行，统筹水平很低，既不足以取得所有资金的适当平衡，也不能规避风险。另外，养老金转移将更加困难。王晓军提出以下理由解释当前的统筹形势：[88]第一个理由涉及历史旧账，经济发展水平、人口结构、养老金覆盖率和待遇标准方面存在地区差距。第二个理由是，中央和地方政府、企业和个人的不同利益妨碍了社会统筹水平的提高。

学者们讨论的另外一个焦点是如何管理基本养老保险中的个人账户。多数人认为中国应当对社会统筹和个人账户分别管理，因为社会统筹主要是为了实现以现收现付为基础的收入再分配，而个人账户的主要目的是强制储蓄。因此，从理论的角度看，两种资金应当分别管理（李珍、李绍光、陈工和谢贞发）[89]，这个建议被东北试点所采纳。

由于不同的战略，现收现付资金的余额和个人账户养老金积累应当有不同的投资/资产管理和运行机制。学者们建议把个人账户养老金改成信托基金，从金融市场雇用独立受托人和保管人。同时，政府应当放松基金投资范围。根据李绍光的观点，由于老龄化的危机迅速逼近，基金的比例应当增加。[90]

学者们从不同角度提出各种建议。吴敬琏和周小川建议建立几个养老基金来管理个人账户养老金，相互竞争。[91]李珍和辜胜阻建议私人基金管理公司应当提高管理效率。[92]葛延风建议重建金融、保险和信托机构，提供投资管理服务。[93]林义则认为设立社会保障银行是个可取的选择。[94]杨义勇建议政府设立社会保险管理公司。[95]冯兰瑞赞成分散管理，即选择几个通过公共审计的金融机构来管理。[96]一个养老基金估算和管理研究小组指出，主要组织架构应当在受托、投资和存管之间建立良好的治理和相互制约机制。[97]李剑阁建议由政府机构管理个人账户养老基金，但是必须与基金监管部门分开。[98]他还建议成立全国信托公司作为全国最高管理机构。同时从中长期来看，以市场为导向是不可避免的。杨燕绥还建议建立信托系统。总的来说，大多数中国专家一致认为，以市场为导向的改革是不可避免的，管理与运行应该按主从地位分开。[99]

一些中国专家还强调要设立监管机构，他们建议政府设立一个委员会监督社保。张新民分析了社会保险基金监督的改善和创新，建议建立预警系统。[100]李珍建议加强内部和外部管理，并提出监督委员会应由用人单位、职工、专家和政府代表组成。[101]

我们已经看到，许多学者参与了中国社会保障制度改革的辩论。他们在资金管理机制方面存在分歧，共有 3 种意见，分别为基金制、现收现付制和名义账户制。第一种意见建议转移部分国家资产补偿养老金隐性债务。但在集资问题上，到目前为止，究竟是社会保障缴费还是征税问题上仍然没有达成一致。另外，他们还从不同角度就基金管理提出各种建议。一般来说，能够保持一致的意见是：

1. 至少在省级提高统筹水平。
2. 社会统筹账户和个人账户管理分离。
3. 引进以市场为导向的运行机制，分清主次。

4. 改进监督机制。

挑战性任务和选择

我们可以看到，过去20年来，中国不断改革、完善社会保障系统，使其适应经济和社会发展的需要。然而，我们必须认识到这个系统存在一定的缺陷，且其可持续性有待观察。

社会保险的覆盖率

由于一些历史原因，城市社会保险系统主要覆盖国家机构，非国家机构、个体工商业以及灵活就业者只有零星覆盖。这些都可以从不同社会保险计划的总覆盖率看出来。统计数据表明，到2007年年底，养老保险、失业保险、医疗保险、工伤保险和生育保险的覆盖率分别为68.6%、39.7%、61.4%、41.5%和26.5%。[102]因此，政府面临的最迫切需要解决的问题是如何扩大社会保险的覆盖面。

统筹水平

以过去的养老保险为例，大多数省、自治区和直辖市（北京、上海、天津、山西、福建除外）的统筹水平只局限在县、市一级。目前的养老金系统由近2 000个官方机构管理，并且由省、市、县分别管理。其他保险计划的运行情况比养老金系统更糟糕。[103]从资金的角度看，统筹水平很低，既不足以平衡各种资金，也不足以规避风险，且转移性更差。例如，2005年，全国社会保险余额为1 053亿元，有19个省出现赤字。国家各级预算拨款651亿元，其中包括中央财政544亿元，地方财政107亿元。2003年十六届三中全会曾宣布，社会保险管理的目的是提高省级统筹水平，最后实现全国统筹。很显然，这意味着政府必须采取强有力的措施提高统筹水平。

事实上，提高省级统筹水平在1991年颁布的《国务院关于企业职工养老保险制度改革的决定》中就正式提出了。从那以后，几乎所有的官方文件、决定都提到了省级统筹。但是，到现在为止，这个目标还没有实现。中国是一个大一统国家，权力集中在中央政府，包括任命下级官员。为什么中央政府不能下令让地方政府执行国务院的决定呢？学者们对此进行了深刻研究。20世纪80年代改革以来，新型的财政制度安排给予地方政府更多的责任：实施地方的工业发展项目，赚取收入，管理社会福利。结果中央政府发现，如果政策不符合地方政府的利益，就很难执行。[104]例如，如果中央政府希望提高统筹水平，最富裕地区的合理选择就是挪用或侵吞积累的养老金或帮助企业躲避支付养老金。实质上，统筹水平的问题就是不同级别政府的财政和行政之间的责任和权力的分配问题。按照合约理论，最好的办法就是用谈判的方式决定其范围。[105]对于中国的养老保险制度，要提高统筹水平必须明确以下几点：

1. 确定各级政府赤字补贴的比例。

2. 确定如何支付转制成本。

3. 确定如何使个人账户实现保值增值。

我认为，上述问题的尽快解决可以消除提高统筹水平的障碍，至少使这种障碍失去作用。无论如何，我们深信，解决上述问题的根本办法就是建立一个适当的制度框架，使各级政府能够表达它们的利益，通过谈判找到各方都能接受的解决办法。

转制成本和个人空账

为了满足人口老龄化的需要，适应经济和社会改革，中国建立了社会统筹加个人账户的制度。该制度与传统的现收现付制不同，因此就会产生一个不可避免的转制成本问题。据不同学者的计算，转制成本要1万亿～10万亿。[106]理论上讲，政府应该予以补偿。然而，似乎政府不准备这么做，因此导致个人账户空账问题。到2006年年底空账总额达到9 000亿。从空账的背景和原因来看，空账与转制成本密切相关。因此，如何筹集资金补偿转制成本就成为解决问题的关键。

为此，专家们提出了各种方案，如扩大覆盖面、提高缴费标准、转移国家资产、发放国债或福利彩券等，另外还有提高退休年龄、减少养老金替代率等。在这些建议中，划拨部分国有资产作为社会保障资金的建议引起广泛关注。2001年6月12日，国务院颁布《减持国有股筹集社会保障资金管理暂行办法》，制定具体划拨的办法以弥补社保系统的亏空。然而，由于证券市场持股人的反对，该决定最终被取消。关于划拨国有资产，中央政府于2000年建立了全国社会保障基金（NSSF），并作为战略储备基金，以应付人口老龄化。该储备基金由全国社会保障基金委员会管理。到现在为止，准备金总额已达到2 800亿。按照规则，[107]这笔资金在未来的20～30年不得动用，也就是说人口老龄化达到高峰时才可使用。

毫无疑问，划拨部分国有资产是筹集转制成本的一个好办法，尽管在短期内难以弥补收支不平衡。[108]同时，专家们认为个人账户资本化是管理中国养老金的唯一办法，社会统筹账户和个人账户分别管理可以防止挪用个人账户资金。因此，划拨预算资金弥补赤字是保证养老金按时足额支付的唯一选择。从代与代之间的公平性来看，这个办法增加了现有社会带动者的负担，然而，2003年左右完成现收现付制向社会统筹加个人账户制的过渡后，下一代也会减少负担。因此，有些学者建议从个人账户借款弥补赤字，然后再用全国社会保障基金委员会的战略储备基金弥补。[109]很显然，这是一个平衡不同代际的有效方法。

假设5%的个人账户资本化，[110]以下我们将分析2006年不同省份的财政负担，并针对如何在各级政府之间分配补偿转制成本提出建议。表3－3计算了全国及各省份的财政负担比例。

表 3－3　2006 年养老保险收支情况

地区	收入（1）	保费收入（2）	社会统筹账户资产（3）	支出（4）	政府补贴额（5）	地方财政收入（6）	财政负担比例(7)(%)
全国	6 308.6	5 213.7	4 282.7	4 895.9	613.2	18 303.6	3.35
北京	289.1	284.0	233.3	228.7	－4.6	1 117.2	－0.41
天津	157.5	119.3	98.0	130.0	32.0	417.0	7.67
河北	252.7	202.5	166.3	214.7	48.4	620.5	7.80
山西	182.0	139.5	114.6	114.7	0.1	583.4	0.02
内蒙古	125.8	91.7	75.3	96.2	20.9	343.4	6.09
辽宁	424.5	292.6	240.4	351.6	111.2	817.7	13.60
吉林	158.1	110.7	90.9	111.0	20.1	245.2	8.20
黑龙江	279.6	182.7	150.1	203.7	53.6	386.8	13.86
上海	424.2	395.0	324.5	414.0	89.5	1 576.1	5.68
江苏	486.4	453.4	372.4	381.1	8.7	1 656.7	0.53
浙江	352.7	336.7	276.6	221.9	－54.7	1 298.2	－4.21
安徽	162.9	128.6	105.6	129.5	23.9	428.0	5.58
福建	122.3	118.9	97.7	103.2	5.5	541.2	1.02
江西	102.8	73.8	60.6	84.5	23.9	305.5	7.82
山东	440.7	406.0	333.5	351.8	18.3	1 356.2	1.35
河南	235.4	187.1	153.7	190.1	36.4	679.2	5.36
湖北	239.8	169.5	139.2	201.9	62.7	476.0	13.17
湖南	213.4	155.0	127.3	181.3	54.0	477.9	11.30
广东	560.2	531.6	436.7	307.3	－129.4	2 179.5	－5.94
广西	79.2	65.4	53.7	71.3	17.6	342.6	5.14
海南	40.7	28.7	23.6	34.3	10.7	81.8	13.08
重庆	112.2	83.0	68.2	95.9	27.7	317.7	8.72
四川	292.8	235.4	193.4	228.2	34.8	607.6	5.73
贵州	66.6	50.2	41.2	53.6	12.4	226.8	5.47
云南	99.4	73.2	60.1	86.0	25.9	379.0	6.83
西藏	5.9	3.5	2.9	5.1	2.2	14.6	15.07
陕西	134.1	103.5	85.0	105.8	20.8	362.5	5.74
甘肃	80.9	63.8	52.4	61.4	9.0	141.2	6.37
青海	29.3	20.8	17.1	23.0	5.9	42.2	13.98
宁夏	27.2	22.0	18.1	20.3	2.2	61.4	3.58
新疆	130.1	85.4	70.2	93.4	23.2	219.5	10.57

资料来源：刘德豪计算，《中国的社会保障系统的发展》，鲁甘诺，2008 年

注：（3）＝（2）＊23/28，代表社会统筹在过去养老保险的比例。

（5）＝（4）－（3），统筹账户短缺额，应由政府支付。

（7）＝（5）／（6），代表财政负担比例。

从表3－3可以看出，10个省份的负担比其他省份重。这10个省份是西藏、青海、黑龙江、辽宁、湖北、海南、湖南、新疆、重庆和吉林（以降序排列），财政负担比例均大于8%。有5个省份的财政负担比例低于4%，分别是山西、江苏、福建、山东和宁夏。其余13个省份的财政负担介于这两个组之间，大约在5%～8%。

因此，中央和地方政府之间的责任分配应当基于不同省份的养老金短缺和财政能力。

第一组的10个省份，财政负担比例均大于8%，且都属于老工业区，历史财政负担较重，如东北省份或者欠发达地区的省份（7个）。中央政府应当为这些省份担负更多的责任。中央政府负担75%，地方政府负担25%。东北试点就是采用了这个比例。第二组的4个省份都处于发达地区，养老金负担较轻。因此中央政府担负的责任应当比第一组轻，比例应当是25∶75，但是宁夏和山西应当排除在外，放到第三组，因为它们的经济发展水平较低。第三组省份介于两者之间，不仅要考虑养老金负担，而且要考虑其财政能力，因此这些省份的负担比例应为50∶50。

无论如何，上述比例只能作为参考，具体比例应当通过中央与地方政府协商确定。同样地，省级和地方政府的负担比例也应通过协商决定。

养老基金投资

根据两个官方文件，即《关于深化企业职工基本养老保险制度改革的通知》（1995年）和《关于建立统一的企业职工基本养老保险制度的决定》（1997年），中国社会保障基金在统筹层次的社会保险管理中心的管理下，应全部购买国债和存入国有银行。这种狭窄的投资渠道和分散管理模式导致其利润率降低到2.18%，而通货膨胀率为2.22%。[111]为了实现养老基金保值增值，中国政府可以考虑新的办法，包括扩大投资领域和改革投资模式。前劳动和社会保障部的社会保险基金监督局起草了新的《养老保险制度下个人账户投资管理办法》，探索新的投资方式。

有些学者更加重视养老基金和证券市场的互动。社保基金有可能成为中国证券市场资金的主要来源。投资证券市场有助于解决悬而未决的问题，包括市场强调短期投机。[112]既然养老基金采取长期投资的策略，它的进入将改变投资市场环境。这些学者认为，建立社保基金只是买入国家持有的股票是不对的，还指出，中国证券监督管理委员会和证券投资者都应当对社保基金所产生的影响有一个清楚的认识。

农民工和失地农民的社会保障

城市社会保障制度覆盖率不高的另一个因素是农民的转移和城市化。最新数据表明，中国至少有 1.2 亿农民转移到非农产业，有些在城市做临时工或已经落户。[113]但出于某种原因，这些进城农民很少参加医疗保险、养老保险和其他社会保障计划。尽管他们对城市发展做出了很大贡献，但大多数缺乏正规的社会保障。随着城市化和工业化的发展，有 4 000 万农民失去土地，转移到城市。但是，由于双轨制，他们很难享受到城市的社会保障计划。

社会保障法律滞后

政府的大部分工作就是建立一个健全的法律制度，制定、实施措施，并全程监督。然而，中国关于社会保障的法律法规还不健全。大多数社会保障计划规定了有关职能部门公布的措施，如劳动和社会保障部、财政部。因此法律的有效性和安全性很低。目前，中央政府正在督促制定《社会保险法》，并且将由人大常委会颁布。如果通过，它将成为社会保障方面最有权威的法律。

医疗保险改革

自从国务院发展研究中心研究员葛延风在2005年发表有关医疗保险改革基本不成功的报告之后，医疗保险改革就成了中国最热门的话题之一。然而，一些学者在此之前就曾提醒中国当局要注意公共卫生系统的弱点。[114]许多学者和官员注意到这个问题是因为中国出现了有限制的和有选择的准入以及医疗服务越来越昂贵的现象。当然，造成这些现象的原因很复杂。但是不合理的医疗服务体系和不完善的医疗保险制度是关键。两者相互作用使得情况在最近几年越来越恶化。

政府提供的激励措施迫使医疗服务机构（特别是医院）在没有政府补贴弥补赤字的情况下自负盈亏，进而改变了医生的行为模式，导致过度开药，过度使用高技术设备。由于病人和医生信息不对称，因此增加了医疗成本。[115]一项研究发现，用于阑尾炎和肺炎的治疗费用中有20%是不必要的，其中，1/3的药费是没有必要的，住院时间可以缩短10%～15%而不影响治疗效果。[116]事实上，在计划经济时期，国家直接管理医院和诊所并对医药业实行全面控制，承担服务提供者所有费用。而20世纪80年代发起改革的目的是鼓励医疗服务提供者更积极地提供服务，这相当于提供政策激励而不是金钱激励，结果就是鼓励医院发展自己的收入来源。政府减少了对医院的投资，只承担部分固定开支，如建筑和资本金。由于政府不再为医院承担全部费用，医院就会追求自己的利益而忽视公共利益。在实践中，由于政府将医疗价格控制在成本价以下，医院不得不通过药品和高技术诊治获得利润以弥补成本。表3-4表明，药品的收入已成为医院的主要收入来源，达到50%以上。

为了保证人们获得基本保健，政府力图限制一些药品的价格以降低医疗费用。然而，由于利润驱动，医生往往以其他药品代替有价格限制的药品。药厂改变药品名称、剂量和包装以逃避价格控制。1998～2006年，政府17次实施药品降价，但是均没有成功。[117]

表3-4 医疗费用结构（2001~2007年）

年份	2001	2002	2003	2004	2005	2006	2007
平均每位病人医疗费用（元）	93.6	99.6	108.2	118.0	126.9	135.8	128.7
其中，药品（%）	57.7	55.4	54.7	52.5	52	50	50.5
平均每位住院病人医疗费用（元）	3 245.5	3 597.7	3 910.7	4 284.8	4 661.5	4 964.4	4 668.9
其中，药品（%）	45.5	44.4	44.7	43.7	43.9	43.2	42.7

资料来源：卫生部统计信息中心，《中国卫生事业发展情况统计公报》（2005年、2007年）

医疗费用上涨限制了人们获得医疗保健的机会。2003年卫生部第三次全国卫生服务调查结果显示，我国城乡居民应就诊而未就诊的比例由1993年的36.4%上升到48.9%；农民应住院而没有住院的比例更是从1998年的63.7%上升到75.4%。享受医疗服务受限还与医疗保险制度不完善密切相关，特别是覆盖面窄，支付方式不合理。

医疗保险制度的不完善对享受医疗服务受限以及昂贵的医疗服务现象产生的间接影响是：

第一，低覆盖率导致基本医疗保障严重缺失。卫生部的调查表明，30.2%的城市居民享受基本医疗保险，4%的公务员和国家机关职工享受免费医疗服务（称为社会医疗），4.6%享受劳动保险。从这里我们可以看出，61.2%的城市居民根本没有医疗保险。在农村，只有9.5%的人口参加新型农村合作医疗制度，3.1%享受各种社会医疗保险，8.3%购买商业保险，没有医疗保险的比例高达79.1%。从某种程度上来说，缺乏医疗保障影响了人们对医疗服务的需求。卫生部的调查还表明，32.8%应该去门诊看病的人却未就诊，因为他们没有钱看病；70%应该住院治疗的人放弃了住院治疗。因此，目前的医疗保险制度不利于医疗服务的可获取性。[118]

第二，个人支付医疗费用的比例较高，但是对医疗服务提供者的限制条件很薄弱，结果由于病人和医生的信息不对称，病人得到过度治疗。医疗费用个人支付比例从1980年的21.2%增加到2003年的55.5%，2001年比例甚至高达60%。这就意味，医疗保险制度对过度治疗的限制能力非常有限。因此，不完善的医疗保险制度是出现昂贵的医疗服务的重要原因。

第三，支付方式不合理。长期以来，中国执行按服务项目支付的方式，结果导致医生提供过多的昂贵服务。针对这一问题，一些省份进行了支付办法改革，把按服务项目支付改为按人头支付或按疾病诊断相关组支付。例如，江西省九江市于2001年改为按人头支付，结果成功地降低了医疗费用，每个医保病人治病费用从2 320元降到1 778元，药品支出占全部支出的比例从76.5%降到59.8%。[119]江苏省镇江市于2001年将82种疾病改为按疾病诊断相关组支付，医保病人的平均开销比其他地区降低了25%。[120]改变支付方式，虽然降低了医疗费用，但是有可能会降低医疗质量。因此，有力地监督医疗质量非常重要。

第四，守门人制度的缺失诱发了不合理的医疗需求。一些水平较高、设备比较先进的医院非常拥挤，而初等医院却很少有病人问诊。表3-5很清楚地表明了这一点。

表3-5　2005年不同等级医院的工作负担

指数	医院总数	三级医院	二级医院	一级医院
医院总负担	18 703	946	5 156	2 714
诊疗次数（百万）	1 387	397	542	105
住院次数（千）	51 080	14 180	22 980	2 070
病床利用率（%）	70.3	90.5	68.1	49.6

资料来源：卫生部统计信息中心，《中国卫生事业发展情况统计公报》（2005）

为了建立一个更完善的医疗保障制度，相关学者和官员提出许多建议。2006年9月，国务院发展和改革委员会与卫生部带头成立了医改协调小组，该小组由16个部级组织代表组成，其目的是起草新的医疗改革方案。2007年，这个小组委托其他6家机构（北京大学、复旦大学、世界银行、国务院发展研究中心、麦肯锡集团和世界卫生组织）进行独立平行的医改方案设计。最近，北京师范大学和中国人民大学也加入了这个小组。这个协调小组于2007年5月29～30日组织了一次讨论会，详细讨论了8套医改方案。清华大学与哈佛大学一起于同年6月起草了第九套方案。中国科学院与广东医药专家成立研究小组，并于2008年2月提交了与前9套方案完全不同的第十套方案。这个研究小组由门诊医生、药剂师、教授和官员组成，而其他方案都是经济学家起草的。每套方案都包括集资模式、管理和监督机制，并提出不同的意见（见表3－6）。

表3－6　中国专家关于医疗保险改革的主要建议

机构	要点
北京大学	强调政府责任，建立全覆盖的卫生保健体系，增加政府投资2 000亿元
复旦大学	基金模式：社会保险＋政府预算＋个人支付 医疗服务提供单位：民营医院＋政府医院＋以利润为导向的医院
国务院发展研究中心	公共保健系统和基本医疗保障系统植入现在的系统
世界卫生组织	全覆盖基本医疗服务，城乡贫困人口医疗救助，第三方支付
世界银行	无资料
麦肯锡集团	无资料
北京师范大学	政府通过社会保险购买医疗服务，实现医疗保障制度全覆盖，鼓励医疗服务单位开展竞争
中国人民大学	协调政府和市场作用，补贴医院和医疗保险，注意小病预防
清华大学	根据不同地区发展情况制定地方战略
中国科学院和广东医药专家	建立全覆盖医疗保障制度，政府承担8亿贫困人口的保险费

尽管这些方案不尽相同，却都认识到目前社会保险覆盖率很低，需要政府干预和投资，并分清政府和市场的界限。胡锦涛主席2007年在中国共产党第十七次全国代表大会上提出要建立基本医疗卫生制度，提高全民健康水平。

这个报告成为改革医疗保险制度的指导思想。到 2007 年 11 月底，改革方案递交到国务院。这个改革方案包括 4 个体系和 8 项机制。4 个体系是指公共卫生体系、基本医疗服务体系、保障体系和药物供给体系。8 项机制是协调统一的医药卫生管理体制、高效规范的医药卫生机构运行机制、政府主导的多元卫生投入机制、科学合理的医药价格形成机制、严格有效的医药卫生监管体制、可持续发展的医药卫生科技创新机制和人才保障机制、实用共享的医药卫生信息系统、医药卫生法律制度。总的指导思想是以市场为导向，分清政府和市场作用的界限。[121]

社会保险基金的监督

正如研究者的不同观点激起对医疗保险的热烈讨论，2006 年“上海社保案”使社会保险基金的监督问题浮出水面。[122]后来国家审计署报告又发现其他严重舞弊、挪用和违纪案件，涉案金额达到 308 亿元。中国的社会保险监督系统包括 3 个部分：劳动和社会保障部的行政监督、财政部和国家审计署的特别监督以及社会保险基金监督委员会的社会监督。除此之外，中国政府还统一了社会保险网络，实现信息交换，提高透明度。

结　论

这一章的结论分为两个部分。第一部分是社会保障，第二部分是中国政府执行的重新平衡经济社会发展的政策。经过多年的试验和实践，一个具有中国特色的社会保障体系基本形成。然而，要达到令人满意的程度，还有很长的路要走。前面已经提到，中国的社会保障体系仍面临许多挑战，最迫切的任务是完善社会保障的法律法规，扩大覆盖面，加强社会保险基金的投资和监督，使基金保值增值。政府要责无旁贷地担负起推进改革的重任。然而，政策的制定和执行过程需要广泛发扬民主，以便了解和满足人民的需求和期待。

很明显，中国政府已经采取而且正在采取非常严格的措施向这个方向迈进，但是中国社会保障体系出现缺陷的原因值得再次提及。以医疗卫生事业为例，[123]正如前面所述，当前卫生系统的主要特点是有钱人可以获得有限的医疗保健服务，而社会大部分人被排斥在外。显然，这是受到了新自由派关于政府作用的观点和基于市场机制或准市场机制的“新公共管理”理论的影响。[124]这样做能不能取得满意的结果（经济效益和人民满意度）取决于许多条件，最重要的是服务的性质。我在其他地方曾讲过，作为公共产品或甚至优质品，引入市场机制或准市场机制不可能保证实现上述的正面结果。这些公共产品与人力资本以及它是否发达有密切关系。[125]公共产品或公共服务，如医疗卫生、教育、饮用水和体面的住房（我称其为“软基础设施”），是一个国家实现社会全面发展必须依靠的、不可缺少的财产。由于各个部门是密切相连的（中国政府非常懂得这一点），因此只注重发展硬的基础设施，如道路、铁路、机场和港口等，是非常不明智的。拥有良好的教育、健康的身体、足够的饮用水、公平的社会保障制度、体面舒适住房的人民才是经济社会发展的宝贵驱动力。相反，类似由于信息不对称造成过度消费和过度开支的现象，因为有利于供应商扩大利润而受到鼓励，与此同时造成资源配置的效率低下，将给公共产品分配带来不均等效果，中国的医疗卫生体系就是典型例证。

另外，如果软基础设施差，就会不可避免地使经济发展成果不平等分配变得更加明显，进而很可能引发抗议。没有一个有力的政府承诺，没有实际成功地执行一套满足全体人民合法需要的政策，就不可能保证社会和谐和政治安定。这就暗示提升软基础设施需要各级政府（特别是中央政府）干预、筹资、组织、监督和评估政策的执行情况、有效性和效益。这并不意味着个人的积极性就不用考虑了，相反，中国人逐渐富裕起来，可以逐渐满足自身的物质需求。商业保险、私立医院和各级私人学校（特别是中学、大学和成人教育）是国家干预之外的必要和有力补充。国家提供（或在政府监督管理下提供）的服务应该面向所有人，并且质量要使人满意，价格要合理。

世界银行的报告已经承认了中国在社会保障方面所取得的进步。这份报告是中国和西方专家共同撰写的，本章第二节已经提到。然而，世界银行强烈地督促中国要在这条道路上继续走下去，特别是要缩小贫富差距。[126]世界银行的另一份报告评估了中国第十一个五年计划中头两年（2006～2008 年）的执行情况，[127]对中国领导人制定的所有重新平衡经济社会发展的政策所取得（正在取得）的成果表示了认可。第一，经济增长超预期，通胀保持低水平，工业运行情况良好，但在宏观经济实现重新平衡以及经济和工业结构改革方面进展缓慢，能源和水的利用率（单位产量能源消耗）以及环境质量改善方面进展有限。第二，五年计划重要指标取得了重大进展：改善基本公共服务，如社会保障、教育、卫生和农村条件，但城乡收入差别继续扩大。第三，环境指标喜忧参半，仍然面临巨大的环境挑战，如减少能源使用强度等。世界银行还认为，尽管中国政府给出坚决承诺并且在各方面均取得一定成就，但“在重新平衡总的增长模式方面没有取得进展，反过来又限制了其他指标的实现”。[128]因此中国有必要继续在改革的道路上前进。

除了这些重要进展以外，还要加上 2008 年制定的新的劳务市场法律，这些法律法规加强了工人和职工的个人和集体权利：《劳动争议仲裁调解法》减少了仲裁费用，使仲裁委员会的决定更具法律效力。《就业促进法》取消了各种形式的歧视。《劳动合同法》在出现富余劳动力和滥用短期合同时（如在同一个单位，短期合同 10 年后无效），加强了对职工的保护。另外，中国政府还制定了最低工资标准，各省根据各地方劳务市场的情况制定自己的最低工资标准。尽管最低工资标准很低，但这个政策说明政府比以前更关心劳动人民的利益。[129]全国中华总工会在 2008 年 10 月的大会上第一次吸收农民工代表，积极保护他们的利益，这个举动得到了香港非常具有批评性的媒体《中国劳工通讯》的认可。[130]

与此同时，我们有必要提到民间非政府组织的发展。过去几十年，中国出现了众多的非政府组织，部分组织确实置于中国政府的控制之下，政府也依靠许多非政府组织，特别是社会方面的非政府组织来为公众提供政府无能为力的服务。[131]另外，不仅抗议活动在数量和程度上有所增加，诉讼案件也急剧增加。[132]最后，所有这些变化都被中国的媒体报道和评论。媒体几乎可以报道中国领导人所面临的很多问题，如贫富差距、污染、贫困和腐败等。[133]

中国新的发展战略的可行性受到2008年秋天爆发的全球经济危机的严峻考验。[134]一些来源充分、可靠的证据都表明，在采取措施克服危机方面，中国比西方国家做得好。中国对出口的依赖很高，一般认为出口是过去20年中国发展的主要驱动力。例如，世界银行原来认为中国经济“迅速复苏似乎不可能，仍然存在变数”。2009年3月，世界银行对中国2009年的GDP增长进行了测算，估计增长6.5%。但是在2009年6月这一数值又上调到7.2%。[135]这个成功的发展经验，除了我所说的“以人为本”的新战略外，还有几个其他原因。第一，与西方国家，特别是美国的形势相反，中国家庭的储蓄率很高，因此很容易鼓励内需的增加。与此同时，中国政府执行（事实上正如本章所说的正在执行）其他政策，向人民保证享受重要服务，如医疗卫生、教育和养老等，这也是中国家庭储蓄率高的主要原因。中国的反应速度要比西方国家快得多，而西方国家已被自由派和新凯恩斯主义派之间的无益争论所困扰。几十年来，中国领导人一直被指责、嘲笑用思想指导行为，而现在他们却比西方的同僚更加现实。第二，早在2008年11月中国就提出了4万亿元经济刺激计划，后来又在同年底决定投入580亿美元建设93个项目。这个重要决定只在3天之内就被批准了。第三，家庭的高储蓄率（一般都存入国有银行）使中国的银行免于金融危机的困扰。[136]经济刺激计划不仅保证了经济的持续发展，还创造了新的需求，如基础设施的发展（如地铁和高速铁路）、发电厂、通信、医院、水处理场、节能车辆的生产（包括公共汽车、出租车，甚至自行车）。最后但同样重要的是，中国还投资于高科技领域。所有这些事实和发展趋势都说明，中国很有可能成为世界第二大经济体。此外，中国还是高科技的创新国家，是最能吸引外资的国家。

最后，我可以饶有兴趣地说，了解中国的改革历史（第二节详述的中国社会保障体系就是一例）有助于理解中国历代领导人的发展战略，他们不仅从理论上或通过借鉴外国经验，还利用中国知识界的专能，并通过与国际上最有学问的专家进行合作，找到最适合的办法解决复杂的问题。中国的决策过程显示了一定程度的公开性，这一点很少被西方所表扬。在最后一章我将分析中国目前的政权结构和决策过程，从而看到中国政治制度的变化。

第四章

改革开放以来的中国

引　言

在本书前言中我曾表述过，在“文化大革命”结束时，似乎中国整个国家、党、经济和社会（人民）相互之间失去了联系，甚至更糟糕的是处于不断的矛盾之中。这是极其危险的，有可能将中国拖入更大的冲突和混乱。要避免悲剧的发生，有必要重建中国社会、国家和经济，因为历史不会重复。换句话说，也就是要找到一种方法调整国家、市场和社会之间的关系。这要靠中国领导人来承担重建中国社会的任务，领导中国人民走向更加光明的未来。这个艰巨的任务要如何完成？在前几章中我力图提供一些证据，以得到对这一问题合情合理、证据确凿的回答。毫无疑问，中国在现代化和建立一个繁荣社会的征途上已经走得很远很远，至少在整个经济发展方面是如此。但是，我仍需指出，成绩的取得是以差距扩大和严重的环境恶化为代价的。在第三章，我还介绍了中国领导人采取的消除这些负面影响的政策。问题是：中国的政治制度如何在思想、经济、社会和政治方面进一步改善中国人民的生活？有什么障碍使完成这一任务更加困难？回答这些问题，我们不应忘记，对于中国领导人来说，现代化并不是目的，而是恢复中国在世界上的大国地位的手段。四川大学教授何平说得好：“现代化，主要象征国家的财富和力量，以及对更美好社会和人类生存的向往，（“文化大革命”后）它又成为至高无上的社会发展目标。”[1]

为了回答上面提到的问题，我将首先尽可能简单地介绍我所使用的权力模式。在前几章中，我指出了这个模式的理论元素。为了给经验证据提供关键的解释，我曾在许多场合只是零散地说了一些。现在，我以更加全面、系统的方式把这些理论元素集中到一起进行阐述。这个模式首先运用于西方自由主义民主的案例中，然后才运用到中国。这样的顺序之所以必要，有以下几个原因。第一，历史上，现代化首先在西方国家试验，后来世界各地纷纷效仿西方搞现代化。因此有必要首先了解西方对现代化挑战所给予的制度性答案。第二，许多学者和非西方国家的观察家们认为，中国要成功地实现现代化，必须采用西方模式。我们可以把它称为“西方化理论”，也可以称之为“趋同论”。我在前几章许多地方都指出，这种假设的实现绝不是必然的。第三，与前一个理由相联系，中国是验证西方化理论的非常有趣的特殊案例，因为中国领导人坚定地认为中国要根据自己的特色进行现代化。换句话说，在中国，现代化可以用与西方不同的制度安排来实现。下一个问题是：考虑到“西方化理论”，中国文化中有没有什么障碍使现代化很难或不可能实现？[2] 虽然在可预见的将来，中国根本不可能出现像有些西方人宣扬的“中国崩溃论”，这里我还是要说明中国文化的某些因素可能是重要的障碍。如果这些障碍确实存在，其后果是，为了克服这些障碍，中国将不得不寻求并实施一些功能上类似于最成功西方国家所采用的制度安排。由于许多西方观察家认为西方的主要特点，即自由主义民主和法治，是现代化成功的必要制度安排，因此这促使我去讨论民主、法治和人权等问题。结论将是对中国走向更繁荣社会道路的评价。

第一节　了解中国的权力系统

本章一开始介绍的权力论是基于这样的理念，即透彻分析任何国家的任何政策都离不开一个清晰的权力论。因此，在这个研究框架内，我深信，没有权力分析框架，就不可能理解中国从计划经济向市场经济转型（以及其他根本性的社会变化）的过程。[3] 这里我们遇到第一个也许是最严肃的理论难题，因为在西方文献中有各种不同甚至在某些方面有冲突的权力论。这些不同的权力论不是本书讨论的重点。因此，我只介绍自己的权力论，这样读者就可以看到我分析中国的理论框架。我的目的不是把单方面的观点强加于人，而是让读者在自己的理论基础上接受或拒绝这个观点。

定义权力的方法有两种。第一种方法力图将不同历史环境下的权力表现形式进行分类，其结果是产生不同的权力形式；第二种方法则首先确定任何历史条件下均存在的权力的核心特点。第一种方法的结果往往定义混乱，比如潜在权力和真实权力的区别，或者把不同方面或不同维度的权力并列在一起。[4] 我倒认为，不是把权力的各个方面相加才能得出满意的概念，而是应该考虑权力的结构性以及不同时期再生和变化。[5]

我很喜欢马克斯·韦伯的著作。[6] 韦伯给权力下了一个全面的定义，他认为权力就是以武力作为使人服从的基本手段，任何权力都力图使其自身合法化。这是因为权力被合法化之后，不必使用武力，资源就可以被用来在人民的支持下实现政策目标。只有在遇到激烈反抗时，才会使用武力使其服从。但是，在这种情况下，大多数人认为暴力是合法的。韦伯根据不同的方法（首先是统治者和被统治者的社会—心理关系）定义了3种合法权力：尊重传统（传统的权力）、信仰非凡领袖（超凡的权力）和遵守法律（合法—合理的权力）。韦伯认为，如果统治者没有足够的经济和行政手段来实施人民需要的政策，权力的合法性将很难维持。但是，韦伯还认为，武力不会消失，而是作为维护权力的最后手段存在于权力系统中。对于韦伯来说，权力和存在权力的政治体制是统治的基本现象。

另外，我还欣赏法国人类学家乔治·巴朗迪耶（Georges Balandier）的简短陈述：“无处不在的权力意味着社会关系的不对称。”[7] 当然，依照我的观点，这并不意味着一个社会参与者必然不能遇到另一个参与者，而是说参与者在不同权力关系上的行动可能不一样。这种概念所引发的第一个问题是，如何判断一个参与者的能力比另一个参与者的能力强，从而让他指导其他人的行为而不是被后者所主导。第二个问题是，如何确定这种能力范围和对另一个参与者及整个社会结构的影响。第三个问题是，不同社会参与者为什么有不同的行为能力。

权力的系统模型

韦伯和巴朗迪耶提供的分类观点指出了权力的核心特点，即社会权力关系的不对称性。这样，权力就意味着社会秩序。这种秩序可以解释为层级制度，人们必须找到其原因。因为不对称，我们有理由认为某些特点在各社会阶层是不平均分配的。像其他作者一样，我建议将这些特点看成资源，可以是物质的，也可以是非物质的。这样，权力可以看作一种构成社会的社会现象。因此，确定一个或多个稳定的框架，在这个框架内逻辑或理性地利用不同资源，通过反复的互动过程指导参与者的行为。更确切地说，权力的手段是一定结构框架内发生的过程。在这个过程中，一方面，社会参与者用他们的资源进行干预；另一方面，同样的过程在社会内产生并分配资源。在互动过程中产生和分配的资源就是将来在同样框架内可以使用的基本手段。这样产生的资源分配可以导致结构和/或过程的变化。一个参与者的权力首先被他或她理论上的自由结构所限制，然后又被互动的结果和最终确定他或她实际自由的实现资源分配的这些过程所限制。因此，实际上这个结构确定了限制的程度，或确定了一个参与者与其他人互动时可以有多大自由。如果资源分配不平等，参与者将从不同程度的自由中获益，结果他们在权力结构内和互动过程中就具有不同的行为能力，他们维持或改变结构的能力也随之不同。

从这些观点出发，我在图 4 - 1 中总结了权力的不同手段。

图 4 - 1 要从左向右看。第一列是权力的 3 种级别。在结构级别上，我们

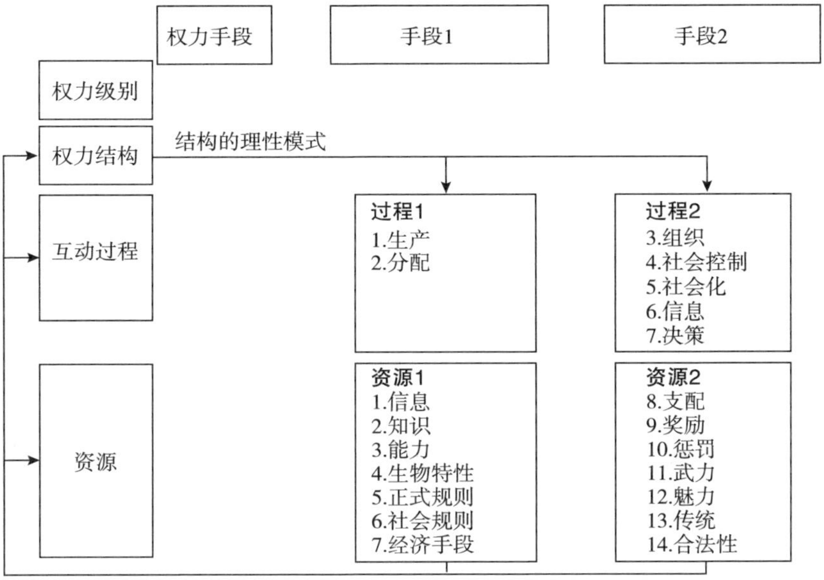

图 4－1　权力的级别和手段

发现权力系统的特点随着时间的推移产生一定的稳定性，限制了参与者的自由。这个结构或多或少确定了游戏规则。在此规则范围内，参与者在第二级别中产生互动过程。

从分析的观点来看，可以将权力结构再分成几个子结构，每个子结构有自己的逻辑或理性模式。但是从综合的角度可以发现整个结构包括子结构的理性模式的全部逻辑。我建议将下列 5 个符合功能先决条件的子结构分离出来。也就是说，没有这种社会现象，社会就不复存在了。[8] 可以说，5 个功能先决条件是：为了生存，一种社会制度必须保证人类的繁衍；生存的物质条件；必须确定正式的规则，以指导个人的行为；提供智力以理解赖以生存的世界和社会；最后保证社会成员之间的往来。

每一种功能都是由具体的结构产生的。首先，社会—生物结构保证了人类繁衍。其次，经济结构保证了人类生存所需的、最终（但不是必然的）通过积累实现经济发展所必需的物质和服务的生产。再次，法治结构。这个结构可以再分为：形式规范（或法律规范）；社会规范，包括价值观、信仰；行为规范。就是在这个级别上，人们可以为我在第一章所说的政治或思想文化定位。[9]最后，信息结构，保证社会整体内部信息的流通。后者可以再细分为交流手段（语言、符号等）和用于交流的技术支持（技术设备包括大众传媒、报纸、广播、电视台和互联网等）。每个结构的理性模式就是互动过程的框架（第二级），其主要结果就是社会系统内资源（第三级）的生产和分配。前面已经提过，这个互动过程的结果通过证实或改变其理性对这些过程和结构产生影响。

如果上述根本功能理论（如功能先决条件）正确的话，我们可以有两个设想：第一，所有问题、冲突和合作（权力关系）都与一个或几个产生相应的根本功能的子结构有关。第二，掌握这些结构的参与者（或参与者们）将在相应的社会内行使权力（见图 4－2）。另外，还可以问几个有趣的问题。例如，西方是怎样引入市场机制的？苏联和中国是怎样实行计划经济的？市场经济在中国运行状况如何？在西方和中国，与市场有关的其他机构有哪些？它们的功能一样吗？权力如何寻求合法性？

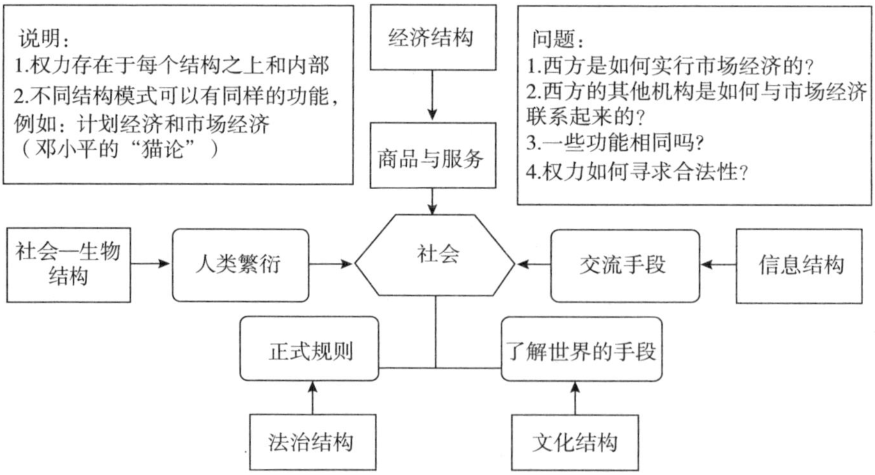

图 4－2　功能先决条件

现在让我们回到图 4－1。第二列和第三列表示权力手段，细分为过程 1 和 2 及资源类型 1 和 2。第二列表示权力的基本手段。互动过程包括基本资源的生产和分配，首先是知识和能力，我建议把这些归为一类，即信息。也就是说，个人和社会团体所掌握的全部手段，与他们对环境的看法以及从自己与其他人的权力关系资源中受益的能力相关。其次是社会规则。再次，我认为是物质产品。最后是生物特性。这些资源是个人和社会团体通过初级生产和分配过程产生和分配的。

另一方面，生产和分配过程还产生和分配出更复杂的第二类资源，后面可以看到。这里就看出了控制这些过程的重要性，也促使我们考虑第二类手段。这些是更复杂的手段，包括过程的执行，要求第一类手段与更复杂的第二类资源生产结果相结合。

举例说明一下。经济产品的生产过程只需要一个生产者（工匠）或农民控制就可以用简单的方式组织。这基本上是工业革命以前的情形。[10]在这种情况下，第二类手段基本不存在或规模有限。工匠们孤独地坐在材料和工具面前，决定自己如何工作。为了寻求更大的效益，工业革命就按专业组织生产（按分工），每个生产过程都细分为最基本组件，每个组件都确定不同的工人，这样就需要比较复杂的组织能力。运用这些复杂的组织手段要求使用信息、能力和正式规则以保证生产过程以一定的方式组织，协调专业任务，以及原材料的使用等。为了有力地支持生产过程，组织过程（像其他过程一样服从结构的合理性）不得不进行社会化和合法化，以及其他交流、决定和社会控制过程。但是，如果只要求结构的合理性（在这里，可能是思想或文化子结构）或者已获得的第一类资源（知识、信仰等）或第二类资源（魅力、传统、法理），那么合法化过程（只限于后者）只能对生产过程做出贡献。

上面简要描述的权力系统需要再次加以说明。第一，可以根据维索沃夫斯基（Wlodzimierz Wesolowski）的建议，正确地区别一定社会参与者的不同控制对象：首先是资源生产手段的控制，然后是生产过程的控制，最后是产品分配的控制。[11]

第二，国家（图4－1中没有明显提到）可以看作系统内特殊类型的组织，有些情况下是特权组织。因此，根据韦伯的理论，它是一个政治群体，成功地垄断合法暴力。更具体地说，它占有两种资源：暴力和合法性，这使它不需要武力（除违反法律规范外）就可以让其合法性得到承认。我要指出的是，在符合法理的合法性权力下，国家也垄断指导（甚至决定）国土内所有群体和个人的行为规范（法律规范）。另外，由于管理，国家还干涉社会化、社会控制、信息、资源的生产和分配这些方面的进程。

第三，合法化和强制之间不一定存在对立或矛盾。一个人可以或多或少地、明明白白地说服另一个人。但是，这并不能改变这样的事实，即不管合法化和强制之间的关系如何，在任何情况下，权力对社会参与者都具有约束力。尽管存在这样的事实（韦伯已经很清楚地看到了这一点），即权力对于社会参与者不是完全无关，但这是真实的，为了理解权力，还要了解权力是否通过合法化程序或通过强制来行使。此外，我们注意到，合法化和强制不仅是权力的形式（合法权力对强制权力），而且最重要的是权力的手段。确实，为了维护权力在社会中的地位，合法权力必须不断地产生合法性（即公民感到服从命令的义务），并将其合法性作为一种资源来维护其权力结构，以及在互动过程的框架内运行，也就是说立法程序。

图4－1表明当满足上述功能先决条件时，权力根据已有的结构组合、互动过程和资源分配，可能以不同形式出现。这就是为什么需要从每个历史案例中找到权力系统的核心特点。在描绘权力概念以后，我们不得不承认，如果一个社会被一个权力系统控制，那么必须有一个子群体控制大多数权力手段（过程和资源），成功地维护权力结构的合理性，充分保证互动过程不会造成资源的重新分配，否则就会威胁现有的权力结构和受益于这个结构的子群体的特权地位。因为没有理论上的理由迫使我们认定这个子群体就是国家，因此有必要赋予这个群体一个与国家不同的特殊属性。我们可以把它称为

“优势群体”。[12]

上面介绍的概念表明，优势群体必须满足上面提到的功能先决条件。然而，这种说法不能从优势群体完成使社会延续和发展所必需的活动的意义上来理解，而必须从另一个意义上理解，即一种特殊结构和功能的持续性能够让优势群体：

1. 保证社会作为人类整体而不是非人类环境的持续性。

2. 保证优势群体的社会地位的持续性，使其能够在一种必须被保护的特殊结构完成一种特殊类型的功能。

3. 劝说社会接受这种特殊类型的结构和功能是唯一（至少是最好的）能满足功能先决条件的方法。

换句话说，维护某种类型的权力不只是取决于优势群体满足功能先决条件的能力，因为这本来就是任何形式的权力义不容辞的责任，最重要的是，取决于优势群体是否有能力使社会成员相信这种保证优势群体社会地位的社会组织是最好的，且能够满足功能先决条件。这样，优势群体就能成功地证明其存在的必要性。

自由民主的权力和在中国的适用性

本节一开头必须指出，自由民主理论认为，市场经济与自由民主是紧密相连的，我称其为“必要的和不可或缺的相互依存的关系”。[13]所以，简单地解释今天现实中的而不是书本中的西方模式的起源很有必要。[14]再者，之所以有必要，是因为中国已经决定把一些自由民主的元素引入中国社会，显然是借用西方的经验，即使引入的过程非常小心，以防止与中国的社会主义性质相矛盾。自20世纪70年代末开始，中国领导人就选择引入市场机制（至少部分引入）。目的很明显，那就是提高经济效益，因为西方的经验证明，市场经济比计划经济更有效率。[15]中国能够从西方采用市场经济历史过程的分析中得到什么呢？

市场可以看作是一系列的法律（基于经济理论）以及技术工具和制度安排（基于理论和实践经验）。我的观点是，这种看法并不足以掌握性质特殊、要求很高的组织生产方式。这里没有必要论述：西方的市场经济是如何起源于希腊的哲学和罗马的法律的？中世纪的欧洲社会是如何重组的？天主教和新教改革运动在经济、政治和各个领域中所起的作用；大学和职业者（律师、神学家和科学家）以及三大革命（科技革命、工业革命和政治革命）能够使这种经济制度作为生产和分配财富的最好手段强加于社会所起的作用。简而言之，这是个很长的变化过程，涉及社会的方方面面。[16]

此外，西方国家在推行市场经济时，工业革命的后果使提供社会服务成为19世纪初社会主义运动提出的政治问题，最后被所有西方国家采纳（用不同的手段和不同的激励与范围）。这些国家在发展市场经济过程中所经历的问题是个体生产方式过渡到大生产，也就是部分生产程序机械化和劳动分工（根据泰勒科学管理的原理）打乱了传统的社会结构。虽然生产力提高了，但大批工人被不择手段的工厂主和管理者任意摆布。对这种形势的应对持续了一个多世纪，目的是帮助工人面对新生活的风险（最主要的是失业、低工资、疾病、事故、不卫生和危险的工作条件、简陋的住房、不健康的生活条件以及养老）。一个完整的制度（福利国家）建立起来了，目的是满足这些需要。从19世纪晚期的第一次国家干预[17]和20世纪30年代的大萧条到20世纪后半叶建立完整的福利制度，西方国家通过在社会制度内大量的立法和财政干预满足了民众的需要。同时，国家还构建了市场经济所需的各种基础设施以及重要的法规，其目的是：

1. 限制市场经济的不良后果（即污染）。

2. 使市场经济持续发展（即反经济周期的政策）。

3. 保护公民、工人和消费者（反对市场出售带有虚假信息的商品）。

4. 限制（甚至禁止）一些有悖于市场经济的古典正统观念的经商之道（反托拉斯立法）。

当然所有这些政策都是通过增加各种税收予以资助的。

20 世纪 70 年代末，自由民主组织了权力结构，成为在国家和市场之间分配社会功能的稳定的制度安排。现在我们用图 4－3 来分析这个权力结构。图 4－3 说明了推行市场经济的当代西方自由民主社会的主要权力元素的本构关系。[18]

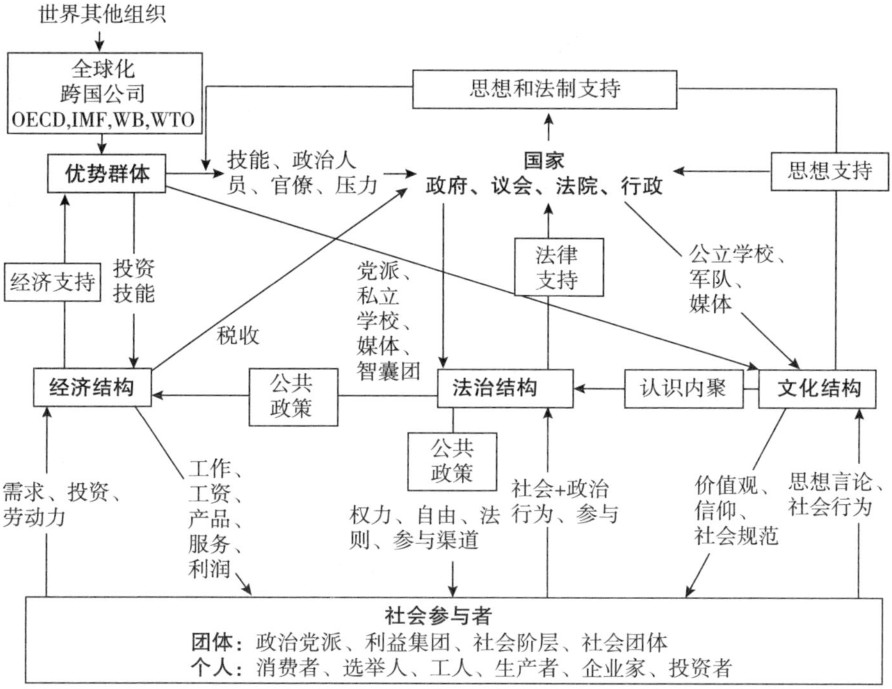

图 4－3　西方自由民主社会的权力结构

为了简化图形，我没有加上社会—生物结构。信息结构以箭头为代表，与权力结构的其他部分相连。同样，图 4－3 没有包括 7 个互动过程（见图 4－1），只是介绍了经济、法治和思想文化 3 个子结构，国家，以及将这些子结构与社会参与者相连的环路。在这个权力结构中，国家被认为是一个权力所在地，是资源的生产者和分配者以及社会参与者，承担几个具体的政治功能。

另外，我们的权力概念说明，优势群体仅控制权力结构的一个部分是不能保持自己的地位的（经济基础），它必须能够控制权力的所有子结构。[19]在一个市场经济社会中，经济结构的合理性指导着社会参与者生产产品和服务过程中的行为，以便提高生产效率。最终的目标是提高物质生活水平和保障人身安全，最后通过这些手段来实现人类的成就。这是经济结构合理性的第一法则。[20]

第二个法则规定，实现第一法则设定目标的最佳方法是借助市场经济，也正是这第二法则构成了市场经济所创造的剩余财富分配的基础。当然，在诉诸武力不是常见的（与极权主义政权相反）自由民主社会，这意味着社会团体和个人都广泛地坚持这些基本法则。这就需要一个政治文化（或思想）使社会参与者在理性上和/或感情上坚持这些法则。另外，自由民主建立在法治的基础上，法治的一个主要功能就是用一套规范约束个人行为。不过，世界各国采取和执行这些规范的内容和过程各不相同。在自由民主国家里，法治就是法律凌驾于个人之上，包括掌握权力的人（用我们的话说，就是优势群体）。与这个解释相反，法治可能就是“依法而治”或法制。然而两者根本不是一回事。

无论如何，上面提到的法则表明，三大结构合理性之间必须有一定的一致性，否则就会出现矛盾和破裂，危及这类社会组织的生存和优势群体的地位。因此，社会组织必须控制上面讲的三大结构以及其内部互动过程，社会参与者在这些过程中进行活动。

以上论述表明，优势群体必须采取行动以便：

1. 结构内的互动过程不会导致资源的再分配，那样会危及它的战略地位，即使再分配对结构和合理性没有根本的——在任何情况下都是短期和中期的——影响（战术层面）。

2. 相同的互动过程不会直接导致结构合理性的改变（战略层面）。

换句话说，不同结构中的社会参与者之间的互动必须加强相应的结构及其合理性。在图 4 – 3 中，我用箭头表示互动。我将对其中一些互动加以简单评论。

考虑到经济结构合理性的规则，优势群体必须利用这个手段为社会参与者提供工作、工资、购买力（非常可能是实际薪酬增长）、可获得的产品和服务（用通过收入分配获得的偿付能力来购买）、投资和赚取利润的机会。由于国家的干预，经济结构能够为发展市场经济提供有利条件，例如，提供基础设施，或采取措施降低生产要素成本。[21]反过来，经济将获得投资和劳动力，并因偿付能力需求而有所发展。

在自由民主中，经济活动不是孤立的，而是受一整套规范所制约（支撑或者限制），这就是法治结构，法治结构的产生或多或少是国家垄断的结果。因此，优势群体有必要通过控制国家机构来控制法治结构。这种控制包括各种不同的、非排他的规范：直接提供政治或行政人员，提供信息和技能，对国家机关施加影响或压力。

法治结构不仅仅用来管理经济的互动过程，它还管理自己的互动过程。一方面向社会参与者提供权利和义务、自由、政治权利、上诉的可能性、行为规范、保障（这里考虑到经济结构的合理性，私有财产特别重要）、个人和集团参与的渠道（如选举）以及组合（如与利益集团协商的各种技巧）。另一方面，法治结构得到的是社会参与者守法的行为，特别是组织公民参与选举的法律，更概括地说，公民向公共机构转达诉求的过程。在这方面，国家实施了一系列的法律规范，使其在违反法治结构规则的情况下使用其垄断的暴力。[22]

最后，对思想文化结构的控制可以使优势群体与不同社会参与者交流，向他们灌输行为规范、价值观、基本信仰和社会意见。总之，向他们提供知识手段以理解他们所在的社会，从而维护现存的社会秩序。用韦伯的话说就是，使已经确立的秩序合法化。这里必须看到，法律规范是由国家垄断的，而思想文化结构不完全由国家控制。因此我们可以想象，从优势群体的观点看，控制思想文化结构及其管理的互动过程的方式有两种：直接的和间接的。

间接控制，优势群体可以产生并灌输［通过某些国家机构，如学校、军队以及某些大众传媒（电视）］一种有利于自己的政治文化。直接控制可以通过优势群体控制和/或补贴的私立学校，或通过优势群体所有或控制的大众传媒来实现。相应地，文化结构通过社会参与者得到遵守文化结构规则的行为，更重要的是，社会参与者又会传播与优势群体政治文化相适应的思想言论。

我还确认了3个加强或支持已有结构和优势群体地位的追溯循环：经济支持循环、法治支持循环和思想支持循环。然而，这种呈现现实的方法似乎有些刻意，因为从分析的角度出发，这种方法分离了现实中没有分离的东西。

首先，一些循环无法被明确地归类为某一类循环。例如，国家提供的社会保险作为国家对稳定劳务市场的贡献被包括在经济循环内。在法治循环中，社会保险作为国家法律保证向不同情况下（疾病、失业等）的个人，提供服务。在思想（文化）循环中，社会保险作为向一些社会参与者提供的服务以换取他们对社会组织的支持，因为社会组织已经没有任何其他东西可以提供给社会参与者。

其次，社会必须用一种尽可能一致的方法进行组织。这就要求经济、法治和思想3个结构合理性的规则必须一致。我并不是说要完全一致，我说的一致是相对于结构合理性的根本规则来说的。如果不能一致，从长远的观点看，整个社会组织就会垮台或至少经历长期的紧张和社会冲突。结构合理性的一致性可以是对现有权力结构（以及可能加强一致性的社会控制过程）的确认，也可以是推翻现有制度，由另一个制度代替。代替旧制度的根本特点很难预见，因为缺乏准确的历史参考资料。

我建议考虑两种系统性的一致：一种是物质的一致性，即必须保证，在市场经济的自由民主国家所选择的例子框架内，国家功能和经济结构合理性规则不矛盾的。另外，甚至可以想象国家干预、支持和维护市场经济的运行。另一种，我建议考虑经济结构、法治结构和国家之间的认知一致性（理性和/或情感），这一点可以通过政治文化或思想来保证。换句话说，只避免国家制定的法律和市场经济原则之间发生矛盾是不够的，还有必要让社会参与者把社会看成是基本一致的、可以适应每个人需求的实体。

然后我们可以得出结论，结构合理性的规则、物质条件以及权力系统的认知一致性基本构成了相应社会的运行规则，类似于一套基本信仰构成个人的行动准则。[23]这样，一个社会的运行规则构成互动框架。我用分析的方法把它分为经济、法治和思想过程。[24]倘若优势群体不能成功地控制这些过程，那么其他社会参与者就会获得所要求的经济和法治资源。如果后者成功地发展和传播他们的政治文化，那么他们就可以不受优势群体的影响。最后，在巩固他们的资源系统，定下战略，能利用有利事件和时机之后，他们就可以一步一步地削弱优势群体的权力地位或采取革命的短期运动将其打倒。

让我们回到上面介绍的20世纪70年代末西方的形势。一方面，在当时占主导地位的权力结构下，将一些功能移交给国家（支持市场经济，同时限制经济的不良后果）的后果之一是财富大大增加（以GDP计算），人均收入也增加了（尽管国家间、地区间和个人间还有差距）。另一方面，到20世纪70年代末，西方国家已经不能再通过增加税收平衡支持国家干预所必要的开支。当时最有影响力的政治家和知识分子非常坚定地认为，在不影响市场经济正常运行的情况下增加税收已经变得不可能。[25]巨大的结构性赤字出现了，公共债务大大增加。

确实，正是在这个时期，新保守主义经济学家和政治学家（或欧洲通用的词汇“新自由主义”）开始出现，给国家的“疾病”开药方，即“新公共管理”（NPM）。[26]总之，建议缩减政府规模，将政府活动转向市场化或外包，以减少政府负担，从而减少税负。反过来，用政府节省下来的税收刺激经济增长，使经济更加自由。最后，据说这种新经济政策将使整个社会受益。[27]

结果，几乎所有的经济合作与发展组织（OECD）的成员国都采用了新公共管理来制定本国发展战略，只不过在范围和刺激手段上不同而已。在这期间，实际上直到2008～2009年全球经济危机，那些福利国家的捍卫者，更概括地说，国家干预经济和社会的捍卫者已经沦于防守地位。他们的声音仅能被很少人听到，只是在最近有几个学者指出了新公共管理的负面影响。[28]中国决策者可能会对此感兴趣，因为仔细观察中国改革趋势可以看出，中国的改革开放与新公共管理治理有相似之处，如经济、教育和卫生系统部分市场化化[29]（第三章已经介绍），在人力资源方面引入与新公共管理相类似的做法等。

在这方面，有一点很重要，即西方的社会组织与中国不同，西方人的生活水平远高于中国。因此必须谨慎地考虑在中国实行新公共管理改革的可能性。[30]另外，还必须考虑中国改革（始于20世纪70年代末）漫长的历史并评估改革对中国社会产生的负面影响。我在第二章已经介绍了中国改革带来的负面影响，主要是省与省、省内、城乡、经济资本与人力资本之间的差距以及新形式贫困的出现。在第三章我指出，这种新形势对中国领导人提出了巨大的挑战，中国领导人有必要采取新政策以消除这些负面影响。最后，虽然中国采取了“以人为本”的发展战略，但要达到中国领导人承诺的建设繁荣和谐社会的目标还有很长的路要走。

再回到对西方的分析，不可否认，西方国家在漫长的历史过程中成功地将市场经济和自由民主结合起来，发展出一种市场和国家之间的特殊关系，使市场经济发展成为可能，但在这个过程中，西方遭遇了众多的经济和政治危机，包括20世纪80年代发生的银行业危机。这都表明，西方的制度不是什么都好。

这并不是说，在世界另一个地方和另一个时代实施的市场经济必须有同样的国家类型，同样的国家、法治和经济的关系类型，就像在欧洲一样。我只是想说，如果不从西方漫长的市场经济的成功和失败的经验中，特别是2008～2009年全球经济危机中学习是不明智的。

分析和了解（最后试验）组织这些关系的其他方法肯定是正常的。在这里我要提出一个根本性的问题：中国的社会和文化中有没有在功能上类似西方组织市场和社会、市场和政治关系的方法?[31]后面我还要回到这个重要问题。

中华人民共和国的权力

总 述

用前几节的分析框架认识中国的政治制度和社会制度是有难度的。然而，这正是本章后半部所要做的。在这里，我只简单地提出4个初步意见。

第一，将我们的模型基本结构用于中国似乎是适当的，因为我假设这5个子结构适用于所有社会。不过，我们要首先确定中国1978年以后这些结构合理性的模式，然后确定它们被改革的程度，最后它们是否有足够的物质和认知一致性水平彼此联系起来。国家和国家执行的政策也如此。

第二，有必要定义国家和子结构的各种联系（图4－3中以箭头代表），换句话说，确定互动过程的内容、范围和影响。目的是确定引入市场机制受社会其他部分（结构和互动过程）支持的程度。

第三，当加上中国共产党的作用后，第二点就完成了。我把中国共产党看作1949年以后中国的优势群体。然而，这个假设将受到政治制度运行情况的验证，特别是党和政府关系的验证，以及官方和非官方智囊团与领导创新的大学的验证。[32]

第四，要回答的一个重要问题是现存权力结构的合法性。图4－4总结了这个问题的主要方面。西方学者普遍承认的假设是毛泽东时代（合法性主要基于领袖魅力）和“文化大革命”对中国共产党形象的重大改变。邓小平的改革开放战略逐渐引入市场机制，为中国人民提供更好的生活标准。[33]满足人民发展经济的需要应该恢复对中国共产党的信任，因此也恢复其作为中国社会优势群体的合法性。

为了证明这些假设，许多西方学者提出补充假设，即引入市场机制将对中国形成强大压力，迫使中国引入类似西方的或至少建立一个法治的法律制度。这种压力来自内部（由于支持新兴的内部市场）和外部（中国加入全球化，特别是加入 WTO 以后）。接下来的问题就是，中国领导人和中国社会（即根本的社会价值观）能否将中国的政治制度向这个方向引导。如果回答是否定的，那么我们可以预料，在推行有力和有效的市场经济的道路上中国将遇到很大困难，或者我们可以提出另一个假设，即中国领导人能建立一个功能上与西方模式等同的机制，特别是法制，来支持市场经济。

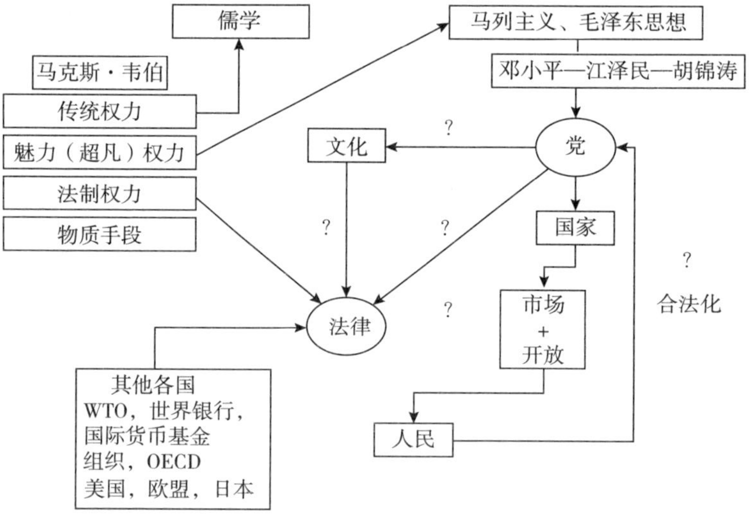

图 4 -4　中国政权的合法化

将图 4 - 1、4 - 2 和 4 - 3 运用于中国，首先可以证明我所提出的论点，即中国共产党是中国社会的优势群体，并贯穿于从毛泽东时代到现在的整个中国共产党的生命历程。事实也确实如此，尽管中国社会和政治制度发生了无数次的变化。除西方学者分析指出中国共产党的强大权力之外，中国共产党本身和党的著名领导人也公开地证实了这个说法。[34]在引进市场机制的过程中，所有决定都是党做出的，并且由党贯彻执行和监督。当然，这些决定是经全国代表大会讨论一致通过后做出的。全国代表大会一致通过后，这些政策要在党的监督和控制下由政府和行政部门执行。在第一章，我们看到了党和政府保持了高度的一致性。这就是为什么西方学者形容中国政权是“一党执政”。总之，党仍然控制着权力系统的经济、法治和文化结构。但是，就像西方自由民主国家一样，一党制国家和人民的关系不是单向的，国家维护的并非一小部分精英的利益。从毛泽东时代开始，国家的目标就是恢复中国的大国地位，改善人民的生活条件，两个目标相互联系，是一个双向因果关系。在毛泽东时代，目标就是如此，当然效果有限，而且被“大跃进”，特别是“文化大革命”给淹没了。从这个角度看，邓小平所选择的市场机制是严格按照毛泽东的战略意图所做的决定，只是手段不同而已。

当然，引进市场机制，自然要在这方面给予人民更多的自由。其后果就是专业协会的产生。这也并不是什么新鲜事，因为在封建帝国时代和20世纪上半叶，类似的机构就已经存在了。[35]另外，群众团体，如工会、中华全国妇女联合会等，在引进市场机制后也都开展了与中国社会变化相关的活动。例如，对妇女不利的离婚率增加和出现失业后（其影响对妇女比对男人更大），中华全国妇女联合会（全国都有分支）开展一系列的活动帮助离婚和失业妇女。这些活动包括支持离婚和失业妇女获取赡养费，对其进行从最普通技能到大学水平的培训，使其获得经济活动所要求的新技能。这种团体的活动可以使中国领导人注意到他们自己没有想到的问题和解决办法。在此方向发生的其他变化还有越来越多的非政府和非营利组织。[36]

最重要的问题是：改革给中国人民带来什么好处，这些变化能得到中国人民的拥护和支持吗？第二章和第三章提供了一些证据证明，改革大大提高了人民的生活水平，特别是20世纪80年代改革开放以后。自从邓小平1978年推行改革开放以来，中国的经济发展速度惊人。在第二章和第三章我提到，世界银行多次承认，中国在经济、社会和环境方面取得了显著成就。世界银行还指出了今天中国领导人所面临的严峻挑战。在第二章和第三章，我指出了改革开放头20年的经济发展带来的负面影响：省与省和省内，特别是城乡之间的差距不断扩大，自然环境的各种污染，以及对公共健康的影响。我还介绍了中国领导人90年代中期制定和部分执行的影响持续发展的新政策。

尽管出现了这些问题，但中国共产党正严肃对待之，大多数中国人民仍支持国家的发展战略。许多幼稚的西方观察家们的预言建立在西方占主导地位的自由概念上：首先政治自由，然后经济自由。中国是把经济发展放在首位，让人民摆脱贫困、饥饿和无知，中国领导人一直是这样做的。最近的战略改变（我在第三章提到）是这种战略选择的最新表现：提高人民的生活水平，使他们摆脱贫困（经济发展），在竞争的经济环境下摆脱生活困境（失业、健康和养老）。

不过，中国社会组织的一些特点似乎给进一步改善中国人民的福利造成了严重障碍。一些中外学者指出，20世纪90年代以来，在大多数情况下，这些障碍可以从经济的薄弱环节（特别是金融业）或非民主的政治制度中发现（根据大多数西方学者的观点）。这是在今天，甚至明天来解释为什么中国领导人尚不能完全满足中国人民的期望。在这本书里，我已经表明，而且在前几段也总结了，这并不是我研究的结论，即使我承认中国还需要付出更多的努力。下一节我想提出中国从历史发展中传承的文化特质，这些文化特质仍然在中国社会，尤其是社会管理层面发挥着作用。

走向市场经济的道路和困难

我不止一次地提到，分析中国改革的过程，它的历史、思想、科学前提以及主要特点（更不用说将来如何），并不是件很容易的事。关于中国改革开放的著作有很多，且充满了灾难性的预言和过度热情的辩解。我的目的是低调、客观地进行分析和讨论，且不过多地做出预言。为了从现实角度出发，我集中精力讨论中国改革的社会状况（有些并不那么有利）和走向市场经济过程中的主要障碍。说过这些之后，对于以下几段所阐述的观点，我很清楚，有一些似乎非常具有批评性，中国读者就把它当作我对这个伟大民族和文明所表达的兴趣、关心和赞赏吧。借用西方的一句谚语（中国肯定有类似的谚语）：要表示善意，就必须残酷（打是亲，骂是爱）。

法律制度的弱点

在评论第二章图2－1时，我分析了邓小平的发展战略给后续中国领导人所带来的难题。这里我要从法律制度开始对中国文化所带来的更多困难进行评论。据大多数西方学者说，这是中国政治和行政的一个主要弱点。[37]这里我主要讨论一个最复杂的掌握市场经济的问题，因为它深深地扎根于中国的文化之中。关于中国文化，我将在下一小节进行论述。

首先必须指出的是，在法治这个领域，中国的传统和西方非常不同，即基于人与人之间关系的行为高于按规则（法律和法规）办事的行为。从18世纪末、19世纪前半叶的自由主义革命以来，所有的人，包括掌权人，都要服从法治结构的思想已经被所有政治家接受。三权分立、权力制衡、多党制、给所有利益相关者（利益集团）组织的自由（宪法和法律制裁）、自发地（而没有国家干预）代表社会各阶层，是西方政体的根本特点。

图4－5总结了中国文化中使基于法治的法律体系难以创建的主要特点。确实，在对外开放，特别是加入WTO后的压力下，中国已经开始修改现存的法律或颁布惊人数量的新法律法规，彻底重新设计法律体系。但是，从“法制”到“法治”的道路还很长。[38]

结果，往往由于政治的干预，从准备到通过，法律规范经常遭到破坏，并需要做出解释，至少对管理法律规范的重要方面进行解释，这可能是私营部门（中资和外资企业）发展的原因之一，因为市场经济的必要条件之一就是法律、政府和行政行为应当尽可能具有可预测性。

中国的文化和市场经济

图4－6到图4－10列出了看似构成市场经济发展障碍的中国文化的主要

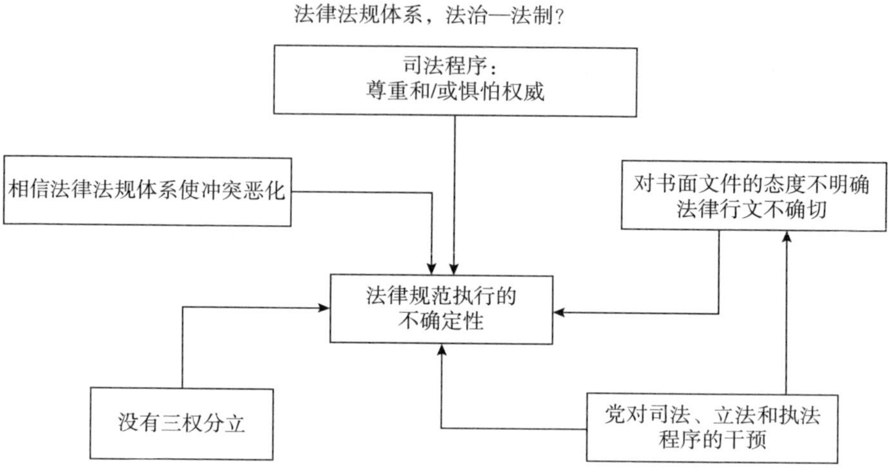

图 4－5　法律制度的问题

特征。在最后一节我还要借助一位中国学者的著作来讲中国文化是否能够提供一个（功能等同的）东西替代西方实行的市场经济发展的特点。第一个特征是，令西方的中国文化观察家们吃惊的所谓“崇尚秘密”，其后果就是使整个系统的运行不透明，即与健全市场经济所要求的透明度正相反（见图 4－6）。

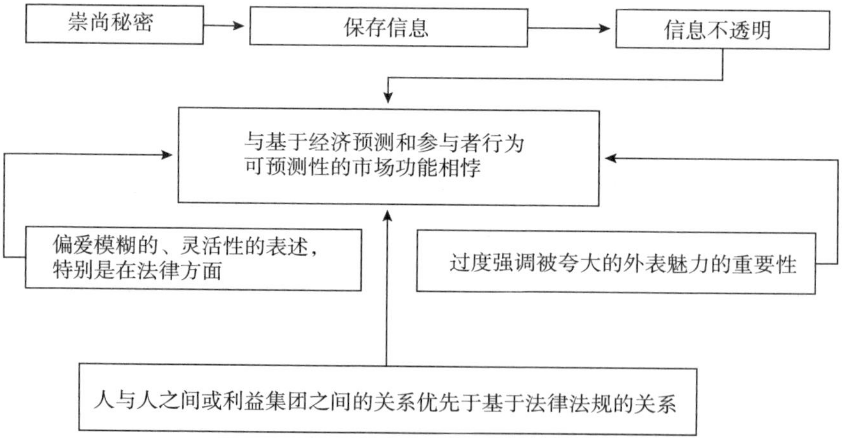

图 4－6　文化结构的问题：崇尚秘密

我的一些中国朋友指出，这可能就是西方观察者眼中国社会的运行情况。但是中国人自己非常清楚中国实际的社会运行状况。假设（实际上也存在）要与全球经济接轨，特别是要在全球市场上进行商业交流（买卖），从同样的市场上吸引外资，看起来就要在全球市场中按照它的规则开展经济活动。我的看法是，这是个关于合理性和有效行为的简单问题，而不是捍卫自己文化不同点的问题。再者，正如我以前所指出的，缺乏透明会对高效金融市场的发展构成障碍。

第二个文化特征是，注重实践和技术，而不重视理论思考（见图 4－7）。众所周知，中国学者在20 世纪初创建了几所大学，在研究上取得了巨大的进步。在自然科学方面，中国学者的研究是世界上首屈一指的。不过，这个趋势是否涉及经济和社会科学领域值得怀疑。毫无疑问，许多中国经济学家（我本人就认识一些）非常有能力。但是，至少到最近，要使中国政治领导人倾听他们的建议很难。

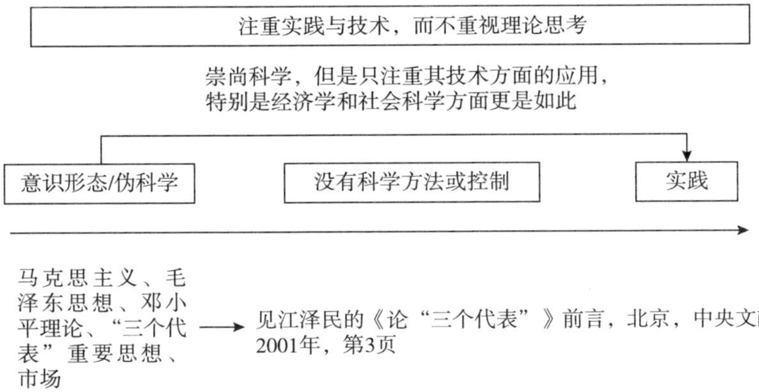

图 4－7　文化结构的问题：注重实践

社会科学家的情况更糟糕。确实，甚至在西方，掌权的人也往往对社会科学持怀疑态度。在我们的社会中哪些是可行的，或者说，对掌权人士来说更烦恼的是，哪些不可行，这毕竟是这门科学的责任。不过经济学家和社会学家（至少在某种程度上）已经（正在）能够为领导人提供技能，公开表达他们的发现和意见，也能够使决策者们聆听他们的意见。

此外，在经济和社会科学领域，中国似乎引入许多外国观点（或更确切地说是外国思想，即使它们已经适应了中国的条件），并且对于从这些观念中衍生出来的现实安排（法律、法规和行政决定）不加严格的科学审视就执行，这可能是在执行这些观念时没有掌握好时机的原因。在这里有必要提及采用苏联的指令性计划经济、“大跃进”以及 20 世纪 70 年代末很显然是基于对古典自由主义市场经济的解释所提出的经济发展战略。在那时，市场经济所引发的负面影响在西方的文献中已经清晰阐述，特别是在主流的“福利经济学”以及赞成福利国家的著作中。但是，直到改革 15 ~20 年后，中国领导人才开始重视逐渐显现的问题。在此之前，一些有技术、有想象力的中国学者已经对此提出警告。

但是，这里的事实是：如第二章所示，基于市场经济和对外开放的经济发展产生了几个重要的负面影响。在目前内外压力越来越大的情况下，必须解决这些困难和问题。

中国领导人似乎正依靠另一个文化特征来解决这些问题：文化优越感。因为中国文化历史悠久，中国人相信政治天赋（见图 4 –8）。再加上过于追求大一统（也是悠久历史传承下来的文化特质），导致过于追求政治和社会稳定，而这又反过来导致中国共产党限制被认为是对其构成威胁的社会自治团体的成立。中国共产党似乎想控制所有的社会组织（工会、妇女组织），并干预立法的全过程（法律法规的管理）。

在这种背景下我们要注意，西方有不同来源的权力，允许公开表达不同意见（反对或赞成掌权者的行动），使领导人处于被监督的地位，这样，在大多数情况下就可以避免犯错，即使犯了，也可以及时纠正。当然，例外是有的。最近的例子就是 2008 ~2009 年全球经济危机，许多观察家对西方政治和经济制度施加了新的、巨大的压力，这可能会引发整个制度的实质性改革，

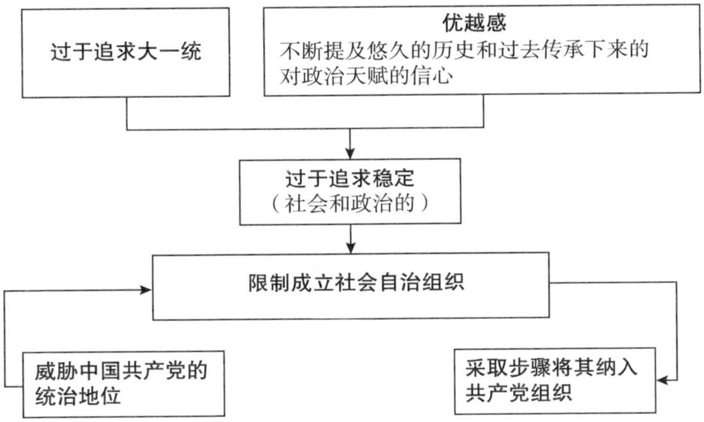

图4-8　文化结构的问题：过于追求大一统和优越感

有些甚至会垮台。虽然资本主义的历史表明，自由民主可以跨过危机并且重新恢复其力量和民众对其优越性的信任，但我们不能排除这次危机会加强中国领导人对自己政治天赋的信心，坚持由邓小平设计的，胡锦涛不断丰富的政治路线。西方和中国的“趋同”前景是没有可行性的。

第四个文化特征更加强了第三个特征，即过于重视政党在国内和国际上的权力和名声（见图4-9），这似乎与迫切希望取得速效的大工程，如“大跃进”，建立旨在加速经济发展的经济特区，以及恢复中国在世界上的大国地位的愿望有关。在第二章第三节我们已经看到这个战略的（正面和负面）后果。邓小平迅速发展经济的战略是优先发展沿海省份，因为那里促进经济发展的因素比内陆和西部更优越，这似乎正好符合自由主义的口号：“必须先创造财富，才能分配财富。”很明显，正如西方所表明的，为少数人创造财富不等于在全社会平均分配已创造的财富。尽管财富（按GDP计）实现了快速增长，但东西部地区的差距越来越大。中国正在经历同样的问题。

发展战略的执行，其成果和负面影响，提出了现行权力结构合法性的根本问题（见图4-4、图4-10）。对于西方的观察家们来说，很难提出一个国家应当采取的合理化战略来争取民众的支持，因为在这样的社会中，财富的

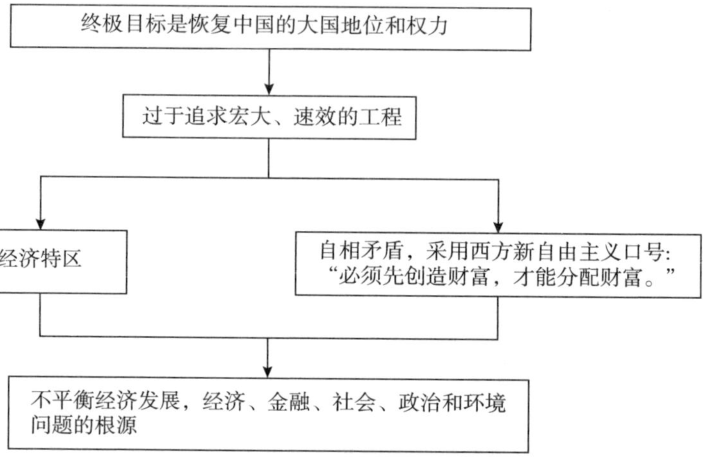

图4－9　文化结构的问题：过于重视国内外权力

增加与民众可获取的信息、技能和知识密切相关，因此民众能在社会管理中有发言权。当然这是一个“种族中心论”的言论，并没有考虑中国共产党（很可能是在维护政治稳定的情况下使中国走向现代化和繁荣的唯一力量）应对这些挑战的、有中国特色的解决办法。在这里，我还要提出中国是否存在与西方国家支撑市场经济发展的、在功能上等同的东西，并且提醒中国读者注意这样的事实，即20世纪80年代以来，越来越多的民众从“西方道路”中并没有得到好处。

总之，发展市场（或市场机制）的主要障碍总结如下：党在政治管理过程中的各种干预（特点是政治的过度干预，技术上干预不足）加强了中国组织社会和政体方法的一些传统特征，例如，法律法规不准确和不足（与缺乏透明度和金融市场软弱有关）以及银行的管理不善和没有支付能力（由于技术缺乏效率而无力）、一些国有企业表现较差。这就使中央政府的财政能力进一步弱化。国内支离破碎的市场又增加了对整个经济运行的负面影响。中国文化的其他传统元素可能会使一党执政的国家偏离其发展经济以改善人民生活和恢复中国在世界上的大国地位的主要目标。当然，这并不意味着中国没有取得重大成就，也不意味着中国必须按西方的模式组

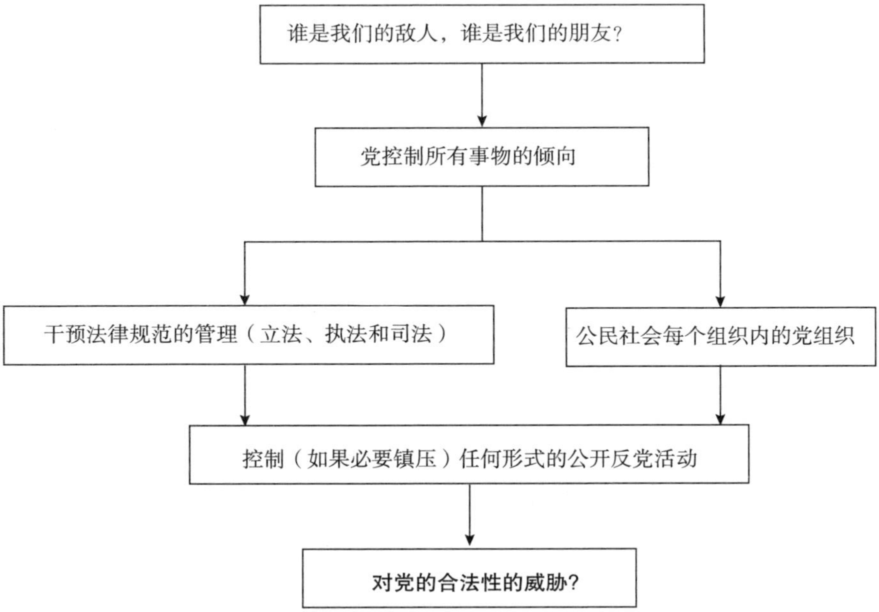

图 4－10　文化结构的问题：重视国内权力

织经济、社会和整体。这就是我在本章最后要讲的，中国正在寻求功能相同的替代机制。

第二节　是否存在中国道路：寻求功能相同的机制

前一节我们讨论了文化问题。我要在此简单地提到香港科技大学社会学系中国学者林益民所著的一本耐人深思的著作。[39]通过比较 20 世纪 80 年代初苏联在计划经济中引进市场机制的失败和中国的成功，林益民发现，这些变化是在没有改变政治制度的情况下发生的，而且这些变化“伴随着政治腐败的显著增加，并出现相关的寻租活动”。[40]为了揭示这些显然存在的自相矛盾的现象，林益民将国家计划经济的衰落追溯到两个新兴市场之间的相互作用：交换产品和资源的经济体制，以及将国家权力和资产转为私人利益的政治体制。他认为这两个体制相互关联。他还提出，与一些观点相反，产品和资源的市场性扩张并不一定意味着新体制的成长，也不一定与法治国家的崛起线性相关。[41]

图 4－11 显示了林益民的理论和发现。总之，存在着两种体制。[42]

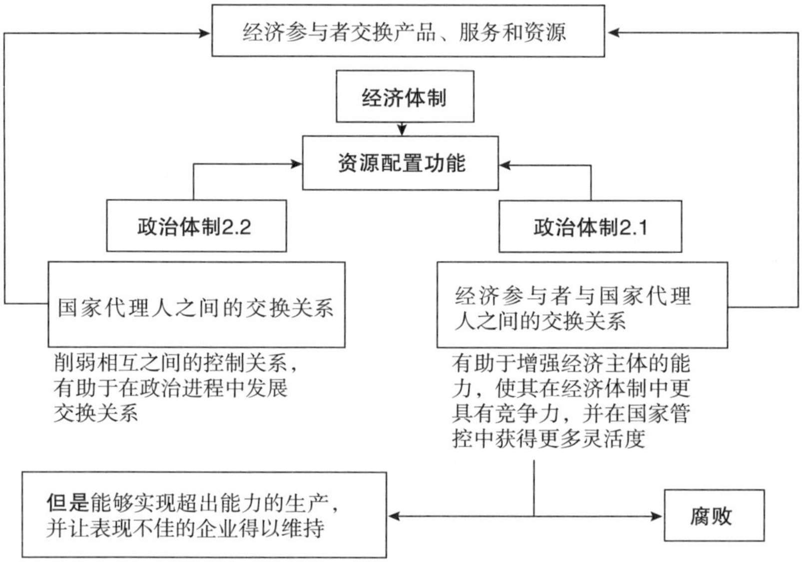

图 4－11　中国政治体系中功能性的对等物

资料来源：Yi－min Lin，*Between Politics and Markets*，Cambridge Univ. Press，2001

1. 经济参与者之间交换产品、服务和资源的经济体制。

2. 政治体制，实际上可以再分为两种体制：①经济参与者和国家代理人之间进行交换的政治体制（政治体制 2. 1）；②涉及运用国家权力和资产进行交换的政治体制（政治体制 2. 2）。

林益民还进一步指出这两种体制在改革时代同时发展了“代表中国经济和政治结构变化的基本特征”。[43]

这些话有如下的含义：第一，在政治体制 2. 1 项中，经济参与者和国家代理人的交换关系是相互诱导、相互通融的。交换有利于国家代理人时，可以帮助减少监管和资源对寻租人的条件约束，因此增强彼此进入计划外增长的空间并参与竞争的能力。第二，政治体制 2. 2 项使相互监督弱化……为政治过程中交换关系的增强提供有利条件。第三，经济参与者之间为了取得国家的支持而展开的竞争"减少了对经济自由和增长根深蒂固的障碍，也限制了对公司的优惠待遇，迫使它们寻求特殊照顾，从而在经济领域展开竞争，同时探索其他可以变通规则的领域"。[44]

不过，林益民承认发展市场的制度安排也会产生一些不良后果，"例如产能过剩，表现不佳的企业中越来越多地出现收入不景气的现象"。对于公共资源的有效使用来说，更加重要的是："它可以刺激国家"试图增加公共资源的转移（腐败），结果使国家失去提供产品和服务的能力。[45]

政治制度的开放

如果要成功地实现现代化，逐步开放中国的政治制度是不可避免的。如第一章指出的，现代化的过程暗含着技术能力的获得和利用，远远超过思想价值。毛泽东通过革命化的公共管理来管理社会和政体，这使他能够发动几次政治运动，"文化大革命"达到了高峰。我认为"文化大革命"是为了保持和收复那些被党内、政府内和大学内的官僚主义所掌握的权力。官僚化是必要的，因为毛泽东发起了现代化运动。图 4 – 12 显示了从毛泽东的公共管理到邓小平的公共管理的体制改革。[46]

我认为，这种改革不可避免地迫使中国的管理走向稳定的、基于科学发展观的现代公共管理的合理逻辑，如图 4 – 13 所示。再者，邓小平的一个口号"实事求是"，其最重要的结果就是改善了参与者行为的可预测性，特别是公共权力的可预测性。实际上，这是现代化所需要的，用来支持市场经济内的合理行为，因为参与者要进行科学计算，就需要依靠国家行为的可预测性。[47]

为了获得引进市场机制后现代化的管理技能，中国共产党采取了一系列的措施进行政治和经济体制改革，这些资源对中国来说既有国内的，也有国外的：大学、知识分子、国内的商人（西方的和东方的），发达国家以

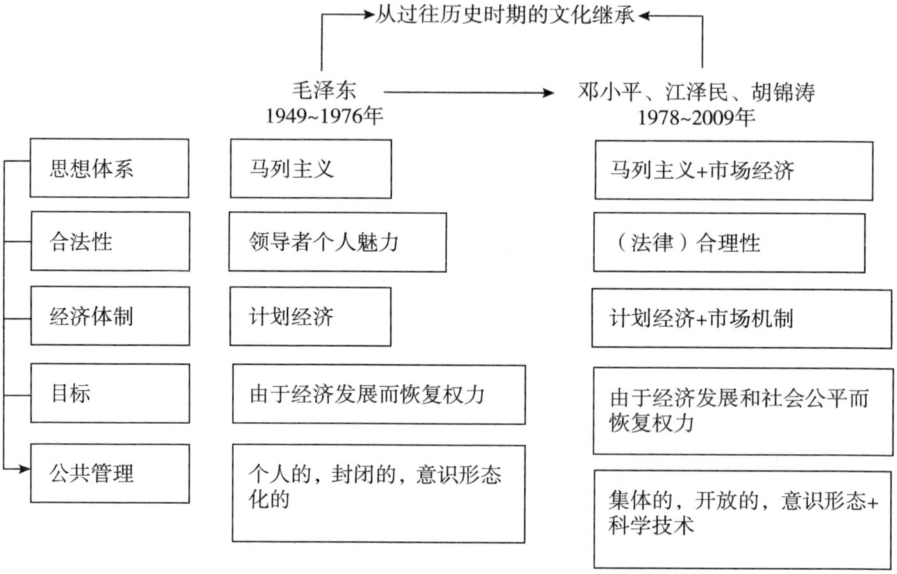

图 4－12　从毛泽东到胡锦涛的公共管理系统

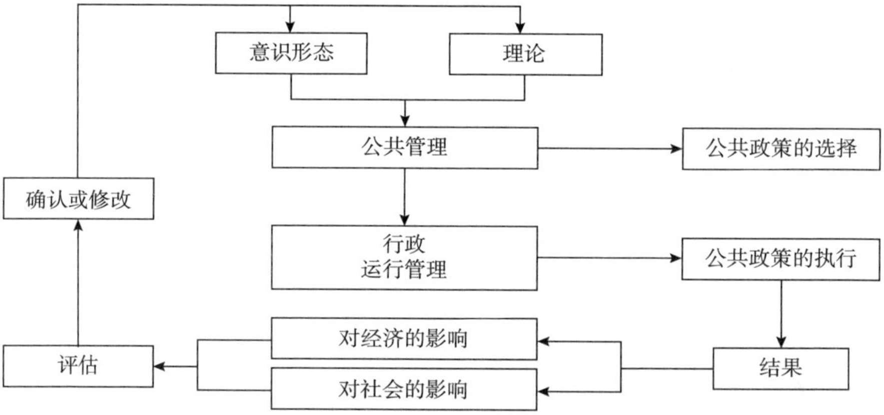

图 4－13　经济和公共管理的现代化

及海外的国际组织。中国领导人特别强调在获得公共管理和企业管理（特别是国有企业）方面技术能力的重要性。例如，在 2002 年和 2007 年的中国共产党全国代表大会上的讲话。而且，中国共产党通过协会、合作、协商和任命 4 种方式开放了决策过程。第一，参与决策过程的大学研究人员和智囊团对发展过程中的负面结果进行研究，并研究法律及公民社会的发展。第二，开始与国际经济组织合作，如世界银行和亚洲开发银行等。这些组织主要对提高经济效益感兴趣，最近几年还对平等问题感兴趣。[48]第三，与党外专家协商执政。最后，几个高层党外专家被任命担任行政职务，最近甚至在政治领域高层任职。2007 年 4 月任命的科技部长万钢和 2007 年 5 月任命的卫生部长陈竺都不是共产党员。

结果，决策过程的结构更加开放，加强了中国领导人获得如何进行政策选择的科学治理经验，使其更适合国家整体发展战略的需要，不仅仅是为经济的持续发展，也是为了采取必要的政策使中国社会达到新的平衡，如第三章所述。图 4－14 显示了新的决策结构。

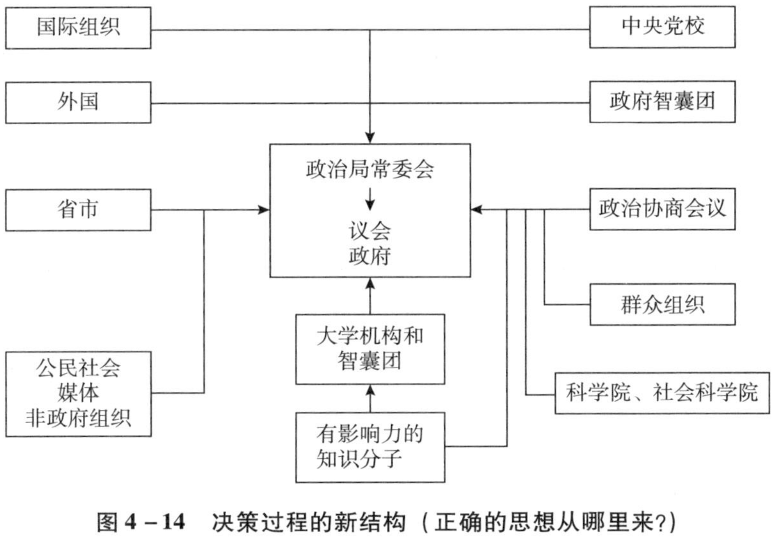

图 4－14　决策过程的新结构（正确的思想从哪里来?）

资料来源：毛泽东，“人的正确思想是从哪里来的?”，《毛泽东著作选读》，北京，中央文献出版社，1967 年，第 405 页

当然，这个结构同西方的民主观念不同，在西方的民主决策过程中，西方政党、压力集团和各式各样的组织，要么被邀参加决策过程，要么在没有

被邀协商时表达它们的意见。在本章最后的结论部分，我还要继续讨论这个问题。这里我要提及的是，自由民主如何回答反对派提出的难题，即选择解决方案是根据大多数法则（自由民主决定一般采用少数服从多数），还是根据非基于少数服从多数原则，而是有科学证据的最佳选择。现在，中国实行改革开放之后，中国公共政策的选择越来越倾向于根据后者来进行决策。这说明中国政府向各种知识来源开放了决策过程。

中央党校的发展证明了中国共产党正在努力探求对决策有用的知识。[49]最近，中国共产党又成立了 4 个党校，用来完善组织培训的传统。过去只有北京的中央党校。大连党校主要用于培训国有企业的高层管理人员，学习现代经济体制下如何改进国有企业的管理。云南和井冈山党校用于培训如何继承革命传统和进行国情研究。上海（浦东）党校用于培训如何处理国际事务。[50]这些党校向党的高层干部提供如何用现代管理技术和方法分析政策的选择。例如，浦东党校（最现代的一个）在各方面组织培训。注释中提供的清单不仅包括现代政策的课题，还有过去的研究课题，如陈云思想导论等。陈云在中国共产党内长期担任经济方面重要领导职务，负责统管计划经济。[51]

中国共产党还组织各级干部，特别是高层领导接受培训。正如我在前言里所说，我本人亲自参加了 1998 年和 2003 年为中国公共行政高层领导以及党的中央和地方干部提供的培训。与中国合作伙伴深入讨论后所选择的题目表明了这些干部们对培训的严肃态度。培训内容包括几乎所有关于公共管理的重要领域以及政府和经济的关系，包括私有化和外包。[52]

在政府智囊团中，国家发展和改革委员会发挥着最重要的作用。这个委员会替代了 1952 年成立的指导计划经济的国家计划委员会。国家发改委直接向总理汇报工作。它的主要职责是：

1. 拟定并组织实施国民经济和社会发展战略、中长期规划和年度计划，工业政策和价格政策。

2. 负责监测宏观经济的发展态势，保持经济总量平衡，优化主要经济结构。

3. 负责重大建设项目的审批。

4. 指导和促进经济体制改革。

5. 推进产业结构战略性调整和升级，协调农业和农村经济社会发展的重大问题，指导工业发展。

6. 拟定能源发展计划，管理国家石油储备。

7. 制定可持续发展战略，协调社会发展和地区经济，执行“西部大开发”计划。

8. 根据《宪法》，代表国务院向全国代表大会提交国家经济和社会发展计划。

过去10年来，中国非常重视主要大学对决策过程的贡献。这些大学主要承担三项任务：第一，培养年轻学者，使其将来成为公务员或党的干部，对公务员和党的干部进行成人教育。政府投入许多钱改善大学的基础设施和研究人员的待遇。政府还为许多教授和优秀的学生提供资金到国外学习。与此同时，政府授权给最好的大学开展公共行政的硕士课程。大学承担的第二个更加艰巨的任务是为政府提供专门的知识。第三章列举的社会保险的例子表明，中国在建立新型保险系统过程中进行了公开辩论，受到许多大学教授和研究人员的支持，并提出各种建议供政府选择。

第三个，也是最后一个任务是，大学构成对知识分子开放的空间，在那里各级学术组织可以自由讨论政策选择。在最好的大学里，还开展了许多敏感课题的研究，如腐败、贫富差距、非政府组织的作用、外交政策、与美国的关系、进一步发展经济的最好途径、社会保险改革等。这些事实都证明，大学以及更广泛的知识界正在开展蓬勃的学术活动。[53]

信息、专业知识和科学分析渠道的开辟，使中国领导人大大地提高了制定、执行和监测旨在经济可持续发展和重新平衡中国社会等公共政策的能力。我们可以认为中国共产党已经成为一个学习型组织。图 4 – 15 总结了我在第三章介绍的新卫生系统的准备工作。在多年省级实验的基础上，国家发改委在一份报告中得出结论，现有的系统是失败的，因为成本大大提升，效率不高，把大部分人口排除在外。然后中央成立了一个协调小组承担卫生部和国家发改委的任务。协调小组负责协调几个部门的工作：各部委的 12 个代表机构；北京大学、复旦大学、中国人民大学、清华大学（与哈佛大学合作）和北京师范大学；世界卫生组织；麦肯锡咨询公司等。这些组织呈报了几份报告，最后定稿报请中国领导人审批。2007 年 11 月的中国共产党全国代表大会，胡锦涛主席宣布将中国新的公共卫生系统立即予以公布。

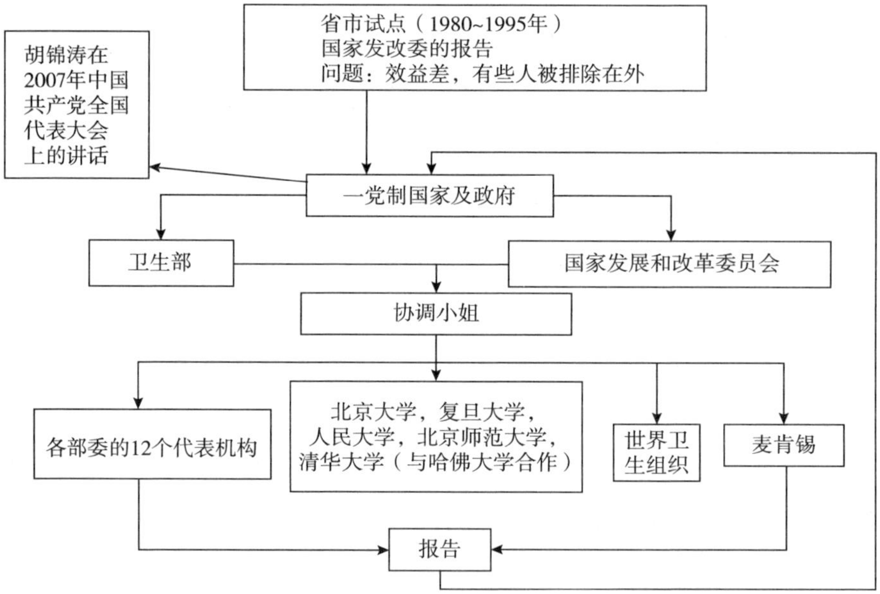

图 4 – 15　中国医改方案的准备过程

经过了很长的过程，最后中国领导人确认了“以人为本”的发展战略，同时重申党的支配地位和领导中国人民恢复中国的大国地位，走向繁荣，并且坚持认为经济发展给中国社会带来的矛盾必将解决，即城乡之间、经济和社会、经济资本和人力资本以及经济和环境之间的矛盾。为了解决这些问题，有必要采取以下措施：

1. 减少不平等，重新平衡经济发展。

2. 发展经济、科技和城市化。

3. 降低失业率，解决经济资本和人力资本发展的矛盾。

4. 协调城乡之间、经济和人民之间、经济发展和不可再生资源的使用之间以及经济发展与环境保护之间的关系。

5. 改善社会保障系统，提高住房、交通和卫生条件。

6. 维护农民工的利益。

第四章的数据、信息和分析表明，改革以来，30 多年前中共中央制定的战略和政策相对来说已经取得成功：30 多年来，中国 GDP 年增长率保持在 9% 左右，5 亿多人口脱贫，成为国际上经济和政治大国。当然，有些严重问题需要解决：与其他国家相比，人均收入仍然很低，几百万人还生活在贫困线以下，[54]省与省之间、城乡之间的差距在扩大，空气、水和土壤污染使环境恶化，影响着人们的健康。所有问题都在解决的过程中。挑战是巨大的，但是从 30 多年改革的历程中中国领导人所展示的领导能力来看，我们有理由预测再有 20～30 年，中国不仅能够成为世界上最大的经济体，而且中国社会将更加平衡和繁荣。

不过，还存在一个大多数西方学者提出的问题：因为中国没有沿用自由民主模式，因此必然失败。

自由民主、法治和中国道路[55]

在这里不可能详细地讨论西方学者大量关于自由民主的不同看法。只能讨论西方模式的基本方面，再与中国的民主加以比较。一般说来，西方模式的主要特点是：民主与法治。大多数情况下，当所有政党参加相互竞争的、相对自由的选举，选举过程公开时，民主是起作用的。带着这种极大的满意心情，西方国家欢迎非西方国家进行它们所赞同的或强加的选举。[56]这种事件一般作为民主的胜利加以庆祝。不过这种制度安排似乎并不够。事实上，在很多情况下，西方国家拒绝接受选举的结果，因为上台的政党的思想和/或政治主张不合西方国家的意，例如20世纪70年代南非以及最近巴勒斯坦和伊朗发生的事件。我认为，在西方自由民主国家的背景下举行选举不能认为是民主的充分表示。最多可以认为是代表民主的表示，而且不是其他民主形式的表示，例如瑞士。在瑞士，人们不仅可以选举议员，而且可以用备忘录的形式反对议会通过的法律，可以行使他们的创制权，提出自己的立法程序或宪法修正案。此外，政治体系的许多特点必须得到保证，才能算作自由意义上的真正民主。

因此，许多西方学者开始把其他政权的制度称为“非自由民主或反自由民主”。[57]

他们还用法治的概念来满足自由选举的要求。尽管这个词汇在日常政治言论中是一种统称，意思是法律凌驾于每个人之上，包括统治者。从公共法律和政治哲学的观点来看，法治可以有各种形式。在更深入分析之前，裴文瑞（Randall Peerenboom），参考里昂·福勒（Leon Fuller）的著作[58]，认为法治的概念有“薄厚之分”。[59]

> 简单地说，薄的理论强调法律的形式或工具性，任何法律制度都必须具有这些特点，才能作为法律制度有效地起作用，不管它是民主还是非民主社会，资本主义还是社会主义，自由主义还是神权社会的一部分。赞成薄的概念的人所下的定义稍有不同，但是有许多共同点……与薄的概念相反，厚的概念或充实的概念在包括薄的概念的基本元素的同时，还包括政治道德的元素，如特别的经济安排（自由市场资本主义、中央计划经济等），政府的形式（民主的、一党执政的社

会主义等）或人权的概念（自由主义、社群主义、集体主义、亚洲价值观等）。[60]

裴文瑞接着说，对于“薄”意义上法治的优点或元素，相对来说几乎没有什么分歧。恰恰相反，“厚”的概念的法治倒有不同的定义。中国、亚洲和其他地方的某些“厚”概念在某些方面有很大不同。[61]他警告说，当法律和占统治地位的价值观相互冲突时，这种法律很少得到执行。[62]

人权的内容却变得很重要了。在西方，法治的内容一般包括一整套人权（公民和政治权利），赋予公民多种自由（思想、表达、结社、开办商业和企业，以及更重要的是，保护私有财产和自由选举）。西方国家是根据分权制的原则进行组织的。法治的主要特点是支持市场经济，或更确切一点说，是支持资本主义经济。[63]裴文瑞是一个西方学者，非常认同中国在经济发展和建立近似于西方的法律制度方面所取得的成就。即便这样，他还是以西方模式为标准来评价众多的制度。[64]他很明确地承认，中国可能演化成非自由主义的民主制度，而且是具有“厚”概念法治的特殊形式。他给人的印象是他对中国还没有或将来也不会采纳西方模式而感到惋惜。[65]2009 年 3 月的全国代表大会上，吴邦国委员长宣布中国不会照搬西方国家的政治制度。他号召中国的法律制定者“把握以中国共产党为领导核心的正确的政治方向”。[66]

结 论

为本书所做的研究成果证实了裴文瑞关于中国式东亚模式样本的结论。[67]与裴文瑞稍有不同，我认为应当保留以下关于中国制度今天仍保持的特点。

第一，在发展的起始阶段，中国领导人优先发展经济而不是优先发展公民权利，特别是政治权利。不过，中国改革的重心正在一点一点地从 GDP 增长优先过渡到“以人为本”的一系列政策创新，不提及这一点是不公平和误导的。[68]首先，中国有些经济方面的权利已经赋予人民，如财产权的保护，自由买卖的权利，合理地保证开办商业和企业的权利，甚至私营公司可以有限地进入金融领域。此外，政府还采取措施更好地保护职工的权利，如最新通过的《劳动合同法》。[69]同时，中国还放松了户籍制度的限制，使农民工能在他们所工作的城市，而不是在户口所在地享受更多的公共服务。在法律方面，打官司的权利得到加强，尽管由于缺乏技能和公共权威的干预，法院的运行还不能尽如人意。西部和内陆省份大批住在农村的人从减免农业税费的政策中得到好处。政府投巨资于西部和内陆省份的基础设施，改善了这些地区的发展前景。经过几十年的试点，形成了城乡的社会保障体系。最后，村级选举已普遍展开。各级党政官员的选举办法正在试点。[70]

第二，改革的务实态度强调中国的实际国情和可能性，而不是从意识形态出发。这种让中国管理自己发展的战略方法迫使中国否认“华盛顿共识”，而去寻求自己的发展办法：“北京共识”。在胡锦涛的领导下，中国执行了“以人为本”的新发展战略。[71]

| 结　论 |

中国如何协调国家、市场和社会的关系

我提出的经过深思熟虑的意见帮助人们了解了中国的社会、经济和政体。但是还有一个问题没有清楚地回答：为什么中国要采纳西方某些新自由主义观点？这个问题与“趋同论”有密切关系。我在几个场合都提到这个理论。早在20世纪70年代末，中国就决定渐进式地将计划经济转型到社会主义市场经济。这个转型完成后是否将建立一个基于自由民主及其根本特点的政治制度？也就是说，是否要实行法治、人权和根本自由，包括私有财产权的自由？接下来的相关问题是：如果认为转型到自由民主是中国发展经济、改善人民生活应当选择的战略，难道西方自由民主的根本价值观在其性质上具有如此普遍性，以至于中国有可能在某个历史时期最终把它当作自己政治文化的一部分吗？2001年中国加入WTO，从此融入了全球市场经济，这是迫使中国采用自由民主的另一个因素。

为了回答这些问题，首先来看一看《人权宣言》在什么程度上引导了中国的人权发展。其次要看一看西方现在的自由民主是否可以成为中国的现实模式。

关于人权的有关问题，很难找到被普遍接受的答案，例如，人权的定义，如何作为普遍原则存在，以及在何种程度上这些原则在各个历史时期得到执行。当然，可以认为人权作为一种原则，必须在各个文明历史中得以体现。很明显，这是《人权宣言》作者给出的答案。但是，文明演化在不同方面的速度不同，结果出现对个人和社会、个人和政体的关系看法不同，导致人权的概念也不同。[1] 在这种情况下，面临的挑战是：如何处理人权与一些文明的关系，它们认为已经发现普遍意义上的人权，并确信赋予人权一个使命，将这个概念强加于其他国家。[2] 确实，用这种态度来看待人权的普遍性将迫使一些人相信，我们已经来到历史的尽头，甚至文明之间的冲突是不可避免的。[3]

即使如此，人们仍然有理由认为可以把《人权宣言》作为理想的模式，并提供一整套标准来评价不同的文明。不过，这要迫使人们承认，有些国家很少全盘执行《人权宣言》所确定的人权。这些国家明确表示，这些权利是它们政治制度的基础，是用来批评其他国家的标准。[4] 在这几个问题上，使用《人权宣言》的标准来评价中国是否尊重人权非常困难。

首先，《人权宣言》是第一次在古希腊出现民主（许多根本权利与其相联系）后的两个半世纪才通过的。在本书第一章我曾指出，一方面，西方奋斗的漫长历史和《人权宣言》达成一致之前，西方存在可怕地、残暴地践踏人权的众多事例。即使在那时，许多赞成"宣言"的国家在实践人权的许多方面也差得很远。另一方面，自由民主思想和制宪直到 19 世纪才在中国出现。而且，直到 1911 年大清帝国被推翻后，才第一次在第一共和国的架构内引进了这些价值观。但是时间并不长。[5] 此外，这些价值观被孙中山当作现代化第三阶段实现的目标，正如我在第一章所说的那样。但是，中国很快就返回原来的道路，按照从封建帝国传承下来的政治文化的根本价值观来组织政体：集权、大一统、和谐和排除竞争势力。[6] 这就意味着各国的不同文化的历史是决定是否接受联合国的《人权宣言》中所规定的人权普遍性的根本因素。当然，我们还可以做这样的假设，即使不接受《人权宣言》规定的权利，这些国家也可能有一天会"发现"这些权利，认为它们具有普遍性，但并不是西方国家单方面强加于世界其他国家的价值观。

其次，不能认为人权在很短时间内可以同时实现，正如西方人权的发展历史所示。《人权宣言》是在第二次世界大战的战争暴行经历了长期、渐进的非线性过程直至结束后才通过的。[7] 我们应记住，有些国家在寻求合理的、可接受的人权方法并在实现人权的过程中开始践行部分权利，这并不稀奇，因为这种选择很显然是建立在国家文化其他典型的根本价值观的基础上。在西方国家，形式民主、分权制、政治自由、平等的政治权力和私有财产权（《人权宣言》第 17 条）对 18 世纪下半叶资本主义经济的运行至关重要。因此，毫不奇怪，它们部分地（有些情况下是全部）牺牲实质性权利，如人人有权工作、自由选择职业、享受公正和合适的工作条件并享受免于失业的保障工作权，有权享受公正和合适的报酬，保证工作者本人和家属有一个符合人的尊严的生活条件（《人权宣言》第23 条），人人有权享受为维持本人和家属的健康和福利所需的生活水准，包括食物、衣着、住房、医疗和必要的社会服务；在因失业、疾病、残废、孤寡、衰老或其他不可控制的情况而丧失谋生能力时，有权享受保障等权利，并优先发展这些权利。这些权利中，许多都是主张自由和资本优先的激进资本主义的捍卫者和主张工人和职工权利的人之间，经过几十年的政治斗争才在西方实现的。这种对立是出于其他的根本价值观，即个人和集体责任的对立。

西方国家工人的权利在大萧条，特别是第二次世界大战后，才得以充分实现，即使是这样，其实现的程度也没有资本的权利大。直到 20 世纪 70 年代末新自由主义上台后，这个局势才被扭转。右翼新自由主义的政策大大地削弱了劳动者的权利和自由，此后这种局势又被 2008 年的全球经济危机进一步恶化了。[8] 新自由主义政策带来了许多恶果：劳务市场恶化，低水平工资，就业出现严重问题，临时工和兼职人数增加，社会保障覆盖率缩减，贫富差距加大，收入分配更加不平等，贫困率增加，犯罪率和监狱人口上升，人们的健康水平下降。因此西方国家没有什么可骄傲的，也没有资格教训其他国家应当采取什么样的治国方式。

在评估中国发展人权的战略时，有必要再次看一看 19 世纪出现的民主思想。20 世纪初，中国的经济和社会处于落后状态，几亿人口生活在贫困线以下。这种情况基本上一直持续到 20 世纪 70 年代末改革的初期。因此，毫无疑问，中国领导人执行了优先发展经济的政策，目的是保证中国人民能“有一个符合人的尊严的生活条件”（《人权宣言》第23条）。在此我要提醒读者，世界银行认为中国已经实现或正在实现大部分“千年发展目标”，1981～2004年，处于每人每天1美元生活标准以下的人口从65%降到10%，有5亿人摆脱贫困。[9] 这是千真万确的事实，我也在第二章提供了足够的证据。但是，这个战略扩大了改革开放初期就已经存在的各种差距。我还想说明，执政的中国共产党从20世纪90年代中期就意识到这种形势不能继续或不可持续，因为它会诋毁中国文化的和谐与大一统的根本价值观。在胡锦涛的领导下（从2002年起），中央政府采取了“以人为本”的新战略，并制定了一系列缩小差距的政策，以改善那些还没有从经济发展所增加的巨大财富（以GDP计）中获益的人民的生活。更重要问题是，这个新战略是否能在现在和将来有力地改善人民生活，使人民就像《人权宣言》序言中第二段所说的“享受自由，免于恐惧和匮乏”。

在这里，大多数西方学者中的批评家都认为，中国战略存在下列重要弱点：只有自由民主才是经济发展的最好后盾，除非它是以市场经济形式体现，或更确切地说，资本主义经济形式。因为这种经济形式能使国家的经济效益实现最大化。当然，大多数西方学者欢迎中国引进市场机制，因为一方面这和他们喜欢的经济形式相符合；另一方面，市场经济不可避免地将促使中国走向自由民主。但是，与此同时，许多西方观察家们非常好奇（至少可以这么说）地发现，市场机制已经在中国实施和扩大差不多30年了，但在没有自由民主的情况下却仍然很成功，而中国的政治制度仍然保持着1949年以来的许多特点。这里的问题是，中国的发展战略表明，没有自由民主照样可以实现资本积累。让我们回顾苏联的例子。即使积累过程并没有像中国那样使人印象深刻，在20世纪80年代，甚至苏联领导人也认识到计划经济的效益不佳。苏联的垮台给西方留下一个印象，对许多人来说甚至是确信，要想使经济效益最大化，除了资本主义、自由民主和保障人权外，似乎没有任何其他制度可以实现这一目标。不幸的是，中国的例子是对这种流行的假设（有些情况下这是药方）的响亮的反驳。如果中国在20世纪90年代初像苏联那样垮台，这个假设会得到更多的支持。许多观察家们曾经预言中国会垮台，而且有些人今天仍然这样预言。但是现在，似乎中国领导人正在采取正确的措施消除给予新自由主义政策太多发展空间后经济发展所带来的负面影响。[10]

我在第四章介绍的裴文瑞（兰德尔·帕伦勃）的分析给出了合理的解答。就我们所看到的中国社会及其政体和文化的发展，中国肯定不会采用自由民主作为其政治制度的形式来支持经济的持续发展。再者，全世界的资本主义在今天所经历的巨大困难，以及自由民主不能有力地监督和控制金融业参与者的行为，可能更相反地使中国领导人对其所采用战略的有效性获得信心，还有可能反思基于盲目引进的一些“自由市场”机制的政策。我指的是近年来在教育、卫生、饮用水，以及更概括意义上的基础设施和社会保障方面的私有化或类私有化。[11]当然，国际金融和经济危机也影响了中国，不过影响的程度要比西方小一些。西方已经进入萧条期，而且GDP大大萎缩。世界银行预测，中国GDP的增长虽不像前30年那样可观（平均年增长率为10%左右），但2009年仍实现7.2%的增长，这将使中国处于比西方更有利的地位。[12]这里还有另一个理由说明，趋同论不可能在最近的将来得以实现。

按照法国人口学家和历史学家艾曼纽·托德的著作所进行的重新阐述，使趋同论站住脚的唯一可能是在人口变数的基础上对其重新阐释。他的研究中考虑了许多方面和指数，覆盖经济、政体和社会。[13]但是，在他的这本书的新序言中，他对苏联势力范围的垮台进行了解释，[14]并得出结论说，苏联不可逆转的危机基本上可以用人口分析来解释。根据托德的说法，与经济指数相反，处理人口学的变数很困难。但是，如果能够正确解释，就可以变成有力的指标以揭示隐藏在社会背后的东西。重要的变数有出生率和死亡率，婴儿死亡率和生育率。利用这些变数，再加上男女的识字率，托德的研究表明全世界都有趋同的趋势。这种趋同趋势将迫使全世界都走向现代化：特别是男女识字率的提高加上普遍的控制生育行为和政策，结果使生育率下降。这反过来又促进劳动妇女的增多。进入这个过程的国家将不可避免地演化成更加安定、更加开放、更少的社会层级、更多参与社会和政治的组织。[15]

托德还解释说，这个带来根本变化的过程将不可避免地出现一段传统派和现代派之间的暴力时期，他称为“过渡危机”。但是这个时期会带来一个更安定的社会。通过这样的分析，托德得出结论，弗朗西斯·福山（Francis Fukuyama）的“历史终结论”应当彻底被抛弃，因为存在着全世界的趋同趋势。[16]托德非常反对“历史终结论”，他发现人口和教育的趋同将不可避免地要求各国都采用西方的模式组织社会、政体和经济。托德还反对塞缪尔·亨廷顿（Samuel Huntington）的“文明冲突论”，因为塞缪尔认为“文明冲突论”将导致（事实上这已经在布什政权的领导下发生了）西方对抗其他“未开化的和非自由主义的世界”的圣战。恰恰相反，托德说的是“文明和解”而不是“文明冲突”。[17]

对托德的研究的解释也加强了我提出的结论。然而，我们不能排除中国有可能在将来向类似西方的组织形式演化。但是，根据对人权的相似解释和发展，中国的悠久历史和几个世纪以来发展的特殊文化，中国很有可能创造出一个具有中国特色的社会组织形式。这并不意味着这些形式没有西方开放。如果托德的理论是正确的，这些形式将是开放的，是符合中国文化及其根本价值观的。

现在让我们看看西方实行的自由民主是否可以作为中国现实模式。要回答这个问题，我要提及一些西方学者对西方民主最激烈的批评。[18]

我们的出发点是，大多数西方人（学者和非学者）相信自己国家民主制度的优越性，并用西方民主的标准去衡量其他国家。这就是意大利语言学家卢西亚诺·坎弗拉（Luciano Canfora）所说的“民主原教旨主义”。他认为，从这一点出发，其他所有制度都是极权主义的。卢西亚诺以中国为例，认为西方的批评大多数情况下是出于无知。在引用了美国联邦调查局在智利和印度尼西亚的大屠杀之后，卢加西亚说："苏联解体后，中国成为这种误解的对象……"他又引述阿尔波特·龙基（A. Ronchey）给意大利一家非常有影响力的报纸所写的文章里的话："西方人经常用他们自己的历史评价标准来看中国的事件，而不是根据中国自己的原则研究中国……这个遥远的国度具有最悠久的历史，最迅速发展的人口，最不利的水文地理和最痛苦的殖民统治经历。"[19]

我首先要说明的一点是，西方民主今天的特点是国家机关履行公共职责的政治精英们和操纵市场经济的经营者们有着不可摆脱的共生关系。西方民主国家在经济、政治和知识精英（包括有影响的大学教授和记者）之间的复杂博弈中审视政策选择，最后做出决定，然后向公众公开。除了一些有限的"半直接民主"外（如瑞士和美国的一些州），民众不能直接干预政治决策。当然，还有所谓的"自由新闻"来监督权力集团的工作。不过，西方发行量很大的大众传媒通常受控于强大的公司，这些公司本身也属于经济权力集团，共享着思想价值观和经济利益。这些大众传媒可以有效和公平地控制统治集团（我称之为"优势群体"）。经济、政治和知识精英之间冲突的例证，往往通过媒体采访报道重要事件，如越南战争、伊拉克战争、干涉前南斯拉夫北约联盟和最近的格鲁吉亚、美国及盟国和俄罗斯的国际危机[20]等揭露出来。从布什政府成员和强势经济利益集团之间的共同利益中，可以了解布什内外政策的真实意图。

此外，西方民主的批评者还认为，应当维护社会最弱群体利益的工会和左翼政党没有尽到自己的责任，反而支持自由主义经济利益集团的重要选择。就是在最近，因为推行新公共管理政策产生的负面影响，一些传统左翼成员开始反对推行自由主义的保守政策。[21]从 20 世纪 70 年代中期开始，大多数西方大众传媒在全世界范围内大肆鼓吹私营公司的管理比国家管理更优越，因此有必要减少国家在经济和社会中发挥的作用，因为国家管控不利于市场经济的发展。前面曾提到，新自由主义政策的结果是收入分配差距扩大，贫困和犯罪率上升，人们的健康受损，特别是那些在放松管制劳动市场的过程中经历困难的人。[22]

进一步讲，从20世纪70年代开始，西方政府通过给予中央银行自主权和宣布放弃更好地监管金融市场，放弃了对金融机构和组织管理人的支持。[23]将权力从政治系统转移到经济，特别是金融系统的后果，由于2008年9月在美国爆发的危机已经摆到人们的眼前。此前，在推行新公共管理和“华盛顿共识”的那些“了不起的年代”已经发生多次较小的危机发出了警告。

即使没有上述提到的现象，统治集团的决定可以接受公共审查并不那么令人信服。在大多数情况下，政策选择要基于非常复杂的技术考虑。这就把我们带到一个最严肃的反对西方民主的言论：多数法则（自由民主国家是按少数服从多数的原则做决定的）和基于深思熟虑的科学分析（无法用投票来评价，而是要用科学的标准来评价）的必要性之间是对立的。只有具有非常良好教育的公民能够分析判断权力集团提出的政策选择时，这个制度才能运行。[24]否则，人们就要被迫相信权力集团的话。这就是代表制民主的一个主要特征。在这种制度下，公民可以按他们认可的党派，或是因为赞成认可的党派和/或个别候选人在竞选中提出的计划，或是因为他们信任候选人的人格，来选举代表。然后，政策选择在议会的舞台上供公民代表辩论（多数情况下是在政府建议的基础上辩论）。最后议会通过，政府执行。

如果权力集团比较透明、诚实，即按照竞选运动所承诺的办事，这个制度就可能运行得很好。否则，大门就将向各种操纵者打开，造成政策向利益集团或私人利益倾斜，导致不平等的权利和财富分配。这里就用到了坎弗拉的分析。第一，他认为至少过去20年西方国家都在执行相同的政策，不管谁在选举中获胜。这对坎弗拉来说就是证据，证明选举和议会政治以外的因素在作怪。这些因素只能来自经济精英或寡头统治集团。坎弗拉还认为，寡头统治集团之所以能够成功，是因为它们有更多的技能，组织得好。这就是寡头统治集团成为最长久政权核心的原因，特别是它们开放的特性，能够增补其他阶层的重要成员。如果选择和增补是建筑在共同利益的基础上（西方大多数情况下如此），而不是建筑在思想基础上（苏联是如此），那么这个过程就更有效、更稳定。[25]这种观察精英的作用的方式倒是很有趣，因为这可以解释不同制度的运行情况。苏联领导人的一个严重错误就在于他们相信只要揭露西方民主不加掩饰的寡头性质就足够了。他们并不懂得西方模式的力量在于将寡头统治集团的实质与在寡头统治集团占支配地位方面达成一致相结合，即使这牵涉到从“民主”过渡到法西斯主义，再从法西斯主义过渡到“民主”。这是西方寡头统治生命力的基础。[26]

上述提出的意见在何种程度上能够用来评估中国的制度？最重要的结论是，西方和中国的制度都建立在权力集团（或寡头统治集团，或优势群体）占据支配地位的基础上。可以肯定的是，这两种制度给予经济、社会和政治势力的自由程度不同。但是，整个维护权力的机制是一样的（见图 4－3）。两种制度给人民带来的结果当然可以用一些社会科学探索的客观科学手段来评价。最后，让生活在两种制度下的人民根据各自优势群体执行政策的情况来评价制度的优缺点。在西方，2 500 年的历史使人们把政治和经济自由当作获得令人满意的物质和非物质生活方式的手段。然后，在优势群体如何按照标准履行职责的基础上，人们按照这些标准来评价优势群体。在中国，4 000 年的历史使人们珍惜稳定与和谐，并将其作为获得令人满意的物质和非物质的生活方式的手段。中国领导人似乎走上了正确的道路，进一步改善了中国人民的生活。大多数中国人民似乎对已经实现的改善感到满意，并且信心百倍地盼望进一步改善。因此，中国为什么要采取与中国历史和文化并不相容的西方制度呢？

改革开放后，中国领导人能否成功地协调国家、市场和社会的关系？在西方，目前的危机揭示了由经济，特别是金融精英们支配的国家和其他人民之间的差距越来越大。激进的资本主义捍卫者们已经处于被动地位，他们已经意识到主要社会参与者所犯的错误，同时他们又重申这种经济制度的有效性，并警告政治家们不合理的政策和决定所产生的负面影响会导致过多的监管，严重伤害经济发展。[27]此外，金融危机和奥巴马挽救美国金融系统所做的决定甚至引起了美国式资本主义的坚强捍卫者们的怀疑。他们开始提出几个月前还不可想象的问题：现在我们中的一些人是否开始信奉社会主义了？[28]

其他人更具批评性，他们试图通过制定新的游戏规则来拯救资本主义，限制金融权力集团的自由，一方面可以防止它们的非理性行为，另一方面可以监管国内外市场的运行，并赋予资本主义以人性的面孔，更关注平等地分配所创造的财富，特别是劳工和资本之间、发达国家和发展中国家之间的财富分配。[29]在这些批评家中，有一些很明确地质疑“有效市场模式”的有效性。那些天真的人相信市场可以自我纠正［斯蒂格利茨（Joseph E. Stiglitz）称之为“市场原教旨主义”］。[30]特别是在国际经济关系上，有些人甚至呼吁恢复保护主义。[31]其他人更加激进，建议结束至少进行了两个半世纪的资本主义试验，用新的方法组织国家、经济、政体和社会。[32]

美国金融界的管理者不但犯了难以置信的错误（出于贪婪和/或无能），还决定把巨额的期权兑换成现金，引起民众的极度不满。许多民众还生活在贫困线以下，或者整天工作却得不到像样的工资或生活在贫困线下（贫困劳动者）。金融危机爆发以来，无数人失去了积蓄、住房和/或工作。许多人担心自己的未来，因为危机已经远远超出金融业，波及所谓的“实体经济”。许多专家和舆论领袖解读公民们的气愤情绪，要求把银行“永久国有化”。[33]滑稽的是，这个建议的确让中国人感到吃惊，因为多年来西方特别是美国的专家们，给中国施压要把银行私有化，更不用说这些专家曾像救世主一样劝告中国消除所谓中国工商银行的“坏账”。[34]美国经济出现历史的大倒退，中国领导人没有放弃批评美国的机会，把危机归罪于美国并教训美国，公开发表建议，整顿全球货币政策，包括呼吁使用新的储备货币替代美元。[35]中国人民银行行长周小川类似学术的讲演值得在这里引用一下：

> 理论上讲，国际储备货币的币值首先应有一个稳定的基准和明确的发行规则以保证供给有序；其次，其供给总量还可及时、灵活地根据需求的变化进行增减调节；第三，这种调节必须是超脱于任何一国的经济状况和利益。当前以主权信用货币作为主要国际储备货币是历史上少有的特例。此次危机再次警示我们，必须创造性地改革和完善现行国际货币体系，推动国际储备货币向着币值稳定、供应有序、总量可调的方向完善，才能从根本上维护全球经济金融稳定。[36]

几天后，时任中国驻英国大使的傅莹在伦敦与BBC的谈话中，力图缩小周小川行长讲话的范围，说周小川关于建立新的国际储备货币体系的讲话只是针对过去的争论。不过，周小川讲话所传达的信息已经很清楚了。[37]

西方的争论，更概括地说也就是全世界的争论，使我想起了中国共产党的一位“巨人”陈云的话。陈云有一个“鸟与笼”的著名比喻。陈云警告说：“搞活经济是在计划指导下搞活，不是离开计划的指导搞活。这就像鸟和笼子的关系一样，鸟不能捏在手里，捏在手里会死，要让它飞，但只能让它在笼子里飞。没有笼子，它就飞跑了。”[38]此外，这些争论清楚地表明，调和权力集团和公民之间关系的努力正在进行。但是，很多的踌躇不前和相互矛盾引起了激进的资本主义捍卫者、激烈的改革主义者和要求结束资本主义的激进创新者之间激烈的政治和思想斗争。形势的不确定性和上次危机后资本主义的复活，使一些专家预言（其他人惧怕）危机的结束，正如意大利小说《豹》的主人公萨利纳王子所表达的悲观却使人醒悟的话：“如果希望什么都一成不变，那么就要改变这一切，等待下一次致命的最后危机吧。”[39]当前的严重危机肯定需要对社会的各个组成部分进行彻底改革（建立一个新形式的资本主义或者完全不同形式的社会组织）。今天我们很难预测西方如何成功地协调国家、经济和社会的关系。

不幸的是，并不是所有西方社会的主要参与者都那么严肃地对待金融和经济危机，特别是银行和美国政府，它们给人的印象是在慢慢地、稳健地回到20世纪80年代的做事习惯。它们不采取严厉的措施，而是干脆混下去。[40]权威杂志《麦肯锡季刊》在其网站上刊登了一篇题为“政府现在改革的理由”的文章，认为要承认国家在解决危机过程中的作用，同时强烈要求政府坚持改革的道路，以私营企业为榜样，因为私营企业的运行管理无疑比公共部门更优越。[41]显然，这是指20世纪80年代初实行的新公共管理改革。甚至一些权威的自由主义观察家都认为，那些改革是这次危机的主要原因。[42]根据麦肯锡的观点，“（政府）很少有以卓越管理（和过去改革）而著称的记录，只有少数例外，它们只是蜻蜓点水，改革范围狭窄，时间长，公共部门基本没动。因此需要更广泛、更深入、更快速的改革”。改革的目的就是为了改善国家的表现，这当然是一个值得称赞的目标。但是，文章在多处只是提到国家运行管理的一个方面，那就是减少成本，回到传统的（新公共管理）的承诺，深入调查后在公共部门降低成本。[43]文章没有明确说明要在哪些领域进行更广泛、更深入和更快速的改革。但文章开头一段给了清楚的暗示，列举了对政府构成重大挑战的领域：卫生保健、社会保障、教育、国家安全、犯罪、关键的基础设施等。对于储蓄如何实现，文章没有明确解释，但是熟悉20世纪80年代新公共管理手段的人都知道，解决办法很明显：私有化、外包、公司伙伴关系以及所附带的解除监管。换句话说，让我们回到令人兴奋的公共管理改革的年代，让我们忘记新公共管理正是此次危机的主要成因，还有让我们现在就实行更广泛、更深入、更快速的公共管理改革，努力把工作做得更好。

现在的危机毫无疑问是1929年大萧条以来最严重的资本主义危机。它对中国领导人发出警告，不要指望“自由市场经济”（国内国外）会带来奇迹般的好处，或不要把所谓的西方“最佳做法”机械地搬到中国。[44]由此，应当鼓励中国领导人试验那些与中国的文化、经济和环境相和谐的管理社会的新方法，使中国人民走向光辉的未来，而不危及团结和稳定。还有一点可以肯定的是，过去30多年中国已经在这个方向取得了很大进步，不仅仅在于以GDP计算的整个发展（绝大多数专家都普遍承认这一点），而且在大幅改善大多数中国人民生活水平方面取得了重大成就，即使这些成就是以扩大差距为代价的。而且这些问题正在解决的过程中。经济方面的自由度如此之大，甚至有些人认为应当有所节制，至少要防止不诚实的人用不道德的方法致富等非法行为。

此外，经济条件的改善将越来越增强中国人民的信心，去加入公开辩论，寻求法庭解决纷争，甚至参加公开的抗议活动，特别是地方政府的不合法决定和行为。过去的经历已经证明，中国政府并不反对正在进行的这个过程，尽管由于传统的行为准则（在第四章已经解释）和众多不诚实的地方领导人为了既得利益而设置障碍，这个过程的进程还很艰难。事实上，中国领导人曾公开宣布要依法治国，大力打击腐败和地方政府的非法行为。为了自己的利益，中国政府不能容忍违法行为。只有执政受到公开攻击时，政府才会采取镇压的手段。

问题是，在实现现代化的过程中，要记住苏联戈尔巴乔夫改革战略失败的教训，中国领导人不断力图维护权力，领导国家的经济发展，逐渐扩大中国社会内部的自由空间，使其与现代化持续发展之间找到平衡点。倘若将来不犯重大错误，很可能实现其有中国特色的调和，当然这需要付出几十年更多的努力、想象力和耐心。中国悠久的历史表明，中国人民具有这样的品质。

注　释

序

1. 毛泽东，《实践论》，写于1937年7月，于1951年收录在《毛泽东全集》第1卷。
2. 毛泽东，《矛盾论·矛盾的特殊性》（1937年8月），《毛泽东选集》第1卷，北京，人民出版社，1991年6月第2版，第310页。原文："这就叫作片面地看问题。或者叫作只看见局部，不看见全体，只看见树木，不看见森林。"作者做了改编。
3. 毛泽东，《毛泽东文集》第7卷，北京，人民出版社，1979年，第392页。
4. 1979年12月6日，邓小平在会见日本首相大平正芳时，根据中国经济发展的实际情况，第一次提出了"小康"概念以及在20世纪末我国达到"小康社会"的构想。
5. 邓小平，《邓小平年谱》（1975－1997），下册，1993年9月，第1364页。
6. 邓小平，《邓小平文选》第3卷，北京，人民出版社，1993年，第377页，"发展社会主义，集中力量办大事"。
7. 毛泽东，《毛泽东文集》第8卷，北京，人民出版社，1999年，第301页。
8. 毛泽东，《毛泽东文集》第8卷，北京，人民出版社，1999年，第301页。
9. 邓小平，《邓小平文选》第3卷，北京，人民出版社，1993年，第226页。
10. 习近平，《习近平谈治国理政》，北京，外文出版社，2014年，第35－36页。

前　言

1. 当然，在更概括地说明中国社会和政体的变化时也有例外：Cheng Li（ed.），*China's Changing Political Landscape. Prospects for Democracy*，Washington，DC，Brookings Institutions Press，2008；Bo Zhiyue，*China's Elite Politics. Political Transition and Power Balancing*，New Jersey and London，World Scientific，2007；and Tubilewicz，Czeslaw（ed.），*Critical Issues in Contemporary China*，London，Routledge，2006. 我所知道的西方学者关于改革的最为公正的评价是：Randall Peerenboom，*China Modernizes. Threat to the West or Model for the Rest*?，Oxford，Oxford University. Press，2007.
2. 注意，新的法律制度的发展是相当复杂的。关于这一点，参见我认为研究中国法律制度的最好的西方专家：Randall Peerenboom，‘A Government of Laws，Democracy，Rule of Law，and Administrative Law Reform in China’，in Zhao Suisheng（ed.），*Debating Political Reform in China. Rule of Law vs. Democratization.* New York，M. E. Sharpe，2006，pp. 58－78.

3. 例如：Gordon G. Chang，*The Coming Collapse of China*，New York，Random House，2001；Thierry Wolton，*Le grand bluff chinois. Comment Pékin nous vend sa《révolution》capitaliste*，Paris，Laffont，2007.

4. 有许多网站表明了西方商人愿意征服“13 亿消费者的中国市场”。这里提及的其中之一是世界银行的中国网站（www. worldbank. org. cn），该网站刊登了一个年报《在中国做生意》。另外，几乎所有国际组织都发表报告、评论和建议，讲述在中国做生意的条件、前景和更好的战略。其他网站，有一些是市场经济学家和专家开设的网站，如“Asia EconoMonitor”（www. rgemonitor. com/asia－monitor）和 Money Morning（www. moneymorning. com）。中国经济问题专家写的书也是从这个角度出发的。例如，Tim Ambler and Morgen Witzel，*Doing Business in China*，London，Routledge，2004，James McGregor，*One Billion Customers：Lessons from the Front Line of Doing Business in China*，London，Nicholas Brealey Publishing，2005；见《哈佛商业评论》的特刊《在中国做生意》，Boston，Harvard Business Review Paperback，2004。最后，许多跨国公司，独自或与其他私人公司合作计划和组织征服中国市场的行动，特别是 2001 年中国加入世界贸易组织（WTO），承诺进一步开放以后。最著名的是“新中国游说团”。这个游说团由几个活跃在中国的美国跨国公司组成，希望扩大在中国的生意。中国游说团不仅为成员提供意见和支持，而且游说美国政府不要发表激进的反对中国或可能激怒中国的官方声明和政策（特别是在人权问题上），以免伤害其成员在中国的投资项目（见‘The New China Lobby’，*American Prospect*，1 January 1997，www. prospect. org/cs/articles? article = the_ new_ china_ lobby_ 1197，2009 年 9 月 7 日查询）。最近，活跃在中国的外国私人公司非常严厉地批评中国新颁布的以改进中国工人和职工保障权益的《劳动合同法》，原因是此举会增加劳动力成本。由此表明，这些公司实际上只对增加利润感兴趣，而并不关心中国的雇员。

最后我想说的是，最近，随着 2009 年 12 月全球气候变化哥本哈根峰会的临近，世界上掀起“挽救我们的星球”热潮，具有权威性的麦肯锡公司在自己的网站上发表一篇文章，建议建立中美伙伴关系，应对在中国和美国出现的问题。这篇文章很正确地认为这需要最新、最好的技术，但是，对于其他众多的潜在伙伴，该文章只顺便提到欧洲，并强烈建议，如果不是很明确的话，美国是掌握这种技术的最好伙伴。从这个领域的市场份额和利润率来说，对美国公司的影响可见一斑。（麦肯锡公司网站：http：//www. mckinseyquarterly. com/article_ print. aspx? L2 = 3&L3 = 50&ar = 2419，2009 年 8 月 9 日查询）。

5. Paolo Urio，*Le rôle politique de l'administration publique*，Lausanne，LEP，1984，chapter 5，pp. 217－82.

中文版前言

1. R. Bernstein and R. Munro，*The Coming Conflict with China*，New York，Vintage Books，1998；Bill Gertz，

The China Threat. How the PRC Targets America, Washington D. C. , Regnery, 2000; Gordon Chang, *The Coming Collapse of China*, New York, Random House, 2001.

2. Paolo Urio, *China, the West and the Myth of New Public Management. Neoliberalism and its Discontents*, London and New York, Routledge, 2012.
3. Paolo Urio and Yuan Ying, *L'émergence des ONG en Chine. Le changement du r? le de l'Etat - Parti*, Berne and New York, Peter Lang, 2014.
4. Paolo Urio, *China, the West and the Myth of New Public Management: Neoliberalism and its Discontents* (*Routledge Contemporary China*), op. cit. , pp. 208 - 210.

第一章

1. Bo Yang, *The Ugly Chinaman and the Crisis of Chinese Culture*, St Leonards, NSW 2065, Allen & Unwin, 1992. 这是柏杨的短文，柏杨是“牛虻”郭衣洞的笔名。郭于1920年出生在中国大陆，1949年逃往台湾。20世纪60年代，郭开始写讽刺短文。虽然是大陆人士，郭衣洞赞成民主现代化，如果不是全盘西化的话。然而，他的讽刺文章引起了当局的注意。1968年以联合共产党人的莫须有罪名被判18年监禁。1977年蒋介石去世后被释放。20世纪80年代早期，更加公开地出版他的著作。1985年他的代表作《丑陋的中国人》在一片争议声中出版，收集在拉那·米特尔（Rana Mitter）编辑的《痛苦的革命：中国走向现代社会的斗争》一书中（牛津大学出版社，2004年，第292页，第七章，题为《丑陋的中国人和死河》，第244-284页）。1984年9月24日，柏杨应邀到爱荷华大学（美国）讲演，后来这个讲演就成为《丑陋的中国人》的第一章。
2. 柏杨，同前，英文译本的序言。在这一章我们可以看到，不是儒学本身处于危险境地，而是某些对孔子的解释成为帝国文化（思想）的基础。
3. 胡绳（总编），《中国共产党简史》，北京，党史研究所，外文出版社，1994年。
4. 柏杨，同前，英文译本的序言。
5. 许多中国研究人员就中国社会发展发表了研究成果。最近和最发人深思的成果参见：Hu Angang, *Economic and Social Transformation in China*, London, Routledge, 2007.
6. François Billeter, *Contre François Jullien*, Paris, Allia, 2006, pp. 76 - 7 and 79, our translation from the French.
7. 几个西方知识分子出版了一本书支持弗朗索瓦·朱利安，见：Jean Allouch, *et al.*, *Oser Construire: pour François Jullien*, Paris, Seuil, 2007.
8. Nicolas Zufferey, *Introduction à la penséechinoise*, Paris, Hachette, 2008. 这本书名为《中国思想概论》，在我写完这一章时出版。当然这不只是概论，至少对政治学界来说不只是概论。该书提供了精彩的中国哲学的综合体。此外，里面还有非常有意思的中国和西方哲学家的对比。更有趣的是，他指出了普通哲学和政治哲学著作没有什么区别。这是我在下面几章的主题，因此我在适合分析的地方都引用了左飞的话。我只希望这样做不违背他对中国思想的逻辑分析。见：Zufferey，op. cit.，chapter 1：'Penséeouphilosophie?'，pp. 19－32. 关于西方和中国哲学对比，见：p. 225－232。

9. Billeter，op. cit.，pp. 76－7，our translation from the French. 比莱特接着说，这个过程解释了儒学的复苏，有恢复帝国文化的危险。不过左飞认为，孔子的思想不一定是基于民主和人权的政治制度（同前，特别是 pp. 242－243）。

10. 以下几章会对这些政策进行分析。在这里，我比较了中国封建帝国文化和西方流行的并竭力强加给其他国家的新自由主义思想。中国的封建帝国文化，就像我们在下面看到的，是建筑在大自然的比喻之上的，就像新自由主义的捍卫者那样。

11. 关于自由主义和社会民主主义国家现在陷于困境的变化的一般看法，见：Roberto Mangabeira Unger，*What Should the Left Propose?*，London，Verso，2005. 关于中国，北京大学潘维建议中国建立没有现代化的政治自由化政体。Suisheng Zhao（ed.），Debating Political Reform in China：Rule of Law vs. Democratization，New York，M. E. Sharpe，2006. 各章分别由西方和中国专家撰写。

12. 许多关于与西方国家比较的学术书籍已经出版。从北美或欧洲看西方的观点往往强调不同点而不是相同点。见法雷德·扎卡里亚（Fareed Zakaria）在世界著名的、有权威性的美国杂志《外交》上发表的文章：'The rise of illiberal democracy'，*Foreign Affairs*，vol. 76，no. 6，November－December 1997，pp. 22－43. 该文比较了世界自由主义和反自由主义民主，文章明确地表示喜欢盎格鲁－撒克逊资本主义民主，而不喜欢欧洲大陆的民主。他说："多数非西方国家采用法国模式，不是因为政治精英们喜欢赋予国家权力的前景，而是因为那意味着给他们自己赋予权力，而多数陷入混乱或暴行。这并不奇怪。毕竟自从大革命以来，法国经历了两代独裁统治，两个帝国，一个原始法西斯专政和五个共和国。"人们想知道法雷德·扎卡里亚今天对自从美国革命后的美国持什么态度。对此问题的简短回答，见法雷德·扎卡里亚的两篇文章：'What Bush got right'，*Newsweek*，18－25 August 2008，pp. 23－7，and 'China shouldn't be inscrutable'，*Newsweek*，11 August 2008，p. 41. 更详细的回答，见法雷德·扎卡里亚最近的一本书：*The Post－American World*，New York，W. W. Norton，2008.

13. Immanuel Wallerstein，*Le capitalisme historique*，Paris，La Découverte，1985（translation of：Historical Capitalism，1983），Tom Bottomore，*Theories of Modern Capitalism*，London，Allen & Unwin，1985；Fernand Braudel，*La dymamique du capitalisme*，Paris，Flammarion，1985；David Coates，*Models of Capitalism：Growth and Stagnation in the Modern Era*，Cambridge（UK），Polity Press，2000；Robert E. Goodin，Bruce Heady，Ruud Muffels and Henk－Jan Dirven，*The Real Worlds of Welfare Capitalism*，Cambridge，Cambridge University Press，1999；Pierre Rosanvallon，*Le capitalisme utopique. Histoire de l'idée de marché*，Paris，Seuil，1979；Pierre Rosanvallon，*Le libéralisme économique. Histoire de l'idée de marché*，Paris Plon，1979；Ellen M. Wood，*Democracy Against Capitalism*，Cambridge，Cambridge University Press，1995，and *The Origins of Capitalism*，London，Verso，2002（revised and expanded edition）. 罗伯托·曼加贝拉·昂格尔（Roberto Mangabeira Unger）很好地定义了市场经济的制度不

确定性："市场不是制度决定的。这就是说，市场可以通过不同法律和制度安排而实现，其对生活各方面的影响也不同，包括社会结构以及财富和权力分配。" *Free Trade Reimagined*, Princeton, Princeton University Press, 2007, p. 9.

14. See for example Bill Emmott, *Rivals: How the Power Struggle Between China, India and Japan Will Shape Our Next Decade*, London, Allen, 2008; Kishore Mahbubani, *The New Asian Hemisphere: The Irresistible Shift of Global Power to the East*, New York, Public Affairs, 2008.

15. 关于这一点，见诺贝尔奖获得者约瑟夫·E·斯蒂格利茨（Joseph E. Stiglitz）的新书：*Globalization and its Discontent*, New York, W. W. Norton, 2002, and, and Joseph E. Stiglitz, *Making Globalization Work: The Next Steps to Global Justice*, London, Penguin, 2006. See also Joseph E. Stiglitz and Andrew Charlton, *Fair Trade for All: How Trade Can Promote Development*, Oxford, Oxford University Press, 2005.

16. 根据华尔街杂志（网络版，http://asia. wsj. com，2008 年 7 月 29 日）。

17. 关于中国在西方发展方向的作用，见：John M. Hobson, *The Eastern Origins of Western Civilisation*, Cambridge, Cambridge University Press, 2004 (chapters 3 and 9 on Chinese influence on the West); Gavin Menzies, 1434 *The Year a Magnificent Chinese Fleet Sailed to Italy and Ignited the Renaissance*, New York, Harper Collins, 2008; and Robert Temple, *The Genius of China: 3, 000 Years of Science, Discovery and Invention*, London, Prion, 1998 (introduced by Joseph Needham).

18. Paolo Urio, *Le rôle politique de l'administration publique*, Lausanne, LEP, 1984, chapter 4: 'Administration publique et société', pp. 139 – 216.

19. See François Billeter, op. cit.; François Jullien, *Procèsoucréation, Une introduction à la pensée chinoise*, Paris, Seuil, 1989, *La propension des choses. Pour une histoire de l'efficacité en Chine*, Paris, Seuil, 1992, *Traité de l'efficacité, Paris, Grasset*, 1996, *La valeur allusive*, Paris, PUF, 2003 (1st ed. 1985).

20. 毛泽东，《改造我们的学习》，《毛泽东选集》第 3 卷，1941 年 5 月 19 日。毛泽东主义文献项目翻译本，2004 年马克思主义组织改编，http://www.marxists.org/reference/archive/mao/selected-works/volume-3/mswv3_02.htm，2009 年 9 月 6 日查询。

21. Gabriel A. Almond and G. B. Powell, *Comparative Politics: A Developmental Approach.* Boston, Little, Brown & Co, 1966, p. 50.

22. Gabriel A. *Almond and Sidney Verba*, *The Civic Culture*, Boston, Little, Brown & Co., 1963, p. 12.

23. Lucian W. Pye, *Aspects of Political Development*, Boston, Little, Brown & Co., 1968, p. 218.

24. 注意，派伊的定义没有严格地说明合理性或良心的性质（真或假?）或它的来源。功能主义者一般都只限于描写政治文化传递过程（政治社会化）。

25. Karl Marx, *L'idéologie allemande*, Paris A. Costes, 1947, pp. 156 – 58, *Critique de l'économie politique*, in *Oeuvres de Karl Marx*, La Pléiade, Paris, Gallimard, vol. 1, p. 273.

26. Marx, *L'idéologie allemande*, op. cit. , p. 193.

27. 还可以说根据马克思的观点，当意识形态停止为占支配地位的阶级服务时（在这个阶级社会消失后），它就失去了支配功能（政治功能），就像社会文化失去了政治文化。然而，这并不是马克思的结论。说马克思反对意识形态和科学是不道德的，马克思主义本身就是科学和占支配地位的意识形态（强加于支配阶级）（Marx, *L'idéologie allemande*, op. cit. , pp. 26, 193; Louis Althusser, *Lire le Capital*, Paris, Maspero, 1965, vol. 2, p. 92）。这样，实现无阶级社会应当导致意识形态的终结。在批判政治经济学的一段话中（Karl Marx, *Critique de l'économie politique*, in *Oeuvres de Karl Marx*, La Pléiade, Paris, Gallimard, vol. 1, p. 4），马克思说过生产关系和社会道德形式的简单等同。但是，因为意识形态是生产关系的产物，如果承认阶级消灭不是生产关系的终结而是出现新的生产关系，那么应当得出结论，后者将产生特别的意识形态，而不再是支配阶级的意识形态，而是整个无阶级社会的意识形态。这个观点如果假设无阶级社会与科学彻底胜利同时出现，当然是站得住脚的。那时，意识形态消失了，用科学解释一切，科学证据将指导一切行为，每个社会成员共享。我们看到，一些马克思主义者试图用放弃反对派的意识形态——科学和意识形态和假道德之间的等同来解决问题。另外，这种等价物在处理变化的动力时有问题，一些人就赋予各种下层相对自主权，特别是给予意识形态自主权来躲避这个死胡同。欲详细了解这一点，见：Antonio Gramsci, *Selections from the Prison Notebooks*, London, International Publishers, 1971.

28. 中国共产党本身特别强调这样的事实，即中国正在过渡到社会主义社会，而且这要很长时间。见江泽民在2002年11月党代会上的讲话：中国认为自己仍然处在社会主义的初级阶段，要过渡到高级阶段至少要100年的时间。

29. Almond and Verba, op. cit. , chapter 1, Almond and Powell, op. cit. , chapters 1 – 2, and Pye, op. cit. , pp. 218 – 24.

30. Almond and Powell, op. cit. , p. 23.

31. 这最后的假设体现在江泽民试图邀请工商业界人士加入中国共产党。

32. See on this point Roberto Mangabeira Unger, *What Should the Left Propose*?, op. cit. , p. 1. 他认为这些西方党派的不同点是非常重要的，因此在这些国家中存在着他认为的“不可替代的专政”。

33. 在这个背景下，王嘉璐（Jialu Wang）的理论（*Socialism and Governance: A Comparison Between Maoist and Dengist Governance*, Geneva, Department of Political Science, 2002, unpublished thesis under the supervision of Prof. Paolo Urio, pp. 4 – 5）指出：“西方不同党派，从左到右，共产党在左右中间。在毛泽东时代，中国共产党可以说采取左的政策，而在邓小平时代，可以说采取右的政策。”王引用汤森特（James R. Townsend）与布兰特利（Brantly Womack）（*Politics in China*, Boston and Toronto, Little, Brown and Company, 1980）的话说，中国的政治从1949年到现在，可以说是从中左到中右的过渡。共产党内，不同派别可以看作在左右之间变化。根据毛泽东的观点，除了沙漠，凡是有人的地方就有左、中、右，一万年也不会变（《人民日报》，1968年4月27日）。资本主义国家各党的竞争在这里变成了党内不同派别或舆论团体之间的竞争。

34. 我采用了下列定义：（1）“社会化是一个过程，在这个过程中，人们在自己的生活中接受和内部化所处环境中的社会文化元素，在经验和重要社会分子的影响中融入自己的人格结构，以此适应自己生活的社会环境。”（从法文翻译过来的）Guy Rocher，*Introduction à la sociologie générale*，Paris，Editions HMH，vol. 1，p. 132. （2）“政治社会化是一个过程，在这个过程中社会将一代人的政治文化传给下一代人。”Kenneth p. Langton，*Political Socialization*，New York，Oxford University Press，1969，p. 4.

35. 关于改良主义者的解释，一般都认为工业革命是个革命而不是一个改革过程，见：David S. Landes，‘The fable of the dead horse; or, the industrial revolution revisited’，in Joel Mokyr（ed.），*The British Industrial Revolution: An Economic Perspective*，Boulder，CO，Westview Press，1993.

36. 没有人否认自由民主义革命是一个艰难的、减少宗教价值观（基督教）对政体影响的世俗化过程。不过，这些价值观并没有完全失去其重要性，这一点从天主教会的公开讲演中可以很明显地看出，特别是关于家庭的政策和从最近美国的神创论者和科学家之间关于人类起源地的争论中可以看出。

37. See the thesis of Gordon Chang，*The Coming Collapse of China*，New York，Random House，2001，and of the same author：‘Halfway to China's collapse’，*Far Eastern Economic Review*，June 2006，pp. 25－8. 最近的著作有：Thierry Wolton，*Le grand bluff chinois. Comment Pékin nous vend sa ‘révolution’ capitaliste*，Paris，Laffont，2007; and Guy Sorman，*The Empire of Lies: The Truth about China in the XXI Century*，New York，Encounter Books，2008.

38. 关于现代化过程中传统文化特质（特别是法律制度）留存的例子，见：Randall Peerenboom，*China's Long March Toward Rule of Law*，Cambridge，Cambridge University Press，2002，*China Modernizes: Threat to the West or Model for the Rest?*，Oxford，Oxford University Press，2007，and ‘A Government of laws: democracy，rule of law，and administrative law reform in China’，in Suisheng Zhao（ed.），op. cit.，pp. 58－78. 关于儒学传统的存留的当代的分析，见：Zufferey，op. cit.; and the works of Daniel Bell，*The Cultural Contradictions of Capitalism*，New York，Basic Books（Perseus Books），1996（Twentieth Anniversary Edition with a new afterword by the author），*Beyond Liberal Democracy: Political Thinking for an East Asian Context*，Princeton，Princeton University Press，2006，as well as Daniel A. Bell（ed.），*Confucian Political Ethics*，Princeton，Princeton University Press，2008，and Daniel A. Bell and Chaibong，Hahm（eds），*Confucianism for the Modern World*，Cambridge，Cambridge University Press，2003.

39. 关于下面的展开，我确实大体上依靠蒋平在我指导下写的硕士论文：*The Politico－Administrative Relations in China: From Imperial Bureaucracy to Socialist Regime*，University of Geneva，Switzerland，2005. Thesis for the Diploma in Public Management（in French）. 该著作引用了当代中国的资料。另外，在下面几段，我利用了左飞最后一本书的建议，在本章一开头就已经引用了左飞举出许多中国和西方哲学方面对比的例子，特别有意思的是，他指出中国哲学家和一般政治哲学的著作没有什么区别。因此我引出左飞的话并在我的分析中反复提及。

40. 在其他地方我也提过这种区别的难点。Urio, op. cit. , chapter 2: *Théories de l'administrationpublique: peut – on séparer administration et politique?*, pp. 41 – 90.

41. 尽管许多抗议活动来源于社会，过去一些年来也越来越多，但是只局限于地方，而不是全国性的。

42. Jean – Pierre Cabestan, *Le système politique de la Chine populaire*, Paris, Presses Universitaires de France, first edition, 1994, p. 60.

43. 我不去讨论孔子的教导究竟是什么，也不去涉及儒学的发展过程。关于孔子思想来源的解释及历史的变迁，见：François Billeter, op cit. and especially Zufferey, op. cit.

44. Zufferey, op. cit. , pp. 159 (on the syncretism of official Confucianism), pp. 140 – 52 (on the link between legalism and Taoism), and 178 – 87 (on Wang Chong).

45. Marie – Claire Bergère, *Capitalisme et capitalistes en Chine*, Paris, Perrin, 2007, pp. 23 – 4.

46. 关于中国对科技的贡献（远早于欧洲自从 15 世纪文艺复兴以来的贡献），见：Temple, op. cit. , and John M. Hobson, op. cit. , (chapters 3 and 9 on Chinese influence on the West).

47. Marie – Claire Bergère, op. cit. : 整本书令人钦佩地说明了这一点。

48. 关于这重要一点，见：David S. Landes, *The Wealth and Poverty of Nations: Why Some are So Rich and Some So Poor*, New York, Norton, 1999, pp. 334 – 49, and Toby E. Huff, *The Rise of Early Modern Science: Islam, China, and the West*, (2nd edn) Cambridge, Cambridge University Press, 2003, pp. 32 – 9, 241 – 88. 保密倾向从明朝开始就变得特别强烈。

49. 欧洲能够取得如此强大的经济和军事力量是三大革命的结果，即科学革命、工业革命和政治革命。这并不是说欧洲道路是走向现代化的唯一道路。在这里，我只是回忆这样的历史事实，即欧洲通过 18 世纪中叶和 19 世纪中叶的这种发展获得如此强大的经济和军事力量，使其得以统治世界。这也解释了（即使从道德的观点看是没有理由的）为什么欧洲人（以及后来的日本人和美国人）如此傲慢地用武力对待世界其他国家。

50. Cabestan, op. cit, p. 60.

51. Xu Datong, *L'histoire de pensées politiques chinoises et étrangères*, edition of the Central University of Radio and Television, p. 224, electronic edition.

52. Cabestan, op. cit. , p. 61.

53. Pan Peiqing, *Ethico – stratégieet bio – stratégie, une étude des conditions de la politique en Chine comparée à celles de l'Occident*, p. 251, Berne, Peter Lang SA, editions scientifiques européennes, 1998.

54. Ibid, p. 252.

55. Cabestan, op. cit. , p. 61.

56. 任爽，《科举制度和公务员制度：中西官僚政治比较研究》，北京，商务印书馆，2001 年，第 96 页。

57. 同上，第 106 页。

58. Etienne Balasz, *La bureaucratie céleste*, *Recherches sur l'économie et la société de la Chine traditionnelle*,

Paris, Gallimard, 1968, p. 10.

59. 任爽，同前，第 99 页。在这种情况下引用中国这位作者的话，似乎与哈罗德·D·拉斯维尔（Harold D. Lasswell）的观点相似：Power and Personality, New York, Compass Books, 1962, p. 109. 拉斯维尔的定义是 3 个社会阶层：社会、精英和领袖。领袖是指从精英里挑选出来的行使权力的人。在非民主国家，精英是受限制的。在极端的案例中，精英是指一个族群或一个家庭。在民主社会中，精英范围比较广。在极端案例中，民主精英是指整个社会。

60. 科举制度建立于隋朝（公元 581 ~ 618 年），其目的是打破贵族的权力垄断，把新兴的阶级地主纳入权力群体（张晋藩，《科举制度史话》，版本不详。书生网电子版，第 6 页）。唐朝（公元 618 ~ 906 年）延续了这个制度，发展了考试内容和招考公务员（张创新，《中国政治制度史》（第二版），北京，清华大学版，2005 年，第 237 页）。到了宋朝（公元 960 ~ 1279 年），该制度得到了很大发展，其目的是适应集权又满足制度和行政管理的需要（张晋藩，同前，版本不详，书生网电子版，第 9、17 页）。1368 年明朝开始后，制度进一步发展，为了参加省、全国的最后考试，必须先通过地方初选（张创新，同前，第 241 页）。

61. Balasz, op. cit., p. 129.

62. Ibid, p. 21.

63. 王亚南，《中国官僚政治研究》，上海，时代文化编辑部，1949 年，第 236 – 242 页。

64. 张创新，同前，第 334 页。

65. 王亚南，同前，第 273 – 274 页。

66. 这里要提醒读者注意，孙中山的渐进战略包括三大运动：国民革命、民主革命和社会革命。

67. 孙中山认定革命进行的时期分为 3 个：第一为军政时期，第二为训政时期，第三为宪政时期。革命和建设过程分为 3 个阶段：军政、训政和宪政。第一阶段是推翻清朝专制和军阀的革命。在第二阶段，革命党在政治领域指导并吸收民众，为宪政做准备。第二阶段的核心是以党治国。

68. 王亚南，同前，第 17 页。

69. 王兆刚，《国民党训政体制研究》，北京，中国社会科学出版社，2004 年，第 22 页。

70. 同上，第 21 页。

71. 张创新，同前，第 465 页。

72. 王兆刚，同前，第 70 页。中华民国政府由 5 个院组成：行政院、立法院、司法院、考试院和监察院。国务会议负责国家重要事务，地位在 5 个院之上。

73. 王兆刚，同前，第 71 页。

74. 同上，第 287 页。

75. 同上，第 184 页。

76. Immanuel C. Y. Hsü, *The Rise of Modern China*, New York, Oxford University Press, 1995, p. 573.

77. 关于这些事件的描述，见：Patricia Buckley Ebrey, *The Cambridge Illustrated History of China*, Cambridge, Cambridge University Press, 1999, pp. 273 – 82.

78. 读者请注意，按照马克思理论，从一个生产方式到下一个生产方式只能在前一个生产方式达到最成熟后才能发生，即前一个生产方式矛盾达到一定程度，导致垮台而被另一个生产方式所代替。从马克思的理论观点看，20 世纪初最可能达到这个阶段的是英格兰和德国，当然不是俄罗斯或中国。

79. 注意，封建帝国的“大一统”概念就是中国各阶层人民的统一。而毛泽东的团结是指同敌人斗争中党和盟友的团结。毛泽东经常问这样的问题：“谁是我们的敌人，谁是我们的朋友?”只是到了江泽民时代的“三个代表”和胡锦涛时代的“以人为本”的发展战略，团结的概念才又回到中国各阶层人民团结。我在本书最后一章还要讲这个问题。

80. 艾立华和刘云龙，《第二次国内革命战争时期党是如何处理苏区党政关系的》，《长白学刊》，1988 年，第 4 期，第 45 页。

81. 这里要指出，中国共产党派到苏维埃工作的人并不是最有资格的。

82. 艾立华和刘云龙，同前，第 46 页。

83. 谢一彪，《论中国苏维埃政权的党政关系》，《绍兴文理学院学报：哲学社会科学版》，2003 年，第 23 卷，第 6 期，第 63 页。

84. 艾立华，《中国共产党在抗日民主根据地正确处理党政关系的基本实践述评》，《长白学刊》，1993 年，第 1 期，第 77 页。

85. 根据“三三制”原则，中国共产党党员要在议会和政府占 1/3，其他席位分配给非共产党左派和中间派。

86. 对东北局高干会上关于政权建设发言提纲修改意见，1948 年 10 月。刘云龙，《新民主主义革命时期革命根据地的党政关系问题》，《龙江党史》，1995 年，第 22 期，第 9 页。

87. 在本书内容的背景下，没有必要评估毛泽东以何种程度把马列主义同中国国情结合起来。关于 1949 ~ 1976 年毛泽东政策的正负评价，可以参考众多西方学者的著作。一个有趣的官方评价可以在中共历史学家胡绳的著作中找到：胡绳，《中国共产党简史》，北京，中共党史研究中心，外文出版社，1949 年。值得注意的是，尽管有相当大的差别（主要因为不同的思想理论观点），中西方分析都涉及毛泽东时代经验教训两个方面。

88. 根据我的回忆，四项基本原则是：坚持社会主义道路，坚持人民民主专政，坚持共产党的领导和坚持马列主义、毛泽东思想。四个现代化（事实上毛泽东和周恩来已经提出来了）就是农业、工业、科学和科技、国防实现现代化。为此我将使用 2004 ~ 2005 年日内瓦大学研讨会上的一篇很长的关于中国改革的论文（有一些添加和更改）：Niklaus Nusplipger, Vincent Pasquier and Matthias Riggenbach, *Le dengisme et les réformes*: *ver sune marche socialiste*, Geneva, Department of Political Science, 2005.

89. 中国行政上分为五个级别，从上到下：中央；省级行政区（23）、自治区（5）、直辖市（4）；地级行政区划单位（333）；县级行政区划单位（2 863）；乡级行政区划单位（44 067）：根据赵黎，《中国：政治制度和国家结构》，幻灯片，清华大学，2005 年 5 月 18 日。政府当局在每个级别都设地方政府。根据《宪法》，中央一级的中华人民共和国国务院，即中央人民政府，是最高国家权力机关的执行机关，是最高国家行政机关（《宪法》第85条）。地方各级人民政府是地方各级国家权力机关的执行机关，是地方各级国家行政机关（《宪法》第105条）。

90. 郑楚宣和刘绍春，《当代中西政治制度比较》，广东人民出版社，2002年，第288－289页。

91. 同上。

92. 中央政府（国务院）由总理、副总理、国务委员、部长、委员会主任、中央银行行长，审计局局长和秘书长组成（1982年12月10日通过的《中华人民共和国国务院组织法》第2条）。副部长协助总理管理政府主要部门的活动。国务委员由总理指定负责一部门工作或某项任务。在国外他们可以代表总理。秘书长指导一般行政和管理政府日常事务。地方政府的结构类似于北京。地方政府设立各个部门管理各个领域的活动。

93. 据我所知，最近的和可靠的关于中国共产党与中国精英变化的描述是：David Shambaugh，*China's Communist Party：Atrophy and Adaptation*，Berkeley，University of California Press，2008；Bo Zhiyue，*China's Elite Politics：Political Transition and Power Balancing*，New Jersey，World Scientific，2007；and Agnès Andrésy，*Le Président chinois Hu Jintao. Sa politique et ses réseaux. Who's Hu?*，Paris，L'Harmattan，2008.

94. 《中国共产党党章》，总纲。

95. 1977年中国共产党第十一次代表大会以来就是这样。在此之前的党代会分别是在1921年、1922年、1923年、1925年、1927年、1928年、1945年、1956年、1969年和1973年召开的。

96. 如我上文所述，这些组织类似内战时期设置的"党核心组"。关于第四代领导下的这些小组的作用，见：Kim Taeho，'Leading small groups：managing all under heaven'，in David M. Finkelstein and Marianne Kivlehan（eds），*China's Leadership in the 21st Century：The Rise of the Fourth Generation*，New York，M. E. Sharpe，2003，pp. 121－39.

97. 如我上文所述，这些小组类似于内战期间设置的"党核心组"。在官方英文翻译的正式文件和中国领导人的讲话中，例如2002年11月中国共产党第十五次代表大会江泽民的讲话，都用"党组织"一词。

98. 金东日，《行政和现代化：以中韩两国为例》，天津，天津人民出版社，2004年，第47页。

99. 谢庆奎，《当代中国政府》，辽宁人民出版社，1991年，第114页。

100. 徐湘林，《党管干部体制下的基层民主试改革》，《浙江学刊》，2004年，第1期。

101. 杨凤春，《中国当代政治制度》，北京，中央广播电视大学出版社，2006年，第98页。

102. 我记得四项基本原则是：坚持社会主义道路，坚持人民民主专政，坚持共产党的领导，坚持马克思列宁主义和毛泽东思想。

103. 这里我将只分析江泽民讲话中的传统元素。关于创新，我将在本章最后进一步讲。所有引语都来自中国日报网站（www. chinadaily. com. cn）公布的官方英文翻译，2002年12月18日访问。

104. 江泽民还说：坚持和完善中国共产党领导的多党合作和政治协商制度以及民族区域自治制度。推进政治体制改革，发展民主，健全法制，依法治国，建设社会主义法治国家，保证人民行使当家作主的权利。

105. 我们知道市场经济的重要组成部分是竞争，竞争的存在将不可避免地指向敌对和冲突，尽管相互竞争经济行为者在签订协议时采用了“双赢”等词汇。

106. 我将在第二章讲到这些方面。

107. Zhang Weiwei, *Ideology and Economic Reform under Deng Xiaoping*, London and New York, Kegan Paul International, 1996, p. 5.

108. Lucian W. Pye, *Aspects of Political Development*, Boston, Little, Brown & Co., 1968, p. 218.

109. 这些想法都基于历史性和动态的价值观和理论，因此基于此价值观的，不管是否构成连贯的和非常复杂的框架。重要的一点是“意识形态”一词，如在这种情况下使用，并不具有它常常暗含的贬义。关于这一点，见：Raymond Boudon and François Bourricaud, *Dictionnaire critique de la sociologie*, Paris, Presses Universitaires de France, 2000, p. 295.

110. Kenneth Lieberthal, *Governing China*, New York, W. W. Norton, 1995, p. 122.

111. Max Weber, *Economie et société*, Paris, Plon, 1995, p. 289.

112. Raymond Aron, *Les étapes de la pensée sociologique*, Paris, Gallimard, 1967, p. 560.

113. Weber, op. cit., p. 326.

114. Stuart R. Schram, ‘Economics in command? Ideology and Policy since the Third Plenum 1978 – 84’, *China Quarterly*, no. 99, September 1984, p. 417.

115. Ibid, p. 419. 另外一个口号是：“实践是检验真理的唯一标准。”

116. Herbert Simon, *Administrative Behavior*, New York, Free Press, 1965, pp. 4 – 8, 45 – 60, and Weber, op. cit.

117. 《邓小平文选》第 1 卷，P. 323。

118. Aron, op. cit., p. 501.

119. Ibid, p. 500.

120. Zhang, op. cit., p. 24.

121. Schram, op. cit., p. 423.

122. 值得注意的是，这种解释有待商榷。这可能是邓小平认为这种变化是“依法治国”而不是法治。

123. Ronald C. Keith., ‘Chinese politics and the new theory of rule of law’, *The China Quarterly*, no. 125, March, 1991, p. 110.

124. 我将在最后一章对这一点进一步展开讨论，我要用在其他地方构建的权力理论模型来解释改革进程：Urio, op. cit., chapter 5, pp. 217 – 82.

125. Zhang, op. cit., p. 30.

126. Hammer, op. cit., p. 80（my translation from the French）.

127. Quoted by Schram, op. cit., p. 424.

128. Zhang, op. cit. , p. 43.
129. 邓小平,《一切从社会主义初级阶段出发》, 1987 年 8 月 29 日,《邓小平文选》第 3 卷, 人民出版社, 1993 年, 第 252 页。
130. 同上, 第 45 页。
131. Quoted by Zhang, op. cit. , p. 52.
132. 邓小平,《一切从社会主义初级阶段的实际出发》, 1987 年 8 月 29 日,《邓小平文选》第 3 卷, 人民出版社, 1993 年, 第 251 ~252 页。
133. Raymond Aron, *Le Marxisme de Marx*, Paris, Editions de Fallois, 2002, p. 338.
134. 卡尔·马克思,《共产党宣言》, 人民出版社, 2004 年, 第 32 页。
135. 同上, 第 34 页。
136. 同上, 第 40 页。
137. Lucian W. Pye, 'On Chinese pragmatism in the 1980s', *The China Quarterly*, no. 106, June 1986, p. 210.
138. Zhang, op. cit. , p. 163.
139. Ibid, p. 116.
140. 正如我所说的, 市场机制在中国并不是什么新鲜事, 在帝国时代和 20 世纪上半叶就已经存在了。Bergère, op. cit。
141. Jean - Luc Domenach, *Oùva la Chine?*, Fayard, Paris, 2002, p. 33.
142. 《邓小平文选》第 3 卷,《在武昌、深圳、珠海、上海等地的谈话要点》。
143. 江泽民在第十四次全国代表大会上做的《加快改革开放和现代化建设步伐, 夺取有中国特色社会主义事业的更大胜利》的报告。
144. 这个描述是根据在江泽民时期就已开始的重新平衡中国的经济和社会的政策 (这将是由胡锦涛明确的目标), 特别是向中国西部省份投资并制定了新的财政政策, 赋予中央政府更多的财政资源和权力。
145. 请注意, 在西方可以分清什么是经济权利 (企业家和他们的组织为代表), 什么是政治权利 (由选举产生的政客们和他们的政党)。虽然他们基本上共享相同的价值观 (即它们都赞成法治支持的市场经济, 他们中间却有很大差别。前者管理私人公司更激进地赞成自由市场经济 ("自由"的意思是指政府应尽可能少地干预经济), 后者要在相对较短的间隔内进行重新选举, 因此更加重视选民的需要, 从市场经济获利很少, 赞成保护公民的法治, 其结果是更加开放, 赞成对选民有利的公共政策。当然, 这些右翼政客不像中间派和左翼政客那么赞成社会政策。
146. 此引语是从《中国日报》官方网站英文翻译而来 (www. chinadaily. com. cn), 访问 2002 年 12 月 18 日。
147. Zufferey, op. cit. , pp. 65 –6.
148. Zufferey, op. cit. , p. 181, my translation from the French.

149. 两次演说的长度几乎一样，这意味着我们不用规范数据，只需使用频率即数次，江泽民和胡锦涛所指的不同方式的合法性，我在以下各段将对其定义。

150. 这种方法对言论分析家来说可能很简单。相反我认为，我在下文中要感谢这种简单方法能够澄清目前中国领导人思想言论的变化，使其达到更令人满意和令人关注的水平。

151. 他确实提到了八次“三个代表”重要思想，但没有提江泽民的名字。

152. 英语翻译是：（1）……建设社会主义法治国家；（2）……健全法制，依法治国；（3）……物质文明和精神文明两手抓，实行依法治国和以德治国相结合。江泽民却是第一次提到公正的价值，可以视为等同于“平等”。精确的句子是：“坚持效率优先、兼顾公平，既要提倡奉献精神，又要落实分配政策，既要反对平均主义，又要防止收入悬殊。”

153. 胡锦涛讲话的三段很清楚：（1）要处理好效率和公平的关系，再分配更加注重公平。逐步提高居民收入在国民收入分配中的比重，提高劳动报酬在初次分配中的比重。（2）前进中还面临不少困难和问题。劳动就业、社会保障、收入分配、教育卫生、居民住房、安全生产、司法和社会治安等方面，关系群众切身利益的问题仍然较多，部分低收入群众生活比较困难。（3）城乡、区域、经济社会发展仍然不平衡；农业稳定发展和农民持续增收难度加大。人民生活总体上达到小康水平，同时收入分配差距拉大趋势还未根本扭转，城乡贫困人口和低收入人口还有相当数量。农村发展滞后的局面尚未改变，缩小城乡、区域发展差距和促进经济社会协调发展任务艰巨。

154. 有关儒学的新动向，见：Zufferey，op. cit.，chapters 12，13，pp. 221 – 50，as well as the works of Daniel A. Bell.

第二章

1. 以下几段我引用了（有几处重要添加和改变）为2004～2005年日内瓦大学研讨会准备的关于中国改革的长篇论文：Niklaus Nuspliger，Vincent Pasquier and Matthias Riggenbach，*Le dengisme et les réformes：vers une marche socialiste*，Geneva，Department of Political Science，2005，unpublished seminar long paper.

2. David S. G. Goodman，‘Deng Xiaoping’，in Colin Ackerras，Donald H. McMillen，and Andrew Watson (eds)，*Dictionary of the Politics of the People's Republic of China*，Taylor & Francis，London，Routledge，2000，pp. 82 – 3.

3. Ibid，p. 83.

4. Ibid，p. 84.

5. Goodmann，op. cit.，p. 83. 古德曼认为邓小平非常务实，但不是实用主义者。

6. 即根据正式和技术的规则、社会层次、能力和保密的实践来进行组织。关于这一点，见：Max Weber，Paolo Urio，*Le role politique de l'administration publique*，Lausanne，LEP，1984，pp. 45 – 59，217 – 82.

7. 最近和最重要的领域是卫生系统，我将在本章后面和下一章进行讨论。
8. 维护党的领导是一个实用的目标。邓小平及其继任者认为中国共产党是领导中国改革的唯一组织。
9. 这往往导致中国领导人在言论中无数次地讲到“中国特色”（请参阅本书第一章）。然而，我们认为传授良治始终要考虑中国，或更精确地讲，地方的条件。因为中国不是在任何方面都条件一致的国家，在全国不同地区要执行不同的政策。当下最重要的政策之一是社会保障制度，经过多年在地方的实验，即将要确定一个双轨模型：一个用于城市，一个用于农村。
10. Urio, op. cit, pp. 217 – 82.
11. 其他条件如下：竞争，即供求关系双方的经济行为者之间的竞争，没有进入或退出市场的障碍；在特定市场谈判的产品具有均匀性。
12. Randall Peerenboom, *China's Long March Toward Rule of Law*, Cambridge, Cambridge University Press, 2002, and *China Modernizes: Threat to the West or Model for the Rest?*, Oxford, Oxford University Press, 2007.
13. Kenneth Lieberthal, 'The reform era', in *Governing China: From Cultural Revolution Through Reform*, New York, Norton, p. 135.
14. 不过，改革开放时期中国的大众媒体很开放。许多在毛泽东时代不允许发表的东西都可以定期地发表并进行讨论；因此新闻专业也经历了一些显著的变化。例如，李希光，《转型中的新闻学：中国新闻的批判研究》，书稿，由作者李希光提供。
15. 2006 年 12 月，国资委公布了一份 7 个国民经济关键部门的名单，公有制被认为是至关重要的，这 7 个国民经济关键部门是：武器装备、电力和输电、石油和化工、电讯、煤炭、航空和航运。此外，为了把资本从非关键领域引导到优先发展部门，国资委表示，中国将通过合并将国有企业数量减少到 80 ~ 100。目的是到 2010 年建立 30 ~ 50 个、具有国际竞争力的大公司。资料来源：新华社，2006 年 12 月 16 日更新。
16. Lieberthal, op. cit., pp. 123 – 53。关于最近的证实李侃如的分析，见：James Riedel, Jin Jing, and Gao Jian, *How China Grows*, Princeton, Princeton University Press, 2007, pp. 1 – 17, and Marie – Claire Bergère, *Capitalismes et capitalistes en Chine: Des origines à nos jours*, Paris, Perrin, 2007, pp. 223 – 41.
17. Lieberthal, op. cit., pp. 145 – 6.
18. Ibid, pp. 146 – 7.
19. Ibid, p. 147.
20. 正如白吉尔所说，有可能中国无法完全满足这些期望。同上。
21. Wang Xiaoying, 'Post – Communist personality: the spectre of China's capitalist market', *The China Journal*, no. 47, January 2002, pp. 1 – 17.
22. Lieberthal, op. cit., p. 147 – 8.
23. Ibid, p. 148 – 9.
24. Ibid.

25. 中央指令性计划于20世纪90年代被废除，见：Riedel et al. , op. cit. , p. 11.

26. 按计划，经济行为者可以获得低价商品，然后计划内的产品销售完之后，剩余的允许以市场价格出售。

27. Lieberthal, op. cit. , p. 149 – 53.

28. 法律结构和经济结构在功能上相互依存。

29. Peerenboom, *China's Long March Toward Rule of Law*, *op. cit. and China Modernize*: *Threat to the West or Model for the Rest*?, op. cit.

30. Yasheng Huang, *Selling China*, Cambridge, Cambridge University Press, 2003.

31. Francis Fukuyama, *The End of History and the Last Man*, New York, Free Press, 1992. 反对福山的论点，见：Robert Kagan, *The Return of History and the End of Dreams*, London, Atlantic Books, 2008.

32. 世界银行发表的几个报告确认了这个观点。

33. 数据引自郑永年，《发展与民主：他们在中国匹配吗?》，《政治学季刊》，1994年，第109卷，第2期，第235 – 259页。

34. World Bank, *China* 2020, Washington, DC, 7 volumes, vol. 1, 1997, p. 4. 关于1978年以来中国经济发展有人认为很悲观，就像章家敦一样：*The Coming Collapse of China*, New York, Random House, 2001. 但也有几篇更加平衡、客观的文章。中国大陆学者有大量英文文献。我将利用胡鞍钢指导的中国国情研究中心的出版物。见：Hu Angang, *Economic and Social Transformation in China*, London, Routledge, 2007, and *Roadmap of China's Rising*, Beijing, Centre for China Study, Tsinghua University, 2007, to be published by Routledge, October 2009. 其他中国学者的著作，见：迟福林，《中国，改革决定未来》，北京，外文出版社，2000年，《21世纪初中国的经济改革》，北京，外文出版社，2000年；《开端：中国30年改革》，外文出版社，北京，2008年。关于改革的负面影响，见：Wang Shaoguang and Hu Angang, *The Chinese Economy in Crisis*: *State Capacity and Tax Reform*, New York, M. E. Sharpe, 2001, and Wang Shaoguang and Hu Angang, *The Political Economy of UnevenDevelopment*: *The Case of China*, New York, M. E. Sharpe, 1999.

西方学者关于中国的经济转型的最近论述中（我认为）最好的有：Barry J. Naughton, *The Chinese Economy*: *Transition and Growth*, Cambridge, The MIT Press, 2007. 从新资本家发展的角度回忆改革的：Marie – Claire Bergère, *Capitalismes et capitalistes en Chine. Des origines à nos jours*, Paris, Perrin, 2007. 其他西方学者的著作有：Peter Nolan, *China and the Global Business Revolution*, Houndsmill, UK, Palgrave, 2001, *China and the Global Economy*, Houndsmill, UK, Palgrave, 2001, *Transforming China*: *Globalization*, *Transition and Development*, London, Anthem Press, 2004, and *China at the Crossroads*, Cambridge, UK, Polity Press, 2004; see also Nicholas R. Lardy's works: *China's Unfinished Economic Revolution*, Washington, DC, Brookings Institution Press, 1998, and *Integrating China into the Global Economy*, Washington, DC, Brookings Institution Press, 2002. 从更广泛的角度来看经济发展的书也值得借鉴，例如：Jean – Luc Domenach, *Oùva la Chine*?, Paris, Fayard, 2002. 有关中国政

治制度的书，除李侃如（同前）外，还有：Tony Saich，*Governance and Politics in China*，New York，Palgrave，2001；Zheng Shiping，*Party vs. State in Post – 1949 China*，Cambridge，Cambridge University Press，1997；Lin Yi – min，*Between Politics and Markets*，*Firms*，*Competition*，*and Institutional Change in Post – Mao China*，Cambridge，Cambridge University Press，2001. 关于私营部门，见：Ross Garnaut and Ligang Song（eds），*China's Third Economic Transformation*：*The Rise of the Private Economy*，London，Routledge，2004. See also：Gregory C. Chow，*China's Economic Transformation*，Oxford，Blackwell，2002. 关于中国公共管理的变化，见：Peter Nan – Shong Lee and Carlos Wing – Hung Lo（eds），*Remaking China's Public Management*，Westport，Connecticut & London，Quorum Books，2001.

35. World Bank，*From Poor Areas to Poor People*：*China's Evolving Poverty Reduction Agenda. An Assessment of Poverty and Inequality in China*，March 2009，p. iii，available on the Bank's website（www. worldbank. org，accessed 5 September 2009）.

36. Huang，op. cit.

37. 这个观点源于转换论，根据这个理论，中国推行市场经济必然要采取西方的政治制度。反对这一观点的见：Rana Mitter，*Modern China*：*A Very Short Introduction*，Oxford，Oxford University Press，2008，especially pp. 11 – 12，从这个角度来看，本书认为从封建帝国时期到胡锦涛时代的中国，中国的现代化进程有许多根深蒂固的（错误）想法，显示了中国现代性已有很长的历史。请参阅：Rana Mitter，*A Bitter Revolution*：*China's Struggle with the Modern World*，Oxford，Oxford University Press，2004.

38. 有关中国现代性的辩论，见：Zhang Xudong（ed.），*Whither China*：*Intellectual Politics in Contemporary China*，Durham（USA），Duke University Press，2001；Zhang Xudong，*Chinese Modernism in the Era of Reforms. Cultural Fever*，*Avant – Garde Fiction*，*and the New Chinese Cinema*，Durham and London，Duke University Press，1997；and Arif Dirlik and Zhang Xudong（eds），*Postmodernism and China*，Durham and London，Duke University Press，2000；Norton Wheeler，'Modernization Discourse with Chinese Characteristics'，*East Asia*，Fall 2005，no. 3，pp. 3 – 24.

39. 例子请参阅：Emmanuel Todd，*L'invention de l'Europe*，Paris，Seuil，1990；and Youssef Courbage and Emmanuel Todd，*Le rendez – vous des civilisations*，Paris，Seuil，2007.

40. 根据美国中央情报局最有利的计算，中国人均国内生产总值为 6 800 美元，试比较经济情报所不那么有利的计算，如表 2 – 2。无论哪种计算，中国的人均 GDP 排名不会有实质性的不同。

41. Amartya Sen，*Commodities and Capabilities*，Oxford，Oxford University Press，1997；*On Economic Inequality*，Oxford University Press，1997；and *Development as Freedom*，Oxford，Oxford University Press，1999.

42. 联合国开发计划署的数据。《人类发展指标：2008 年统计更新》根据 2006 年的统计数据。开发计划署将国家分为三组：高、中、低三个级别的人类发展。

43. 联合国开发计划署的人文发展指数遭到了一些批评，特别是因为人类的发展是一个复杂的概念，其方方面面不可能用一个单一指标或总结式的手段轻而易举地解释清楚。此外，人文发展指数可能掩盖三个发展方面的不平衡。杨永恒和胡鞍钢用聚类分析技术，从历史的角度入手，提供了一个对中国省份四级之间差距的一维和多维的深度分析，每一级重新组合各个省，每组的省份在卫生、教育和收入方面很相似。我在本章后面论述关于中国的省之间的差距时，还要讨论这项研究成果。Yang Yongheng and Hu Angang，'Investigating Regional Disparities of China's Human Development with Cluster Analysis：A Historical Perspective'，*Social Indicators Research*，Springer Science & Business Media，no. 86，2008，pp. 418 – 19.

44. 我借用了胡鞍钢著作中一章的副标题：Hu Angang，*Economic and Social Transformation in China*，op. cit.，chapter 1：'Why has China's economy grown so fast?'，pp. 9 – 32.

45. 见注释 34。

46. Riedel et al.，op. cit. 詹姆斯·里德尔是约翰·霍普金斯大学高级国际研究学院国际经济学教授。金菁是约翰·霍普金斯大学高级国际研究学院国际经济学教授，瑞银香港中国战略主任和中央财经大学经济学教授。高坚是中国开发银行副行长。

47. 改革初期中国农村劳动力占全部劳动力的 80%，而苏联解体时国有企业劳动力占 90% 左右。

48. Ibid，p. 29.

49. Ibid，pp. 29 – 30.

50. 在谈到政府的角色时，这些作者都认可诺贝尔奖获得者约瑟夫·斯蒂格利茨和张夏准等学者的分析。请参阅：Joseph E. Stiglitz and Andrew Charlton，*Fair Trade for All：How Trade Can Promote Development*，Oxford，Oxford University Press，2005，and Joseph E. Stiglitz，*Making Globalization Work：The Next Steps to Global Justice*，London，Penguin，2006；Ha – Joon Chang，Bad Samaritan：*The Myth of Free Trade and the Secret History of Capitalism*，New York，Bloomsbury，2008；and Ha – Joon Chang（ed.），*Rethinking Development Economics*，London，Anthem Press，2003，*Globalization*，*Economic Development and the Role of the State*，New York，Zed Books，2003.

51. Riedel et al.，op. cit.，pp. 33 – 4.

52. Alexander Gerschenkron，*Economic Backwardness in Historical Perspective*，Harvard，Harvard University Press，1962.

53. 特别是安格斯·麦迪森（Angus Maddison）的数据：*The World Economy：A Millennial Perspective*，Paris，OECD，2001，以及世界银行等国际组织和中国统计局所提供的数据。

54. 人均 GDP 用作产出变量；资本是人均资本存量的指标；劳动是就业参与指标，以反映对劳动力人口变化的影响；机构是体制积累指标（10 个指标）；知识是知识积累指标（10 个指标）。更多详细信息，包括统计数据和分析，见：Hu Angang，*Economic and Social Transformation of China*，op. cit，chapter 1，pp. 9 – 32.

55. Ibid，p. 17.

56. 见表 2 – 1 数据。

57. Hu Angang，ibid，p. 20。

58. Ibid, p. 19.

59. Ibid, p. 21, 数据和胡鞍钢的评论。

60. 我在第一章结束时曾指出2007年中国共产党中央委员会主席胡锦涛的讲话，他强调有必要在所有领域进行内源性革新。

61. 例子参见：Naughton, op. cit.; Loren Brandt and Thomas G. Rawski (eds), *China's Great Economic Transformation*, Cambridge, Cambridge University Press, 2008; Sharid Yusuf, Kaoru Nabeshima, and Dwight H. Perkins, *Under New Ownership: Privatizing China's State-Owned Enterprises*, Stanford University Press & The World Bank, 2006; Nolan, Peter, *Transforming China*, op. cit.

62. Bennis So Wai Yip, 'Privatisation', in Tubilewicz, Czeslaw (ed.), *Critical Issues in Contemporary China*, London Routledge, 2006, p. 58.

63. 这并不是说地方政府（特别是最发达的省份、直辖市）没有权力限制（和/或）扭曲中央政府政策的执行。地方政府反对中央政府意志的能力不违背我们的解释。恰恰相反，正是这种能力才使原来的集体企业属于地方政府。

64. 黄亚生在《金融时报》发表的一篇文章（2007年2月2日）题为《评论：中国不是企业家的天堂》。他写道：在分析中国所有制结构时，两个OECD经济学家肖恩·多尔蒂（Sean Dougherty）和理查德·赫德（Richard Herd）使用了中国国家统计局关于工业企业的详尽数据库，标出每个公司的控股股东。评估中国所有制结构的最大困难是不知道到底在谁控制一家公司。经济学家们的结论是，在2003年——最后一年的数据，52%的工业增加值由私人企业贡献。但是，两个关键问题是：52%的数字准确吗？如果准确，是否表示中国经济已经以私有制为主？在他们的研究中，OECD经济学家做了一个关键的假设——他们认为“私有实体”是个人、国内法人或外国公司。虽然个人或外国公司控制的公司算作私有，而由国内法人控制的公司（可以合法地签订合同）算作私有公司，那就是另一回事了。Huang Yasheng's last book Capitalism with Chinese Characteristics: *Entrepreneurship and the State*, New York, Cambridge University Press, 2008, pp. 13-19. 尽管如此，黄亚生还是认为私有经济是中国经济发展的主要推动力。

65. Ding Lu, 'China's Telecommunications infrastructure building', in Takatoshi Ito and Anne O. Krueger (eds), *Deregulation and Interdependence in the Asia-Pacific Region*, Chicago, University Press of Chicago, 2000, p. 393, quoted by Lin Chun, 'Against privatization in China: a historical and empirical argument', *Journal of Chinese Political Science*, vol. 13, no. 1, 2008, p. 24, note 42. 林春评论说：“这一案例证明，通过管理和组织改革而不是财产转让就可以取得积极成果。”

66. 林春进一步评论说，2005年中国最大的国有企业扭亏为盈，利润达到785亿美元……2006年，中央国有企业前11个月利润达880亿美元，比2005年同期增长18.9%……事实上，大型国有企业很少亏损，国有企业亏损大部分集中在少数几个部门。

67. 世界银行网站：世界银行的一份报告说，私营企业的发展对中国的创新起着关键作用。www.worldbank.org（2009年5月18日访问）。请参阅报告全文：Chunlin Zhang, Douglas Zhihua

Zeng, William Peter Mako, and James Seward, *Promoting Enterprise – led Innovation in China*, Washington, DC, World Bank, 2009, also available at www. worldbank. org (accessed 5 September 2009).

68. 关于国家作为经济发展参与者的作用分析，无论是作为新兴工业的保护者还是作为创新的促进者，见：Paul Bairoch, *Economics and World History: Myths and Paradoxes*, New York, Harvester Wheatsheaf, 1993. 书中包含许多在经济发展初期紧跟英美战略的实例。关于美国经济发展中国家的作用，见：Villemeur, Alain, *La croissance américaine ou la main de l'Etat*, Paris, Seuil, 2007.

69. 值得注意的是，这种反对主要依据孔子把家庭比作社会活动的所有其他部门，包括经济和政体。在官方言论中再次大谈孔子思想在几年前就发生了，这表明孔子思想从来没有从人们的脑海中消失过，包括那些高级干部。

70. Xiang Bing and TengBingsheng, 'China's start – ups grow up', *Far Eastern Economic Review*, September 2008, pp. 53 – 5.

71. 例如：柳传志（联想）、张瑞敏（海尔）、任正非（华为）和李东升（TCL）。

72. 例如：沈南鹏（携程）、陈天桥（盛大），江南春（分众传媒），马云（阿里巴巴）和李彦宏（百度）。注意他们大都有英文名字。

73. 不过我要指出了我在 2005 年参观海尔大学时，那里已经把现代化管理手段与传统中国战略和智慧结合起来了。

74. 国资委在 2006 年 12 月的声明中否认了这一点，表明国家拟调整国有资本从非关键领域到重点部门，通过合并在 2010 年前将中央国有企业减少至少 1/3，达到 80 ~ 100 家，发展 30 ~ 50 家具有国际竞争力的大型公司。新华社报道，更新日期：12 月 18 日，2006 年。

75. Jie Chen and Bruce J. Dickson, 'Allies of the state: democratic support and regime support among China's private entrepreneurs', *The China Quarterly*, December 2008, pp. 780 – 804. 值得注意的是，可控变量，如性别、年龄、教育和公司大小和当地经济发展状况等，不是很重要的支持政权的指标。然而，北京以外的政权支持率下降得更多。关于新兴企业家的发展以及与党和国家的关系，见：Bruce J. Dickson, *Red Capitalists in China. The Party, Private Entrepreneurs, and Prospects for Political Change*, Cambridge, Cambridge University Press, 2003, and *Wealth into Power: The Communist Party's Embrace of China's Private Sector*, New York, Cambridge University Press, 2008.

76. Paolo Urio, 'The provision of public services in the PRC in the age of reform: reconciling state, market and civil society', 2004 年 10 月 30 ~ 31 日在海口召开的公共服务和政府改革国际讨论会上的论文。

77. World Bank, *From Poor Areas to Poor People: China's Evolving Poverty Reduction Agenda*, op. cit.

78. 我们记得帝国时期就已发生相当严重的环境破坏。

79. 我记得独生子女政策原则上是针对城市居民和政府雇员的。不过，有一些例外情况可以生第二胎，甚至第三胎。城市地区如果第一胎是残疾，或父母都在高危行业工作或他们自己就是独生子女就可以生第二胎。在农村地区，这项政策执行得比较宽松。例如第一个孩子是女孩通常允许生第二个孩子。少数民族和边远地区甚至可以生第三个孩子。

80. World Bank, 2009, op. cit., p. viii. 毛泽东时代计划经济体制下的公社不仅负责组织生产，也提供包括卫生保健在内的社会服务。这些服务经费由农村家庭（约占收入的0.5% ~2%）和村级组织（从农业和农村企业收入支出）来负担，上级政府提供补贴（主要用于支付卫生工作人员的工资和医疗设备），同上，第125页。农村改革的基本制度变化是："农村以家庭为单位的土地承包，农户得到土地使用权，上缴一定份额的粮食给村政府并负担缴税义务。"
81. 这些问题在第三章还会提到。
82. 这最后一点要在第四章，也就是最后一章进一步展开。
83. 见注34，中国学者胡鞍钢的《人口与发展》，北京，中国科学院自动化研究所，1988年6月；胡鞍钢和邹平的《中国人口发展》，北京，中国科技出版社；Hu Angang, Wang Yi, et al., *Survival and Development. A Study of China's Long – Term Development*, Beijing and New York, Science Press, 1992. 这份报告从1988年年底到1989年年初在内部发行，一位中共中央政治局常委阅读了该报告，副本送给了当时在国家科委工作的邓楠，邓楠转交给她父亲（邓小平），邓小平对报告做了批示。
84. 这一目标分三步实现：第一步，20世纪80年代GDP翻一番；第二步，GDP在20世纪末翻一番；第三步，21世纪头30~50年GDP翻两番。
85. 2005年1月，胡鞍钢在清华大学的讲演。
86. 内含的因果关联在大多数情况下纯粹是定性的。据我们所知，今天还没有出现能够考虑到这些复杂关系的定量模型。不过，有足够证据证明箭头连接起来的这些变量，图2-2中的方块代表这些变量。
87. 我明白税收更重要。这在20世纪80年代的财政分权时变得很关键，表明政府没有掌握必要的财政手段支持经济发展，而且更重要的是，政府支持纠正引进市场机制所带来的不良后果的政策。正如我已经指出的，只有高效的经济体系才能为国家提供汲取所需要的财政资源的基础。
88. 例子参见：Jiwei Lou (ed.), *Macroeconomic Reform in China*, Washington, DC, The World Bank, 1997.
89. 当然，实现这一目标的另一种方法是聘用国内外人才和（更有可能）在海外接受过高等教育或曾在外国工作的人。至少在目前，民营企业和国有企业比公共机构更频繁地执行这个战略。
90. 如果我们看1980~2007年西方收入分配、贫困率、就业、犯罪率和健康等有关数据，如果我们把私有化很强的国家和私有化相对较弱的福利国家，与高福利但私有化程度有限的国家来进行比较的话，这一点就特别明显。请参阅：Paolo Urio, 'La gestion publique au service du marché', in Marc Hufty (sous la direction de), *La pensée comptable. Etat, néolibéralisme, nouvelle gestion publique*, Paris, Presses Universitaires de France, 1999, pp. 91 – 124.
91. World Bank, *China: Promoting Growth with Equity*, Washington, DC, 2003, p. 10.
92. 关于这重要一点，见：Timothy Smeeding, '*Globalization, Inequality and the Rich Countries of the G – 20: Evidence from the Luxembourg Income Study (LIS)*', July 2002 (available on the LIS website: www.LIS.org), '*Poor People in Rich Nations: The United States in Comparative Perspective*', 2006 (available on Smeeding's

website, University of Syracuse, USA: www – cpr. maxwell. syr. edu/faculty/smeeding/).

93. 李强，《影响中国城乡流动人口的推力与拉力因素分析》，《中国社会科学》，2003 年 1 月（作者提供的电子副本）；《中国户籍制度和农民工的社会分层》，《中国社会科学（英文版）》，2002 年 1 月（作者提供的电子副本）：根据自 1996 年以来我所进行的声望和地位的调查，农民工处在社会的最底层。在城市做生意的农民在 100 种职业中排名第 92 位，农民就业排名第 94 位。在列表中最后 10 个典型职业为：门卫、推车工、废物收集、保姆、搬运工和保安等。具有讽刺意味的是，这些农民工显然比那些留在村庄的人具有更好的个人素质和能力。他们属于最活跃的年龄组。通常具有较高教育的水平，在经济活动中特别能干。

94. "中国政府保护农民工的法律权利"，新华社报道，2007 年 3 月 1 日。Fang Ruifend, Erica Miller, Huong Trieu, and Yang Xiaoying, 'Migrant labor and social welfare policy', paper prepared for the International Economic Development Program, Ford School of Public Policy, University of Michigan, April 2006.

95. Alan De Brauw, and John Giles, 'Migrant labor markets and the welfare of rural households in the developing world: evidence from China', World Bank, February 10, 2008. See also Tang Wenfang and Yang Qing, 'The Chinese urban caste system in transformation', *The China Quarterly*, December 2008, pp. 759 – 79. 这篇论文作者认为，"虽然农民工比城镇居民占据更多蓝领和服务业工作岗位，但他们的社会和政治地位有所改善（第 759 页）"。还要注意到，中华全国总工会选举了 47 位农民工代表参加全国人民代表大会（2008 年 10 月），《中国日报》（2008 年 10 月 17 日）。这表明他们的地位和需求被认可。

96. 政府同时还应公开宣布采取措施，加快中国城市化进程。这完全有可能，因为城市可以提供比农村更多的高薪职位。无论如何，城市化是现代经济发展的必然结果。

97. 胡鞍钢在清华大学讨论会上的发言，同前。

98. 参见本书第一章。

99. 我要非常明确地说，对于一位西方学者来说，对中国社会进行分类并不是一件简单的事。事实上，我们通常采用西方的分类方式，并将它们应用于对其他文化的分析。这在我们对中国知识阶层进行分类时更加明显。因此，我在第一章所说的观点就毫不奇怪了。我说：知识分子与中国文化的关系非常密切，也许比任何其他人更密切。不过，由于中国很明显地走上了现代化道路（部分是在全球化影响下发生的变化），采用这种全球学术分类一般被认为是可以的，似乎有一些理由。

100. 这两种权力集团的组成部分（政治和经济）是人为的，因为它们之间相互交叉。不过，我在这里使用了被（政界人士或公司管理人员/业主）接受的、基于它们主要作用的区别。这种重叠现象在西方也存在，但是存在的方式不同。

101. 一位年轻的中国知识分子最近引发我注意这样的事实，我对知识分子的分类严格地限制在经济和政治领域，这就可能忽略其他类型的知识分子。此外，来自同一个来源，也局限在经济和政治领域，关志雄将中国知识分子分成 4 个学派：（1）改革派，如张五常、杨小凯。他们不仅坚持市场取向的改革，而且坚持政治民主与宪政的改革。（2）主流派，如吴敬琏、林毅夫、樊纲等。他们坚持市场取向的改革，然而对政治改革的态度比改革派更审慎。(3) 非主流派，如何清涟。他们更注重社会公平和正义，希望能发扬民主、反腐败。(4) 新左派，例如胡鞍钢。即使这一分类也不能避免一些困难和含糊不清。例如一些观察家认为，胡鞍钢是中央集权论者或新中央集权论者。胡鞍钢（与王绍光一起）第一个提出了中国财政系统的集中化，应给予中央政府更多的财权（e. g. Joseph Fewsmith, *China Since Tiananmen: The Politics of Transition*, Cambridge, Cambridge University Press, 2001, p. 132），而另一些人认为他是新左派的代表，甚至是党的马克思主义理论家的灯塔（for example Agnès Andrésy, *Le Président chinois Hu Jintao. Sa politique et ses réseaux. Who's Hu?*, Paris, L'Harmattan, 2008, p. 71）。我了解胡鞍钢的作品并同他进行过多次讨论，我认为他具有强烈的平等和正义感。此外，胡鞍钢非常欣赏以市场为导向改革的成就，也非常赞成旨在纠正经济发展带来的不平等、污染等主要不利后果的政策。最后，他对腐败的谴责绝对是我所知的最强烈的（see Hu Angang, 'Corruption: an enormous black whole: public exposure of the economic costs of corruption', chapter 11 of Hu Angang, *Economic and Social Transformation in China*, London, Routledge, 2007, pp. 217 - 23）。如果我们接受这一切，那么对胡鞍钢应当怎么分类呢？对其他知识分子应当同样对待。另请参阅：Simon Shen, 'The response of Chinese intellectuals to the US War on Terror', *Journal of Chinese Political Science*, vol. 12, no. 3, 2007, pp. 238 - 80.

102. 我采用劳动人口而不是总人口，因为人均国内生产总值（用于确定中产阶层）的主要来源是经济和劳动市场中的多数中产阶级。

103. Diana Farrell, Ulrich A. Gersch and Elisabeth Stephenson, 'The value of China's emerging middle class', *The McKinsey Quarterly*, 2008 Special Edition, pp. 62 - 9.

104. Ibid, p. 64.

105. 陆学艺，《中国社会结构的变化及发展趋势》，《云南民族大学学报（哲学社会科学版）》，2006年，第23卷，第5期，第28 - 35页。

106. 下一章我再讨论这个问题。

107. 由于农民工的统计数据不全，此类估计数量不能分别计算。所以，1.2亿~2亿的农民工包括工人、职员和农民的类别。根据《中国日报》最近的估计，到目前为止，大约有1.5亿农民工（《中国日报》，2008年10月17日）。世界银行承认很难估计农民工的数量。不过，世界银行最近估计为1.5亿。World Bank, *From Poor Areas to Poor People: China's Evolving Poverty Reduction Agenda*, op. cit., p. x.

108. 陆学艺，同前。

109. 从社会阶层分类的观点看，似乎有理由考虑“失业的类别”，因为很可能这包括没有工作的人，但他们属于以前工人、职员或农民的类别。

110. 根据新华社报道，http://news.xinhuanet.com/misc/2008 - 03/08/content_7746540.htm，2008年3月8日访问。

111. 注意，官方媒体新华社已确认中国出现了几个新的阶层及他们对经济增长的贡献：属于新的社会阶层的人数达到约 7 500 万，掌握着约 10 万亿资本。这些新的社会阶层主要包括非国有部门和自由职业人士，如私营企业员工、个体工商户、律师、注册公共会计师，注册税务代理等。这些新的社会阶层对经济增长做出如此多的贡献，民营经济占 GDP 的比重已经超过 1/3。

112. 我感谢中国人民大学博士生刘德豪（音译）为这部分提供的信息。

113. 这违背了公认的观点，即毛泽东反对计划生育。确实，1980 年 9 月，第五届人大第三次会议正式批准国家鼓励一对夫妇只生一个孩子政策。但是，这个政策在毛泽东时代就已经开始逐步实施了。这项政策的历史进程是一个很好的例子。中国在讨论政策选择、通过决议时都要逐步实行，带有一定的灵活性，考虑政治集团内的权力关系、中国实际国情，以及有关人员的不同情况：是城市还是农村，是否属于少数民族等。关于计划生育政策的制定和执行的历史，见：胡鞍钢和邹平，《中国人口发展》，同前，第 67 – 109 页。

114. 王金营，《1990 ~ 2000 年中国生育模式变动及生育水平估计》，《中国人口科学》，2003 年，第 4 期。

115. 陆学艺，同前。

116. 世界卫生组织，《世界卫生报告 2007》。http：//www. who. int/whr/2007. whr07_ en. pdf（2009 年 7 月 10 日访问）。

117. Therese Hesketh, Li Lu, and Zhu Weixing, ‘The effect of China’s one – child family policy after 25 years’, *The New England Journal of Medicine*, vol. 353, no. 11, September 2005, pp. 1171 – 76.

118. 黄平和彭苛，《当今中国农村劳动者的流动》，本文是提交给 2003 年 6 月 22 – 24 日在孟加拉达卡举行的“亚洲迁移、发展和偏向穷人政策选择”国际会议的论文。

119. 我将在第三章讨论这个政策变化。

120. 王小鲁，《谁是第一：中国地区发展指数》，亚洲发展银行研究所讨论文件，第 66 期，2007 年 5 月。

121. 王小鲁使用下列指标（事实上由几个分指标合并而成）：（1）生产力和研究与开发；（2）教育；（3）公共服务；（4）基础设施；（5）体制发展；（6）人类发展；（7）社会平等；（8）社会保障；（9）环境保护；（10）自然资源和地理位置。

122. 中央政府直接管辖的第四个城市重庆属于中等组，3. 98 分。

123. Yang Yongheng and Hu Angang, ‘Investigating regional disparities of China’s human development with cluster analysis: a historical perspective’, *Social Indicators Research*, Springer Science & Business Media, 86, 2008, pp. 417 – 32.

124. Ibid, p. 421. 第三级的 7 个省份是：黑龙江、河北、湖北、新疆、吉林、内蒙古和海南。

125. 这一层级包括大部分省市：重庆、河南、内蒙古、江西、广西、陕西、四川、安徽、宁夏、河北、新疆、湖北、山西、湖南、吉林和海南。

126. Yongheng and Angang, op. cit., p. 431. “以第一级城市上海为例：在 2005 年，人均可支配收入（18 645 元）是农村家庭收入（8 247 元）的近 2. 5 倍。”

127. 胡鞍钢,《中国的伟大过渡:挑战与机遇》,北京,清华大学出版社,2004 年 10 月,第 149 页,注 1。

128. 胡鞍钢,《中国新的发展战略》(第三版),浙江人民出版社,2004 年。感谢袁英翻译的几个章节。

129. 胡鞍钢,《中国经济增长,人力资源开发和扶贫(1978~2003)》,提交给 2004 年 9 月 7~9 日国际人口与发展论坛(武汉,湖北省)的论文;胡鞍钢:《中国经济社会过渡》,同前,第 5 章,"中国经济增长和减少贫困"(1978~2002 年),第 97-132 页,第 6 章,"中国宏观经济和卫生",第 133-151 页,第 7 章,"卫生保障:中国人类保障的最大挑战",第 152-166 页。

130. 见注释 123 和 126。

131. Albert Keidel, *The Causes and Impact of Chinese Regional Inequalities in Income and Well-Being*, Carnegie Endowment for International Peace, December 2007.

132. 7 个地区是:(1)西部(包括新疆、西藏、青海、甘肃、宁夏);(2)北部内地(黑龙江、吉林、内蒙古、山西、陕西);(3)南部腹地(四川、重庆、贵州、云南、广西);(4)中部(河南、安徽、江西、湖北和湖南);北部沿海(辽宁、河北、北京、天津和山东);(6)东部沿海(江苏、上海和浙江);(7)南部沿海(福建、广东和海南),见:Keidel, ibid, pp. 2-3.

133. Keidel, op. cit., pp. 5-6.

134. 盖保德采用经修订的世界银行的"每天 1 美元"标准来衡量贫困。中国没有消费规模的数据。然而,中国允许世界银行在其网站上发布统计查询,称为 PovCal. ner,可以查到农村人口大体上消费分布情况。盖保德将数据分析限制在 5 个省,即江苏(代表中部核心区)、辽宁(代表北部沿海),以及 3 个内陆省份,即湖南(中部核心区)、四川(南部内陆)和陕西(北部内陆)。此外,盖保德认为还应考虑储蓄习惯的变化。

135. 为了放大贫困率,包括:中国的贫困线;世界银行(PPP)1 美元/天旧的贫困线;世界银行(PPP)1 美元/天新的贫困线;世界银行(PPP)2 美元/天的贫困线。

136. 例如根据美国官方统计方法,美国的贫困率估计约 12.5%;但是,如果采用欧盟的统计方法,应用相同的数据,美国的贫困率是 17.5% 左右。

137. World Bank, *From Poor Areas to Poor People: China's Evolving Poverty Reduction Agenda*, op. cit., p. iii. 关于出现新形式的贫困,见注释 34 中胡鞍钢的著作。

138. Keidel, op. cit., p. 16.

139. 我已经提到阿兰·德·伯劳和约翰·吉尔斯的研究成果,同前,他们发现农民从农村转移到城市导致人均消费上升,这种效果在乡村贫困家庭更明显。

140. Gregory Clark, *A Farewell to Alms: A Brief Economic History of the World*, Princeton, Princeton University Press, 2007. 表明工业革命的第一阶段大部分人口的生活水平大大提高,同上一世纪相比,上层阶级和最底层阶级之间的差距在缩小。然而,在初始阶段后,这种差距又重新出现了。20 世纪 80 年代和 90 年代的新自由主义政策实施后,这一差距进一步扩大。见:Urio, 'La gestionpublique

au service du marché', op. cit.

141. Keidel, op. cit., pp. 16 – 17.

142. James Riedel et al., op. cit. See also Richard Sanders and Chen Yang (eds), *China's Post – Reform Economy – Achieving Harmony*, *Sustaining Growth*, London Routledge, 2007, especially chapter 7 by Charles Goodhart and Xiaosong Zeng, 'China's banking reform', pp. 105 – 18, and chapter 8 by Shujie Yao and Zhongwei Han, 'Ownership reform, foreign competition and efficiency of Chinese commercial banks', pp. 119 – 43; and Barry J. Naughton, *The Chinese Economy*: *Transition and Growth*, op. cit., chapter 19, especially pp. 460 – 7.

143. Ibid, p. 16.

144. Ibid, p. 37.

145. 在这个意义上看，例子请见：Harvey S. Rosen, *Public Finance* (4th edn), Chicago, Irwin, 1995, pp. 467 – 8. 作者引述了普雷斯顿·米勒和威廉·罗伯茨的著作：'How little we know about deficit policy effects', in *Federal Reserve Bank of Minneapolis Quarterly Review*, Winter 2002, pp. 1 – 28. 作者回顾有问题的计量经济研究，发现了矛盾的结果。这些作者另一个涉及私人与公共资本价值评估标准的令人吃惊的言论是：用所得利润来衡量私人资本的价值，用创造价值而不是用其派生出来的社会效益来衡量公共资本的价值。

146. Shujie Yao and Zhongwei, op. cit., pp. 121 – 22. 四大商业银行不良贷款的比例，1999 年为：中国银行 37.4%，中国建设银行（CCB）23%，中国工商银行为 45%，中国农业银行为 39.5%。另请参阅：Barry Naugthon, op. cit., p. 462.

147. Riedel et al., op. cit., p. 95.

148. 例子请见 OECD 对中国金融业及其与国有企业关系的分析：*China in the World Economy*, Paris, 2002, pp. 9 – 53, 231 – 68.

149. Riedel et al., op. cit., p. 67. 他们把这些成就归功于中国的家庭。这些家庭在改革的物质刺激下将可支配收入不断地存入银行。盖保德对农村和城市家庭储蓄习惯做了更详细的分析。

150. Keidel, op. cit., p. 18.

151. I develop this perspective in Paolo Urio (ed.), *Public Private Partnerships*: *Success and Failure Factors for In – transition Countries*, forthcoming, University Press of America (UPA), 2010, chapters 1, 2 and Conclusion.

152. 美国注入金融体系的钱相当于中国用于纾困国有银行不良资产的钱。根据美国 Reason 智囊团网站，2008 年 9 月 20 日访问，Reason 杂志的经济学家大卫·魏格尔写道："解救银行业似乎等于安慰交易商，可能需要 1 000 000 000 000 美元。是的，零的数目是正确的……国会领袖星期四晚上和财政大臣亨利·保尔森和联邦储备局主席本·伯南克开完会说，为避免美国金融系统崩溃可能需要高达 1 万亿美元。"

153. 但我们已经看由于大批的农村劳动力转移，城市吸收了部分失业者。

154. 2005年1月清华大学的讲演。

155. 关于西方学者对中国法律制度的最好描写，见本章注释12裴文瑞所引用的著作。

156. 本节主要基于：Joan Bastide and Alexandre Sonnay, *Le role de la Chine dans le protocole de Kyoto*, unpublished Masters dissertation for the Masters degree in Asian Studies, University of Geneva, 2005, under the supervision of Prof. Paolo Urio.

157. Judith Shapiro, *Mao's War Against Nature*, Cambridge, Cambridge University Press, 2001, p. 31.

158. Blayo Y., *Des politiquesdémographiquesen Chine*, Paris, INED, 1997.

159. 赞同马尔萨斯人口论的科学家被取消资格并打成右派。因此，一位杰出的中国学者，马寅初，遭到了20年的打击，他于1957年发表了一份多年深入研究成果，题为《新人口学》的报告，而被解除学术职位。这份报告的结论是人口太多不利于中国的发展。请参阅：胡鞍钢和邹平，同前，特别是第2、3章。

160. Blayo, op cit., p. 20.

161. 胡绳，《中国共产党简史》，北京，外文出版社，1994年，第532－588页。

162. Annie Vallée, *Economie de l'environnement*, Editions du Seuil, Paris, 2003, p. 19. 中国人均土地使用面积只有世界平均水平的一半。见：World Bank, *Clear Water, Blue Sky: China's Environment in the New Century*, World Bank, Washington, DC, 1997, p. 6.

163. 我想提一下，中国生育政策是一个很好的例子，说明评估政策的可行性非常困难。如果从环境（和其对社会组织产生的后果）的角度来看，毛泽东时代的多育政策是错误的，但从20世纪90年代中国在世界经济中的地位来看，大批劳动力（其中有一半仍从事农业但可以转移到工业和成本相对较低的服务业）使中国在国际竞争者中具有相对优势。

164. 今天中国的主要能源是煤、水电和石油。

165. Lesbre E., *Développement durable et environnement en Chine*, Article de la mission économique française en Chine, 06/2004, p. 19. Available online at: www. dree. org (accessed 6 June 2005).

166. Annie Vallée, op. cit., p. 20.

167. Lesbre E., op. cit., p. 6.

168. Ibid.

169. Ibid, p. 2.

170. Ibid, p. 7.

171. Jiang Kejun, *The Development and Climate, Country Study: China*, Energy Research Institute, mimeo, 2003, p. 2, and see Table 2. 1.

172. 生产一吨钢需要100吨的水，生产电子芯片的工厂每天消耗1 800万吨水，等于60 000个居民一年的用水量。

173. Lesbre, op. cit., p. 7.

174. TCE或吨煤当量是一个单位，用来计算和比较不同温室气体的排放量。

175. World Bank, *Clear Water*, *Blue Sky*, op. cit. , p. 6.

176. Lesbre, op. cit. , p. 24.

177. 二氧化碳（CO_2）“总汇”是二氧化碳储存库，规模越来越大，与二氧化碳“源”正相反。主要的自然总汇是：（1）海洋的生物泵；（2）植物和其他通过光合作用将二氧化碳从大气中移出，纳入生物质并向大气释放氧气的有机物。在大气中吸收二氧化碳的过程（天然和人工）称为碳汇。《京都议定书》后，公众开始了解二氧化碳汇的意义，并作为抵消二氧化碳的手段。

178. Houghton R. A, Hackler J. L. , ‘Source and sinks of carbon from land use change in China’, *Global Biogeochemical Cycles*, vol. 17, no. 2, 2003.

179. 2005 年 1 月清华大学讨论会。

180. 关于中国公共卫生状况，见：Hu Angang, *Economic and Social Transformation in China*, op. cit. , chapter 6: ‘China's macro - economy and health’, pp. 133 - 51, and chapter 7: ‘Health insecurity: the biggest challenge to human security in China’, pp. 152 - 66.

第三章

1. 胡鞍钢，清华大学讲演。

2. 这一目标要通过三步走实现：第一步，20 世纪 80 年代 GDP 翻一番；第二步，到 20 世纪末，GDP 再翻一番；第三步，21 世纪前 30 ~ 50 年，GDP 再翻两番。

3. Gregory C. Chow, *China's Economic Transformation*, Oxford, Blackwell, 2002, p. 168.

4. 例子参见：Heike Holbig, ‘The emergence of the campaign to open up the West: ideological formation, central decision - making and the role of the provinces’, *The China Quarterly*, 2004, pp. 336 - 57.

5. Chow, op. cit. , pp. 169 - 80.

6. 我在其他书中提到了赞成这项战略的原因：Paolo Urio (ed.), *Public Private Partnerships: Success and Failure Factors for In - transition Countries*, forth - coming, University Press of America (UPA), 2010, chapters 1, 2 and Conclusion.

7. 我在第一章介绍了毛泽东时代中国共产党的意识形态的重要变化。

8. 胡鞍钢，《人口与发展》，北京，中国科学院自动化研究所，1988 年 6 月（中文）。

9. 胡鞍钢，邹平，《中国人口发展》，北京，中国科技出版社，1991 年。

10. 胡鞍钢，王毅等，《生存与发展：中国长期发展研究》，北京，科学出版社，1989 年，胡和王主笔。附件由胡鞍钢、李立贤、王毅和陈锡康撰写。这份报告从 1988 年年底到 1989 年年初在内部发行，一位中共中央政治局常委阅读了该报告，一副本送给了在国家科委工作的邓楠，邓楠转交给她的父亲邓小平，邓小平对报告做了批示。

11. 中文版 1989 年出版。

12. 除了古典的马克思主义者之外，还要提到几位著名的西方学者，例如，罗伯特·马尔萨斯（Robert

Malthus）、阿尔弗雷德·邵威（Alfred Sauvy）、李约瑟（Joseph Needham）、孟德斯鸠（Montesquieu）、S·N·艾因斯塔德（S. N. Eisenstadt）、J·W·弗莱斯特（J. W. Forrester）、查尔斯·金德尔伯格（Charles Kindelberger）、西蒙·库兹涅茨（Simon Kuznets）、瓦西里·里约迪耶夫（Wassily Leontief），还有几份世界银行报告。

13. 胡鞍钢，邹平，同前，第 62 页。他们抛弃马克思理论，即人类繁衍的条件是不同社会结构决定的，作者说，对我们来说，人口的历史演进既不是由纯粹的社会经济生产模式决定的，也不是由纯粹的上层建筑决定的，而是由人口本身的决定因素和一定条件下的外部环境所决定的。
14. 胡鞍钢，邹平，同上，第 79、84 – 85 页。他们所指的是中国著名人口学家马寅初的人口理论。
15. 胡鞍钢，邹平，同上，第 153 页。
16. 同上，第 155 页。参见魏锦盛（Wei Jinsheng），《外国生育率历史经验值得注意》，国家科委人口经济发展战略研究小组，北京，1988 年。这些分析证实了法国历史学家托德的最新作品：Emmanuel Todd，*L'invention de l'Europe*，Paris，Seuil，1990；*The Final Fall*：*An Essay on the Decomposition of the Soviet Sphere*，New York，Karz Publishers，1979；*After the Empire*：*The Breakdown of the American Order*，New York，Columbia University Press，2006；其他重要著作包括：*L'illusion économique*，Paris，Gallimard，1999；see also Youssef Courbage and Emmanuel Todd，*Le rendez-vous des civilisations*，Paris，Seuil，2007.
17. 胡和王，同前，第 xi 页。
18. 同上，第 xii – xiii 页。
19. 同上，第 xiv 页。
20. 同上，第 xvi – xvii 页。
21. 王绍光，胡鞍钢，《向市场经济过渡期间要加强中央政府的作用》，刊在王绍光，胡鞍纲，《中国国家能力报告》，沈阳，辽宁人民出版社，1993 年。
22. Joseph Fewsmith，*China since Tiananmen*，Cambridge，Cambridge University Press，2001，p. 134.
23. 正像付士卓认识到的那样：ibid，pp. 137 – 41.
24. 这些想法自 20 世纪 90 年代初以来就在内部盛行，后来以英文出版：Wang Shaoguang and Hu Angang，*The Political Economy of Uneven Development*：*The Case of China*，New York，M. E. Sharpe，1999，Wang Shaoguang and Hu Angang，*The Chinese Economy in Crisis*：*State Capacity and Tax Reform*，New York，M. E. Sharpe，2001.
25. 这也是一项有利于党的合法性的一般性政策选择，后来被胡鞍纲不仅应用到经济政策，而且应用到社会保障、卫生、教育和环境保护等方面。
26. Zhang Xudong，'The making of the post – Tiananmen intellectual field：a critical overview'，in Zhang Xudong（ed.），*Whither China*：*Intellectual Politics in Contemporary China*，Durham and London，Duke University Press，2001，p. 57.
27. Hu Angang，'Corruption：an enormous black whole：public exposure of the economic costs of corruption'，

chapter 11 of Hu Angang, *Economic and Social Transformation in China*, London, Routledge, 2007, pp. 217 – 23.

28. 从这个意义上看，参见：Francis Fukuyama, *The End of History and the Last Man*, New York, Free Press, 1992.

29. 只举两例：第一，美国直到20世纪60年代才把对非洲裔美国人的歧视压下去，这是在内战的一个世纪以后，奴隶制是南北冲突的主要原因。第二，瑞士妇女直到1971年才获得联邦一级投票权，这是在那年全国选举之前发生的。我们也不应忘记，争取自由的政治和社会斗争是在政党和工会的领导下，从社会和政治运动开始的。看起来中国还不具备这些条件，尽管越来越多的社会抗议和劳资纠纷诉诸法律。

30. 参见：Hu Angang, 'Second transition of the Communist Party of China: from economic development to institution building', in Hu Angang, *Economic and Social Transition in China*, London, Routledge, 2007, pp. 224 – 46; and Hu Angang, 'Making policy decision – making more scientific, democratic, systematic and specialized', ibid, pp. 246 – 54.

31. 胡鞍钢在清华大学2005年1月的讨论会上的讲话。

32. James Riedel, Jin Jing, and Gao Jian, *How China Grows*, Princeton University Press, 2007, p. 16. See also Richard Sanders and Chen Yang (eds), *China's Post – Reform Economy – Achieving Harmony, Sustaining Growth*, London Routledge, 2007, especially chapter 7 by Charles Goodhart and Xiaosong Zeng, 'China's banking reform', pp. 105 – 18, and chapter 8 by Shujie Yao and Zhongwei Han, 'Ownership reform, foreign competition and efficiency of Chinese commercial banks', pp. 119 – 43.

33. Riedel, Jin and Gao, op. cit., p. 67. 他们把这些好处归功于中国的家庭。这些家庭在改革的物质刺激下将可支配收入不断地存入银行。请参阅：Robert Keidel, *The Causes and Impact of Chinese Regional Inequalities in Income and Well – Being*, Carnegie Endowment for International Peace, December 2007. 第二章更详细地分析了城乡居民的储蓄习惯。

34. 以下信息来自：Shujie Yao and Zhongwei Han, 'Ownership reform, foreign competition and efficiency of Chinese commercial banks', in Sanders and Chen, op. cit., pp. 121 – 4.

35. 中国银行（中银）、中国建设银行（CCB）、中国工商银行（工行），中国农业银行（ABC）。

36. 《中国日报》，2008年10月22日。

37. Ran Yan, *L'éducation à l'environnement en Chine*, unpublished Masters dissertation for the Masters in Asian Studies, University of Geneva, 2005, under the supervision of Prof. Paolo Urio.

38. 这是在中央政府各部委和机构改革的整个框架内完成的，结果是组成5个超级部：工业和信息化部、人力资源和社会保障部、环境保护部、住房和城乡建设部以及交通运输部。网站：www.china.org.cn（2008年3月12日访问）。

39. 中国签署了一系列环境保护的国际条约，这里不一一评论。

40. 清洁发展机制（CDM）是《京都议定书》中引入的灵活履约机制之一，允许承诺温室气体减排的工业化国家（称为附件一国家）在发展中国家投资减排项目以替代本国昂贵的减排任务。核准的CDM碳项目的一个重要特点是确立一个没有附加激励措施的有计划减排，称为“额外性”。清洁发展机制允许通过资助发展中国减排项目，降低全球温室气体净排放量成本，因为那里的成本要比工业化国家的减排成本低。然而，近年来对该机制的批评在增加。清洁发展机制在清洁发展机制执行理事会（CDMEB）监督局和联合国气候变化框架公约缔约方大会（COP/MOP）指导下执行。

41. 关于各项税收和享有此税项目的详细信息，请参阅：OECD，*Environmental Taxes*：*Recent Developments in China*，Paris，OECD，1999. 这是对中国政府承诺保护的所有环境对象的全面概述。

42. 《中华人民共和国气候变化初始国家信息通报》，中华人民共和国国家报告，背景，2004年，第26页。

43. 在建筑领域，我想表达一些来自中西方专家的意见，他们怀疑本地精英是否愿意遵守这些措施。2004年我的一位硕士生参观了中国的环保技术展览，有机会听取了法国专门从事节能建筑的建筑师和一些中国房地产开发商之间的讨论。讨论表明，开发商更愿意高速低价地进行开发，把房屋供热的支付成本转移给住户。根据法国建筑师的说法，这不是一种特殊情况，中国建筑行业存在激烈的相互竞争，很少用或根本不用隔热材料。

44. OECD，op. cit.

45. 关于这项税收的完整分析，见：OECD，ibid，pp. 61－109. 特别是第三部分专门讲中国的二氧化硫税和税收政策：ibid，pp. 233－59.

46. 以下引言都是根据2008年10月在清华大学和胡鞍钢的讨论，以及胡鞍钢，《对哥本哈根的新看法》，中国对话网站：www. chinadialogue. net（2009年9月7日访问）。

47. 同上。

48. 关于HDI的定义，见第二章。

49. Chris Buckley，‘China government adviser urges greenhouse gas cuts’，*Financial Times*，8 September，2008. 文章列出了胡鞍钢的建议和胡鞍钢接受路透社采访的讲话，胡鞍钢说，他在2008年早些时候向胡锦涛主席递交了关于气候的建议。

50. 麦肯锡公司确认中国能够在技术上实现这些目标：*China's Green Revolution*，McKinsey Company，February 2009. Available on the company's website：www. mckinsey. com（accessed 10 June 2009）.

51. 胡鞍钢，同前。

52. According to Jamil Anderlini，‘China strikes tough pose for climate talks，’ *Financial Times*，1 May 2009.

53. Buckley，op. cit. and ‘Voices that carry – advocating for carbon caps in China. An influential voice from within calls for hard carbon emissions targets’，The Green Leap Forward website. Available at：http：// greenleapforward. com（accessed 6 June 2009）. 绿色大跃进是中国快速成长的公民运动的典范。北京没有打击这些新活动家，而是赋予他们权力。其他几个知识分子表示了对中国环境状况的担忧。例如，中国科学院教授、中国生物多样性保护基金会副秘书长、中国环境文化促进会董事蒋高明

（见与窦观一合写的文章《建立新能源经济》，中国对话网站：www. chinadialogue. net，2009 年 6 月 11 日访问）；景学成，央行货币研究局原副局长、北京大学财经学院顾问兼教授（参见他的文章《经济危机下的绿色反应》，中国对话网站：www. chinadialogue. net，2009 年 6 月 12 日访问）。我们注意到，胡鞍钢的一些想法已被中国政府采纳。潘岳，国家环境保护总局（环保总局）原副局长，2006 年发表第一个中国绿色 GDP 的官方报告，其中一些观点就是胡鞍钢提出的。中国政府最近一份官方文件《中国的国家气候变化方案》就是在国家发展和改革委员会主持下编写的，北京，2007 年 6 月。

54. World Bank，*Mid – Term Evaluation of China's 11th 5 Year Plan*，Washington，DC，2009. Available online at：www. worldbank. org（accessed 15 June 2009）.

55. 'China's green opportunity'，*McKinsey Quarterly*，May 2009，p. 2. Available on its website：www. mckinseyquarterly. com（accessed 5 June 2009）. See also *China's green revolution*，op. cit. 请注意，这项研究既不是对中国环境政策的评估，也不是一剂处方，只是列出中国所掌握的减排技术。

56. 很多项目用这种方法来实现，其中值得一提的是：《中国：深化事业单位改革、改善公共服务提供》，北京，中信出版社为世界银行出版，2005 年。该文件报告了由中西专家组成的国际小组的工作成果。

57. Randall Peerenboom，*China's Long March toward Rule of Law*，Cambridge，Cambridge University Press，2002，and *China Modernizes：Threat to the West or Model for the Rest?*，Oxford，Oxford University Press，2007.

58. 这一部分是与中国人民大学刘德豪共同撰写的。刘德豪在瑞士一年间写了这一章的大部分：Liu Dehao，*Developing Social Security System in China*，Lugano 2008. 我同时感谢王芳关于到 2000 年中国社会保障变化的第一篇论文：Wang Fang and Paolo Urio，*The Structure of the Chinese Social Security System*，research report realized within the Europe China Management Improvement Foundation（ECMI），Geneva，2001.

59. 世界银行承认了这种情况，同时还认为家庭成年工人的教育程度是最明显的贫困的可观察指标。

60. 同上，第 xii – xxxiii 页。2007 年，官方把贫困线定在每人每年 785 元或每人每天 0. 75 美元，2005 年 PPP 美元。同上，第 v 页。

61. Wu Jie，'China's social security system'. Available online at：http：//www. cato. org/events/china/papers/jie. html（accessed 10 May 2008）.

62. 这个数字在 2006 年年底上升到 9 000 亿元人民币。

63. 到 2005 年年底，辽宁、吉林、黑龙江为个人空账分别补贴 206 亿元、27. 5 亿元和 32. 4 亿元。

64. 杨燕绥，《养老金管理的第三次选择》，《中国劳动保障》，2004 年。

65. 黄宙辉，《企业年金制：它可以占用多少份额》。网站：Http：//www. ycwb. com/gb/content/2004 – 04/23/content_ 680652. htm（2008 年 5 月 9 日访问）。

66. 社会化医药费用由政府预算支付，劳动保险费用由企业支付。同时，医院完全由政府资助。

67. 参见：Allyson M. Pollock，NHS plc. *The Privatization of our Health Care*，London Verso，2004.
68. 注意，这方面的中国教授指出，累积率太高，违反了医疗保险的基本原则。
69. 这是辽宁试点的一个任务。
70. 一些城市成立了“民办医院”，如广东的江门，2006 年 1 月 22 日。网站：http：//www. xzxf. gov. cn/I_ bmfw/show. aspx? id =27640（2008 年 5 月 12 日访问）。
71. 数据来源：民政部，《2007 年民政发展统计公报》。网站：http：//www. mca. gov. cn/article/zwgk/mzyw/200801/20080100010511. shtml（2008 年 5 月 10 日访问）。
72. 本部分的数据来自中国民政部网站：http：//www. mca. gov. cn/artical/content/WFL _ YWJS/20047785023. html.（2008 年 5 月 10 日访问）。
73. 数据来源：国家统计局，《2007 年国民经济和社会发展统计公报》。网站：http：//www. stats. gov. cn（2008 年 5 月 20 日访问）
74. 吴敬琏，《大中型企业改革：建立现代企业制度》，天津，天津人民出版社，1993 年；中国经济体制改革总体设计课题组，《企业社会保障职能的独立化》，《经济研究》，1993 年第 11 期，第 15 - 22 页。
75. 王燕，徐滇庆等，《中国养老金隐性债务、转轨成本、改革方式及其影响——可计算一般均衡分析》，《经济研究》，2001 年，第 5 期，第 3 - 12 页。
76. 赵耀辉，徐建国，《我国城镇养老保险体制改革中的激励机制问题》，《经济学季刊》，2001 年，第 1 期，第 193 - 207 页。
77. 封进，《中国养老保险体系改革的福利经济学分析》，《经济研究》，2004 年，第 2 期，第 55 - 63 页。
78. 何樟勇（He Zhangyong），袁志刚，《基于经济动态效率考察的养老保险筹资模式研究》，《世界经济》，2004 年，第 5 期，第 3 - 12 页。
79. 朱青，《当前养老保险筹资模式不宜转向基金式》，《经济理论和企业管理》，2001 年，第 12 期，第 16 - 21 页。传统上，艾伦条件（Aaron，H.，‘The social security paradox’，*Canadian Journal of Economics and Political Science*，no. 32，1966，pp. 371 - 6）用来比较基金制和非基金养老金制度的条件。在世代交叠模型下，艾伦条件比较了基金制养老金和缴费确定型现收现付养老金制度下的人均效用。比较假定一定的外源生育率和非弹性劳动力供应。在这些限制条件下，艾伦发现当人口增长率乘以总劳动生产率大于（小于）市场利率时，缴费确定型现收现付制的个人福利比基金制（或私人供应）高（低）。
80. 郑秉文，《欧亚六国社会保障“名义账户”制利弊分析及其对中国的启示》，《世界经济与政治》，2003 年，第 5 期，第 56 - 61 页。
81. 王新梅，《全球性公共养老保障制度改革与中国的选择》，《世界经济文汇》，2005 年，第 6 期，第 52 - 71 页。李剑阁，《养老金“空账”新解》，《财经》，2006 年，第 11 期。
82. 胡鞍钢，《利国利民、长治久安的奠基石——关于建立全国统一基本社会保障制度、开征社会保障税的建议》，《改革》，2001 年，第 4 期，第 12 – 18 页。

83. 贾康，杨良初，王玲，《实行费改税开征社会保险税的研究》，《财政研究》，2001 年，第 1 期，第 25 – 34 页。

84. 李绍光，《养老保险的困境与出路》，《经济社会体制比较》，2000 年，第 3 期，第 37 – 45 页。《政府在社会保障中的责任》，《经济和社会体制比较》，2002 年，第 5 期，第 34 – 37 页。《社会保障税与社会保障制度优化》，《税务研究》，2004 年，第 8 期，第 48 – 56 页。《划国有资产和偿还养老金隐性债务》，《经济学动态》，2004 年，第 10 期。郑功成，《开征社会保险税应该推迟》，《中国日报》，2002 年 2 月 2 日。

85. 李珍，《养老社会保险的平衡问题分析》，《中国软科学》，1999 年，第 12 期，第 19 – 23 页。

86. 冯兰瑞，《社会保障社会化与养老基金省级统筹》，《中国社会保障》，2002 年，第 10 期，第 54 – 57 页。

87. 万春，邱长溶，《我国养老保险体系的全国统筹模型建立及预测分析》，《预测》，2006 年，第 3 期，第 43 – 54 页。

88. 王晓军，《对我国不同地区养老保险金的短期精算分析》，《人口与经济》，2006 年，第 3 期，第 67 – 71 页。

89. 李珍，《养老社会保险的平衡问题分析》，《中国软科学》，1999 年，第 12 期，第 19 – 23 页。李珍，孙永勇，《多元化：养老社会保险基金管理的合理选择》，《经济评论》，2001 年，第 6 期，第 56 – 59 页；李珍，刘昌平，《论养老保险基金分权式管理和制衡式监督的制度安排》，《中国软科学》，2002 年，第 3 期，第 8 – 13 页；李绍光，《政府在社会保障中的责任》，《经济社会体制比较》，第 5 期，2002 年，第 34 – 37 页；陈工，谢贞发，《解决养老保险转轨成本实现个人账户“实账”运行》，《当代财经》，2002 年，第 10 期，第 28 – 31 页。

90. 李绍光，《深化社会保障改革的经济学分析》，北京，中国人民大学出版社，2006 年。

91. 吴敬琏，《大中型企业改革：建立现代企业制度》，天津，天津人民出版社，1993 年；周小川，王林，《企业社会保障职能的独立化》，《经济研究》，1993 年，第 11 期，第 15 – 22 页。

92. 李珍，辜胜阻，《社会保障基金管理制度的国际比较研究》，《财政研究》，1998 年，第 2 期，第 34、40 – 44 页。李珍，《养老社会保险的平衡问题分析》，《中国软科学》，1999 年，第 12 期，第 23 页。

93. 葛延风，《养老保障制度改革》，《经济研究参考》，1998 年，第 9 期，第 7 – 19 页。

94. 林义，《东欧国家养老保险基金管理的启示》，《经济学家》，1999 年，第 3 期，第 99 – 104 页。

95. 杨义勇，《中国养老保险基金的收缴与投资》，刊于徐滇庆，尹尊生，《中国社会保障体制改革：1998 年中国社会保障国际研讨会论文选》，北京，经济科学出版社，1999 年。

96. 同上。

97. 中国养老基金估计和管理研究小组（2001 年），《养老基金如何应避免投资风险》，《经济日报》，2001 年 9 月 6 日。

98. 李剑阁，《我国社会保障制度改革的几个问题》，《经济社会体制比较》，2002 年，第 2 期，第 46 –

52 页。

99. 杨燕绥，《养老金管理的第三次选择》，《中国劳动保障》，2004 年。

100. 张新民，《试论我国社会保险基金监管制度的完善与创新》，《人口与经济》，2004 年，第 3 期，第 40 – 44 页。

101. 李珍，《论养老保险基金分权式管理和制衡式监督的制度安排》，《中国软科学》，2002 年，第 3 期，第 8 – 13 页。

102. 数据根据 2007 年统计年鉴计算，中国国家统计局，网站：www. stats. gov. cn/english/statisticaldata/yearlydata/（2008 年 5 月 19 日访问）。

103. 何平，《发展劳动力市场与完善社会保障》，中国发展高层论坛 2006 年会讲演。

104. Mark W. Frazier，'After pension reform：navigating the "third rail" in China'，*Studies in Comparative International Development*，vol. 39，no. 2，2004，pp. 45 – 70.

105. 李绍光，《当前社会保障改革的两个体制性问题》，《经济社会体制比较》，2006 年，第 123 卷，第 3 期，第 34 – 38 页。

106. 3. 7 万亿的过度成本得到大多数学者的认可。《2006 年社会保障基金年报》，2007 年 6 月 15 日。

107. 全国社会保障基金理事会，《2006 年社会保障基金年报》，2007 年 6 月 15 日。

108. 例如，资本市场的定价机制限制了国有资产转移到 NSSF。

109. 到那时，国有资产转入 NSSF 的障碍将解决，NSSF 将有足够资金退还从个人账户借的钱。

110. 实际上个人账户资本化试点比例在大多数省份都设为 5%，以减少政府预算负担。

111. 劳动和社会保障部社保基金监督局。网站：http：//news. sohu. com/20070829/n251832112. shtml（2008 年 6 月 12 日访问）。

112. 周小川，《社会保障基金将促进股票市场的稳定》，《中国证券报》，2000 年 6 月 30 日。

113. 根据《中国日报》最近的估计，到现在农民工数量有 1. 5 亿（2008 年 10 月 17 日），甚至超过 2. 0 亿（2008 年 10 月 28 日《中国日报》）。世界银行承认估计农民工的数量很困难，不过，最近估计约 1. 5 亿：World Bank，From Poor Areas to Poor People：China's Evolving Poverty Reduction Agenda. An Assessment of Poverty and Inequality in China，March 2009，p. x.

114. 例子请参阅：胡鞍钢，《中国的宏观经济与卫生健康》，国家发展和改革委员会、财政部、卫生部和世界卫生组织 2002 年 12 月 18 日联合举办的全球宏观经济与卫生研究报告会报告，后来作为《中国大过渡》第 6 章（北京，中国国情研究中心，2004 年 10 月，第 148 – 166 页）和《中国经济社会的过渡》第 6 章（伦敦，劳特利奇出版社，2007 年，第 133 – 151 页）。在《健康不安全，中国人类安全的最大挑战》一书中还有一章关于健康的论述，第 152 – 166 页。

115. 这是西方国家较为普遍的现象。例如：Domenighetti，Gianfranco，*Marché de la santé：ignorance ou adéquation? Essai relatif à l'impact de L'information sur le marché sanitaire.* Lausanne，Réalités sociales，1994；and 'Challenges for information systems for health policy development：the canton experience in Switzerland'，in *The Process of Health Policy Development of Sub – National Policies for Health*，Copen-

hagen, WHO Regional Office for Europe, 1992, pp. 172 – 196.

116. Liu X. Mills, 'Evaluating payment mechanisms: how can we measure unnecessary care?', *Health Policy and Planning*, vol. 14, no. 4, 1999, pp. 409 – 13.

117. "药价降 17 次效果不明显", 新华网, 2005 年 10 月 31 日。网站: http://nwes. xinhuanet. com/fortune/2005 – 10 – 31content_ 3707704. htm（2008 年 5 月 19 日访问）。

118. 数据来源:《卫生部第三次全国卫生调查结果》。

119. 九江健康保险办公室,《城市健康保险的 413 安排》, 江西九江, 2004 年项目报告。

120. Wu A., Li Y., Zhang Y. and Cheng X., 'DRG – based payment reform for urban health insurance scheme', *Chinese Journal of Health Economics*, no. 9, 2004, pp. 38 – 9.

121. 财经杂志,《中国卫生保健系统的新药方》, 2007 年 12 月 28 日。

122. 将 32 亿元巨额养老金投入未被批准的、官员腐化的领域。许多官员, 包括中共上海市党委书记陈良宇被依法严惩。

123. 教育领域也出现了同样的问题, 在自由主义市场经济的激励下, 引入了相同的模式, 使无法从经济发展中得到好处的人很难甚至不可能进入中等和高等教育机构。

124. 关于对新公共管理的批判, 参见: Paolo Urio, 'La gestion publique au service du marché', in Marc Hufty (sous la direction de), *La pensée comptable. Etat, néolibéralisme, nouvelle gestion publique*, Paris, Presses Universitaires de France, pp. 91 – 124.

125. 关于这些概念, 可能太长, 无法在此详细讨论, 我在其他地方运用了这个视角: Paolo Urio (ed.), *Public Private Partnerships: Success and Failure Factors for In – transition Countries*, forthcoming, University Press of America, (UPA), 2010, chapters 1, 2 and Conclusion; 关于中国的第一章由清华大学杨永恒和张万昆撰写。我在这里也不去讨论关于"公共品""私人品"和"有益品"的混合类型产品的问题。但是必须记住它们的区别, 因为许多国家的活动家都在关注有争议的"有益品"拥有公共品的一部分, 然而却没有科学证据, 就像纯粹公共品或私人品一样。因此需要通过政治决策过程来确定。

126. World Bank, *From Poor Areas to Poor People: China's Evolving Poverty Reduction Agenda. An Assessment of Poverty and Inequality in China*, March 2009. Available online at: www. worldbank. org (accessed 5 September 2009). 世界银行对于贫富差距提供以下原因: 第一, 易受贫穷的条件很普遍, 特别是在中国农村; 第二, 经济增长是减少贫穷的关键, 但是贫穷对经济增长的响应能力下降; 第三, 收入比以前获得健康和教育更重要, 然而, 穷人承载卫生和教育的负担增加了; 第四, 越来越成熟的劳动力市场使工人的福利引起关注; 第五, "流动人口" 的出现对社会政策形成持续挑战; 第六, 新的社会保障体制正在形成, 还存在许多挑战。

127. World Bank, *Mid – term Evaluation of China's 11th 5 Year Plan*, 2008. Available online at: www. worldbank. org (author's summary from the Bank's report. Accessed 15 June 2009).

128. Ibid, p. v.

129. 深圳政府 2009 年 7 月 1 日规定最低工资标准为 1 000 元，比 2008 年增长 20%。

130. 《中国劳工通讯》（www. china - labour. org. hk/en/，2009 年 5 月 4 日访问）承认这一事实："工人感到被冷落，越来越多的人绕过工会集体捍卫自己的权利。事实证明，工人现在罢工抗议是有意识地迫使地方政府干预争端，人们认识到，工会积极变革的条件都已具备，2008 年有迹象表明工会官员采取更稳健和务实的态度保护工人的权利。"《中国劳工通讯》在其网站上发布了新闻信息和关于内地工人情况的报告。

131. 参见：Yiyi Lu，*Non - governmetal Organizations in China*，London，Routledge，2008. 我的前助理在安东尼·科恩教授（洛桑大学）指导下写的博士论文即将完成，这个论文也针对中国慈善非政府组织的作用变化以及它们对中国社会治理的贡献与社会提供提出了有益见解。这些组织似乎越来越自治，不受国家的控制。这种新型慈善社会部门对于弱势人口快速增长和被社会排斥现象增加的中国来说非常重要。虽然中国非政府组织仍然受到非常严格的法律限制，但中国政府认为，凡是对社会安定有利的，可以容忍，有时甚至鼓励一些非政府慈善组织的一些"非法"活动。这个论文是经过 3 个方面的深入采访后写出的，特别分析了这些组织创办人和工作人员的社会背景，并评估了中国国家资助和国际赠款对其发展的影响

132. 参见中国劳工通讯网站（www. chinalabour。org. hk/en/，2008 年 1 月 1 访问）发表文章："农民工在法院赢得重大赔偿"。清华大学刚刚推出由其关于非政府组织的研究中心出版的英文评论。这份由王明教授指导的刊物为《*The China Nonprofit Review*》，第 1 卷，第 1 期，2009 年，共 168 页，有 9 篇文章，都是中国学者撰写的。

133. 第二章提到，改革时期中国大众媒体相当开放，毛泽东时代不允许讨论的题目都可以定期提出并讨论。结果，新闻学专业经历了显著的变化。例如，李希光，《转型中的新闻学》，广州，南方日报出版社，2005 年。

134. 关于这个事实，即这场危机不仅仅是财政危机也是经济危机，见：Joseph Stiglitz，'Spring is here，but contain your excitement'，*The Economists' Voice*，Project Syndicate，The Berkeley Electronic Press，May 2009. Available online at：www. bepress. com/ev（accessed 24 - 06 - 09）.

135. World Bank，China Quarterly update，March 2009，and June 2009，and World Bank's Press release，Beijing，18 June 2009. Available online at：web. worldbank. org（accessed 28 June 2009）.

136. 作者 2009 年 4 月 30 日收到来自上海的第二封电子邮件，是瑞士上海中心尼古拉斯·穆希（Nicolas Musy）发送给订阅者的信。这封信进一步指出大量存款允许世界最大的银行变成中国的：中国工商业银行刚刚超过美国和日本的对手摩根 JP 和三菱 - UFJ。在市场资本方面，中国已经吸收 3 家世界最大银行，反映投资者对中资银行的信心。2009 年第一季度新增贷款超过 2007 年一年的新增贷款。

第四章

1. He Ping，*China's Search for Modernity*：*Cultural Discourse in the Late 20th Century*，Palgrave，Macmillan，

in association with St. Anthony College, Oxford, 2002, p. 1.

2. 这个问题的正面回答的代表是章家敦（Gordon Chang）的“中国崩溃论”：*The Coming Collapse of China*, New York, Random House, 2001.

3. 我在其他地方做了详细分析：Paolo Urio, *Le role politique de l'administration publique*, Lausanne, LEP, 1984.

4. Robert L. Peabody, *Organizational Authority*, New York, Athernon Press, 1964; Steven Lukes, *Power: A Radical View*, London, MacMillan, 1974.

5. Stewart Clegg, *The Theory of Power and Organization*, London, Routledge & Kegan Paul, 1979, p. 47.

6. Max Weber, *Economie et société*, Paris, Plon, 1971.

7. Georges Balandier, *Anthropologie politique*, Paris, Presses Universitaires de France, 1967, p. 45 (my translation from the French). 人类学很有趣，因为它往往将原始社会的各个方面都同时分析，却得出其他专业得不到的精彩见解。

8. 关于不同但类似的观点，参见：Wlodzimierz Wesolowski, *Classes, Strata and Power*, London, Routledge and Kegan Paul, 1979 (translated from the Polish). 他认为马克思、恩格斯遵循相同的方法，定义 3 个功能先决条件：人类繁殖、消费品生产及社会组织。

9. 这很使人被诱惑去按马克思主义者和非马克思主义者的建议，明确地将“思想表征”和“科学表征”分开。在这里，我不打算讨论这种可能性，因为：第一，我看不到在这个层面上定义权力时这种分离有什么影响。第二，讨论这种分离超出了本书的范围。

10. 我们当然有中国和其他地方古代集体生产方式作为示例。但是，除古埃及的金字塔或中国的长城外，经济生产主要以个体（或家庭）为主。

11. Wesolowski, op. cit., pp. 19 – 20. 这种区别只运用于经济资源，而我建议将其用于所有类型的资源。

12. 我认为这样定义有以下几个优点：第一，可以很好地表达我们所说的权力概念的不对称性。第二，它可以避免理论上的关联，这种关联可能被认为存在思想偏见，如统治阶级、政治阶层、权力集团和统治阶级等。第三，在给予这一概念精确的意义的同时，它绝不会预先判定这个概念的历史案例的实际内容，也不会预判构成统治群体的一致性。统治集团的概念按照马克思的观点完全可以运用到一个社会阶级、一个复合的集团或多少有点像基础不同的联盟。

13. 诺贝尔奖得主米尔顿·弗里德曼（Mitton Friedman）的一句名言。*Capitalism and Freedom*, Chicago, University of Chicago Press, 1962 (1982 with a new Preface by the author), chapter 1: 'The relation between economic freedom and political freedom', pp. 7 – 21, chapter 2 'The role of government in a free society', pp. 22 – 36.

14. 我把 2004 年 11 月海口研讨会的论文加入这一节：Paolo Urio, *The Provision of Public Services in the PRC in the Age of Reform: Reconciling State, Market and Civil Society*, paper presented to the International Symposium on Public Service and Government Reform, Haikou, China, 30 – 31 October 2004.

15. Timothy Brook, and Gregory Blue (eds), *China and Historical Capitalism, Genealogies of Sinological*

Knowledge, Cambridge, Cambridge University Press, 1999.

16. 关于市场经济的起源和主要经济特征以及与国家的关系，见：Tom Bottomore, *Theories of Modern Capitalism*, London, Allen & Unwin, 1985; Peter A. Hall and David Soskice (eds), *Varieties of Capitalism: The Institutional Foundations of Comparative Advantage*, Oxford, Oxford University Press, 2001. 关于当代西方批判，见：Meiskins Ellen Wood, *Empire of Capital*, London, Verso, 2003. 关于资本主义的起源，见：Meiskins Ellen Wood, *The Origins of Capitalism*, London, Versus, 2002. 关于市场经济的兴起和国家财富的国际比较，见：Immanuel Wallerstein, *The Modern World System*, New York, Academic Press, 2 volumes, 1974 – 1980; *Le capitalisme historique* (translation of *Historic Capitalism*) Paris, La Découverte, 1985; David S. Landes, 'The fable of the dead horse, or the Industrial Revolution revisited', in Joel Mokyr (ed.), *The British Industrial Revolution: An Economic Perspective*, Boulder, Colorado, USA, Westview Press, 1998 (2nd edn), chapter 2; *The Wealth and Poverty of Nations. Why Some are So Rich and Some So Poor*, New York, Norton, 1999 (with 2 chapters on China, Japan). 关于经济发展与科学发展的联系，见：Joseph Needham, Science and Civilisation in China, New York, Cambridge University Press, 7 volumes, 1954 – 2004. 关于自然科学兴起的比较分析，请参阅：Toby E. Huff, The Rise of Early Modern Science: Islam, China, and the West, (2nd edn) Cambridge, Cambridge University Press (1st edn 1993, 2nd edn 2003). 关于西方文明起源于东方，请参阅：John M. Hobson, The Eastern Origins of Western Civilisation, Cambridge, Cambridge University Press, 2004 (chapters 3 and 9 on Chinese influence on the West).
17. 19 世纪末期俾斯麦的德国福利国家雏形经常被引用。
18. 我使用市场经济的术语是为了简化图表，用于区别于计划经济或指令性经济。很明显，西方国家的经济更适合分为 3 种：真实的市场经济、垄断性经济和公共经济。此外，有必要区分市场经济和资本主义经济。因此，请参阅沃勒斯坦和费尔南·布罗代尔的著作：Fernand Braudel, *La dymamique du capitalisme*, Paris, Flammarion, 1985, *Ecrits sur l'histoire*, Paris, Flammarion, 1969, *Civilisation matérielle, économie et capitalisme (XVe – XVIIIe siècle)*, Paris, A Colin (Ed. Livre de poche), 1979, vol. 1: Les structures du quotidien; vol. 2: Les jeux du l'échange; vol. 3: Le temps du monde; Immanuel Wallerstein, *Le capitalisme historique*, Paris, La Découverte, 1985 (translation of: Historical Capitalism, 1983), *After Liberalism*, New York, 1995, St. Martin's Press, and *World Sytems Analysis. An Introduction*, Durham and London, Duke University Press, 2004.
19. 本书没有必要进一步说明优势群体的构成，因为各国都不相同。一般来说，它由资本主义国家最有代表性的人组成，如一些右翼政党、一些大的私人媒体管理者和一些右翼知识分子。有时其他势力也加入具体的公共政策领域，主要是社会政策领域。
20. 在这个背景下，没有必要在此深入分析结构的合理性。我们的目的就是要说明我们的理论框架，并提出一些研究方向。
21. 生产要素包括：运输、学校和教育、城市规划、废物处理、社会服务、能源、房屋、医院、保

险等

22. 这些国家进程被放置在行政、立法和司法三权分立的一般原则下。这样，当市民认为政府（行政部门和行政管理）采取了一个错误的决定时，就可以诉诸一个独立于国家的机构，即法院。

23. 在这里，我是指：Ole Holsti，*The Operational Code as an Approach to the Analysis of Beliefs Systems*，Duke University，1977，mimeo.

24. 没有忘记社会生物结构和信息结构调节的过程。

25. 这是一个有争议的言论。但的确被西方普遍接受，可能今天依然如此。

26. “二战”后，西方决策者一般都同意重建欧洲（利用美国马歇尔援助计划）。这在1940年年底欧洲分为西欧与东欧的时候更加必要。赞成政府在社会中起有限作用（特别是在经济上）的人的声音很少被人听到。弗里德曼在他的著名著作第二版序言中抱怨这种情况：Milton Friedman，*Capitalism and Freedom*，Chicago，University of Chicago Press，1962（1982 with a new Preface by the author）. 这一派的许多经济学家于1946年聚集在瑞士派勒林山的度假小镇成立了派勒林山学会，其中有几个诺贝尔奖获得者，包括弗里德曼·冯·哈耶克。在几个非常富有的基金会的支持下（特别是在美国私营部门的资助下），他们等待着决策者们不可避免地应用他们专业知识的时刻。例如，美国总统里根和英国首相撒切尔就是这样。

27. 其他措施包括：国家从私营部门引进管理技术，放开市场价格，采用更透明的国家会计制度和公共部门更灵活的人力资源管理，即结束公共服务。NPM总的原则是经济效率。David Osborne and Ted Gaebler，*Reinventing Government：How the Entrepreneurial Spirit is Transforming The Public Sector*，New York，Plume Book，1992. 该书普遍被认为是NPM的创始作，至少在美国是如此；还请参阅：David Osborne and Peter Plastrik，*Banishing Bureaucracy：The Five Strategies for Reinventing Government*，New York，Penguin，1997. 有大量关于赞成NPM的资料（而反对的较少）：Michael Barzeley，*Breaking through Bureaucracy：A New Vision for Managing in Government*，Berkeley，University of California Press，1992，and *The New Public Management*，*Improving Research and Policy Dialogue*，Berkeley，University of California Press，2001.

28. 例如我的文章：Urio，Paolo，‘La gestion publique au service du marché’，in Marc Hufty（ed.），*La pensée comptable. Etat，néolibéralisme，nouvelle gestion publique*，Paris，Presses Universitaires de France，1999，pp. 91 – 124. 这篇文章是一个非常完整的NPM评价，有各种来源的实证证据。还请参阅：Ezra Suleiman，*Dismantling Democratic States*，Princeton，Princeton University Press，2003.

29. 必须指出，此过程并没有像一些西方观察家所想象的那样普遍。中国政府不止一次地明确表明有几个国家经济部门不能私有化，包括武器装备行业（这不难理解）和公共事业及战略部门。

30. 例如：Allen Schick，‘Why most developing countries should not try New Zealand reforms’，*The World Bank Research Observer*，vol. 13，no. 1，February 1998，pp. 123 – 31.

31. 我这里指的是：Lin，Yi – min，*Between Politics and Markets*，Cambridge University Press，2001，以及中国和西方的新左派著作，本章结束时，我还会回来讨论林益民的著作。

32. 有必要，也有兴趣分析中国共产党内部决策过程的变化，而在这项研究中一直没有可能。同时也有必要考虑党在群众团体的作用以及公民社会的变化，即非政府组织和协会的发展状况；最后是大众媒体不断变化的作用。在本书的框架下，我只能泛泛地谈到这些变化，深入的研究还需单独进行。关于中国共产党与中国精英角色变化的最新评估，见：David Shambaugh，*China's Communist Party：Atrophy and Adaptation*，Berkeley，University of California Press，2008，Bo Zhiyue，*China's Elite Politics：Political Transition and Power Balancing*，New Jersey，World Scientific，2007，and Agnès Andrésy，*Le Président chinois Hu Jintao. Sa politique et ses réseaux. Who's Hu?*，Paris，L'Harmattan，2008.
33. 正如我在第一章解释的，还有其他原因解释为什么引入市场机制，目的是提高经济效益；更重要的是，据我们看，目的是要恢复中国在国际舞台上的大国地位。在这方面邓小平的目标与毛泽东的目标没有什么不同。
34. 我在第一章举了一个突出的例子，那就是江泽民在2002年党的第十五次全国代表大会上的讲话。我也提到，他的继任者在2007年全国代表大会上确认了这种说法。
35. 例见：Marie－Claire Bergère，*L'àged'or de la bourgeosie chinoise*，Paris，Flammarion，1986，and *Capitalisme et capitalistes en Chine*，Paris，Perrin，2007.
36. 这方面的研究正在进行。但是将来能发展到什么程度以及对权力结构有什么影响，目前还无法判断。
37. 关于法律对市场经济的重要性以及当代中国的法律，见：Robin Paul Malloy，*Law and Market Economy：Reinterpreting the Values of Law and Economics*，Cambridge，Cambridge University Press，2000；Jean C. Oi and Andrew G. Walder（eds），*Property Rights and Economic Reform in China*，Stanford，Stanford University Press，1999；Stephen C. Angle，*Human Rights and Chinese Thought：A Cross－Cultural Inquiry*，Cambridge，Cambridge University Press，2002.
38. 法治与法制的差异当然很大，见：Stanley B. Lubman，*Bird in a Cage：Legal Reform in China After Mao*，Stanford，Stanford University Press，1999，and *China's Legal Reforms*，Oxford，Oxford University Press，1996；Randall Peerenboom，*China's Long March toward Rule of Law*，Cambridge，Cambridge University Press，2002.
39. Yi－min Lin，*Between Politics and Markets*，Cambridge University Press，2001.
40. 同上，第2－3页。
41. 同上，编者前言。林益民引用了几个西方学者，这些西方学者认为腐败和寻租不利于经济增长（同上，第2页）。他的假设是："在改革时代，国家有效操作的行为……构成公司成功地必要条件。"（同上，第6页）
42. 林益民提到的作者有：Charles Lindblom，*Politics and Markets：The World's Political－economic System*，New York，Basic Books，1977，and William Parish，and Ethan Michelson，'Politics and markets：dual transformation'，*American Journal of Sociology*，vol. 101，no. 4，1996，pp. 1042－59.

43. 林益民，同前，第 17 页。
44. 同上，第 17 – 18 页。
45. 同上，第 18 页。
46. 第一章我分析了邓小平在没有完全脱离毛泽东思想的情况下引入了市场机制的战略。
47. 第一章我已提到基于韦伯作品的现代社会的这一特性。
48. 在众多的例子中，我只引用前面几章已经引用的一些。首先是世界银行由西方和中国专家小组主持编写的 3 个报告：世界银行：《中国：深化事业单位改革，提高服务质量》，北京，中信出版社，2005 年，为世界银行出版；《从贫困地区到贫困人群：中国减少贫困日程演进．中国贫困和不平等评估》，2009 年 3 月，世界银行网站（www. worldbank. org，2009 年 9 月 5 日访问）；《中国第十一个五年计划中期评价》，2008 年，世界银行网站（www. worldbank. org，2009 年 6 月 15 日访问）。最后一个例子很特殊，因为它是应中国国家发展和改革委员会的请求准备的。我不知道其他国家有没有向国际组织提交主要社会发展计划。其他值得一提的文件是：McKinsey，*China's Green Revolution*，McKinsey Company，February 2009，available on the company's website（www. mckinsey. com，accessed 5 June 2009）. 几所高校的很多学者和国家发展和改革委员会能源研究所组成的团队一起编写。
49. 关于党校的作用，见：David Shambaugh，'Training China's political elite：the Party School system'，*China Quarterly*，December 2008，pp. 827 – 44. 根据沈大伟的文章，党校是保持对 6 932 000 党员和 33 578 000 国家干部控制的重要机制。同上，第 828 页。
50. 《中国日报》，2007 年 10 月 19 日。
51. 上海浦东党校教授的题目：中国共产党的任务和中国共产党的执政能力；政府功能和管理；公私管理区别；依法治国；科学发展观，五年发展计划；城市功能定位和城市化战略；地方公共财政的结构和问题，城市规划发展，保护公民利益；就业和社会保障；WTO 规则和开放政策；国有企业管理与改革；私人企业的发展；股票市场的操作、功能和影响；陈云思想导论。
52. 这是中国公共部门的中瑞管理培训第二阶段的主要内容。显示了中国高级行政人员在欧洲受训的范围。在欧洲学到的管理题目和技术包括：政府组织、协调国家、省、直辖市之间的责任，各种类型社会保险和行政程序；环境保护政策；问责制；政绩评价；市场自由化规则和程序；公共事业的监管机构和协调与供应商的作用；官方统计数据的收集和使用；重组的后果；职工的激励；反腐败程序，新公共管理技能。在欧洲学到的管理题目和技术包括：公司文化和价值，关键雇员的认定和发展，雇员的赔偿和福利，管理开发，管理国家职工协议，集体学习，基准设定，基于价值的管理，新分公司的管理，精减人员和人员激励，改变管理，把股东和职工利益联系起来，质量控制。
53. 正如我在第三章中所解释的，中国大学内有一些突出的智囊团和知识分子，他们发挥了启发中国领导人的作用。我已经举出一个例子，即胡鞍钢指导的清华大学国情研究中心。
54. 用不同的方法，得出的统计结果各异：较为悲观的方法得出的结果是贫困人口达到 1 亿 ~1. 2 亿。

55. 关于自由民主国家目前面临的挑战的一般看法，请参阅：Roberto Mangabeira Unger, *What Should the Left Propose?*, London, Verso, 2005. 该文引用许多中国的情况。关于中国，请参阅：Zhao Suisheng (ed.), *Debating Political Reform in China. Rule of Law vs. Democratization*, New York, M. E. Sharpe, 2006，由中西方专家撰写。关于传统文化特征（特别是法律制度）的存留，例如：Randall Peerenboom, *China's Long March Toward Rule of Law*, Cambridge, Cambridge University Press, 2002, *China Modernizes: Threat to the West or Model for the Rest?*, Oxford, Oxford University Press, 2007, and 'A government of laws: democracy, rule of law, and administrative law reform in China', in Zhao, op. cit., pp. 58 –78. 关于儒家传统存留的当代分析，请参阅：Nicolas Zufferey, *Introduction à la pensée chinoise*, Paris, Hachette, 2008, and the works of Daniel A. Bell, *The Cultural Contradictions of Capitalism*, New York, Basic Books (Perseus Books), 1996 (twentieth anniversary edition with a new after word by the author), *Beyond Liberal Democracy: Political Thinking for an East Asian Context*, Princeton, Princeton University Press, 2006, and Daniel A. Bell (ed.), *Confucian Political Ethics*, Princeton, Princeton University Press, 2008, and Daniel A. Bell and Hahn Chaibong (eds), *Confucianism for the Modern World*, Cambridge, Cambridge University Press, 2003.
56. 这里没有必要讲西方国家如何用各种手段在其他国家推行选举。
57. 例如：Fareed Zakaria, 'The rise of illiberal democracy', *Foreign Affairs*, vol. 76, no, 6, November – December 1997, pp. 22 –43.
58. Leon Fuller, *The Morality of Law*, New Haven, Yale University Press, 1976.
59. 裴文瑞（Peerenboom）在他的《中国迈向法治的长征》一书中对法治问题进行了深入的探讨。
60. Randall Peerenboom, *China Modernizes: Threat to the West or Model for the Rest?*, op. cit., pp. 306 –7.
61. 同上，第307页。
62. 同上，第288页。裴文瑞继续说：中国的社会主义法治，新加坡的软专制或社群主义法治，伊斯兰法治和自由主义民主法治在特殊条件下会产生不同的效果，因为法律和实践反映不同的价值观……法律必须反映社会规范和条件。自由主义的法律不总是那么适当的。当法律与占主导地位的大多数人根深蒂固的思想相矛盾时，这些法律很少得到执行。书上的法律与尊重法制和法治的实践上之间就出现了差距，这样就激起亚洲和其他发展中国家的民族主义情绪，反对新帝国主义强加给他们受到质疑的价值观。
63. 在这个意义上，见萨切瑞尔的文章，同前。
64. Peerenboom, *China's Long March Toward Rule of Law*, op. cit., pp. 145 –7. 裴解释了“为什么我们干脆不谈法治而将它留给自由民主国家去谈呢”。
65. 同上，第71 –109页，发展4种理想类型：自由民主、社群民主、新专制主义和集权社会主义。
66. 网站：www. China. org. cn（2009年3月10日访问）。吴邦国在他的报告中讨论了中国和西方政治制度之间的差异：“中国实行在中国共产党领导下多党合作和政治协商制度，而不是西方的通过选举轮流执政的多党制……”吴邦国的言论被视为对主张中国引进西方多党制、分权制和议会两院制的回应。

67. Peerenboom, *China Modernizes*, op. cit. pp. 31 – 3.

68. 见第三章。

69. 这项法律更好地保护职工和工人，允许他们免费诉讼劳动仲裁案件。结果，2008 年劳动仲裁案件增加很多。此法曾发到各种组织包括私营企业征求意见，也遭到在中国的外国公司代表的强烈反对。例如美国、欧盟商会和美中贸易全国委员会表示反对，它们代表几乎所有在华欧美公司。它们反对大多数建议的条款，并威胁要收回投资，到劳动力更具竞争力的地方投资。请参阅：Lin Chun, 'Against privatization in China: a historical and empirical argument', *Journal of Chinese Political Science*, vol. 13, no. 1, 2008, p. 23, note 30.

70. 全国代表大会常务委员会法制工作委员会副主任信春鹰女士最近宣布，《劳动合同法》与金融危机无关，不会因此进行修改。网站：www. china. org. cn（2009 年 3 月 10 日访问）。关于农民工，见：Alan De Brauw and John Giles, 'Migrant labor markets and the welfare of rural households in the developing world: evidence from China', World Bank, 10 February 2008. 该文认为，从农村迁移来的农民工使人均消费显著上升，特别是农村贫穷家庭更明显。请参阅：Tang Wenfang and Yang Qing, 'The Chinese urban caste system in transformation', *The China Quarterly*, December 2008, pp. 759 – 9. 他们还认为"越来越多农民工比城镇居民占据更多的蓝领和服务业岗位，其经济、社会和政治地位得到提升"，第 759 页。还值得注意的是，中国总工会推举 47 名农民工代表参加 2008 年 10 月的全国代表大会（2008 年 10 月 17 日，《中国日报》），显示他们的地位已被承认；请参阅：Gloria Davies and Gaby Ramia, 'Governance reforms towards "Serving migrant workers"; the local implementation of Central Government regulations', *China Quarterly*, March 2008, pp. 140 – 9. 村级选举的进展已被外国观察员认可；见"卡特中心"网站：http://www.cartercenter.com/peace/china_elections/index.html（2009 年 3 月 10 日访问）。关于选举方法的试点，见：Cheng Li, 'From Selection to Election? Experiments in the recruitment of Chinese Political Elites', *China Leadership Monitor*, note 26, Fall 2008.

71. 关于华盛顿共识的争议，见：Joshua Cooper Ramo, 'The Beijing consensus', London, The Foreign Policy Centre, May 2004, available online at: www. fpc. org. uk (accessed 6 June 2009); Joseph Stiglitz, 'Post Washington consensus', Columbia University, Initiative for Policy Dialog, Working Paper Series, 2005, available online at: www. gsb. columbia. edu/ipd/ (accessed 6 June 2009); Yujiro Hayami, 'From the Washington consensus to the Post – Washington consensus: retrospect and prospect', *Asian Development Review*, vol. 20, no. 2, 2003, pp. 40 – 65.

结　论

1. 在第一章我分析了中国政治文化的发展，表明其与西方政治文化有很大不同。

2. 两本书分析了与人权密切相关的两个根本历史现象，并在这些问题上提供了线索：科学发展和财富发展。Toby E. Huff, *The Rise of Early Modern Science: Islam, China, and the West*, (2nd edn), Cambridge, Cambridge University Press, 2003, and David S. Landes, *The Wealth and Poverty of Nations: Why Some are So Rich and Some So Poor*, New York, Norton, 1999.

3. Francis Fukuyama, *The End of History and the Last Man*, New York, The Free Press, 1992; Samuel p. Huntington, *The Clash of Civilizations and the Remaking of World Order*, New York, Touchstone, 1997.

4. 值得注意的是，每年美国政府都发表文件，指责中国侵犯人权的行为。作为回答，中国政府也发表文件，指责美国侵犯人权的行为。除了一些陈词滥调外，必须承认这两个文件都表明两国政府对彼此国家侵犯人权的现象都了如指掌。此外，这两个文件还表明在人权和自由方面没有形成共识，对这些权利和自由的普遍了解，对于这个人权誓言的充分实现有重要意义。《世界人权宣言》序言第七段。

5. 可以想象，如果罗马帝国一直延续到1914年第一次世界大战爆发，西方政治文化的后果将是如何？

6. 当然，内战、日本的侵略和西方列强的干预使中国的落后局面更加恶化。

7. 注意，不幸的是，一些人权“铁杆捍卫者”自1948以来就违反了这些权利。

8. 例如：Gideon Rachman, ‘Conservatism overshoots its limits’, London, *Financial Times*, 6 October 2008; Joseph Stiglitz, ‘Turn left to sustainable growth’, *The Economists' Voice*, Project Syndicate, The Berkeley Electronic Press, September, 2008, available online at: www. bepress. com/ev (accessed 12 January 2009). 下面是美国智库经济政策研究所（EPI）的意见，网站：http: //www. epi. org/pages/epinews（2009年3月25日访问）。

   EPI长期以来认为恢复成立或加入工会的权利，大大有利于劳动市场的平衡，因为近年来讨价还价的能力严重向雇主倾斜。这种不平衡是造成非常富有的人和其他人收入产生历史性差距的原因。

9. World Bank, *From Poor Areas to Poor People: China's Evolving Poverty Reduction Agenda. An Assessment of Poverty and Inequality in China*, March 2009, p. iii, available online at: www. worldbank. org (accessed 25 March 2009). 此外，世界银行还认为，用新的国际标准每人每天1.25美元（中国用2005年购买力平价计算）来衡量，贫困程度较高，但自1981年以来下降的速度令人印象深刻（从1981年的85%下降到2004年的27%）。

10. 这也是约瑟夫·斯蒂格利茨（Joseph Stiglitz）最近所坚持的观点：Around the World with Joseph Stiglitz: Perils and Promises of Globalization, a documentary film realized by the author, 2009. 注意，斯蒂格利茨长期赞扬中国的发展战略。据我所知，他第一次公开进行分析，并支持这一战略是在1998年。1998年10月他在北大的一个会议上就开始赞扬这一战略。对中国崩溃的预测可参见：Gordon G. Chang, *The Coming Collapse of China*, New York, Randon House, 2001; Thierry Wolton, *Le grand bluff chinois. Comment Pékin nous vend sa révolution capitaliste*, Paris, Laffont, 2007; Guy Sorman, *The Empire of Lies: The Truth about China in the XXI Century*, New York, Encounter Books, 2008.

11. 幸运的是，这些政策正在通过采取“以人为本”的新战略得以纠正（我在第三章已经说过了）。如今，这个新战略正在加强，以应付国际经济危机的负面影响。这次经济危机已经使失业人口增加了。

12. World Bank, *China Quarterly Update*, March 2009, and June 2009, available online at: www. worldbank. org/china (accessed 10 June 2009). 2009 年 G20 峰会在伦敦开幕的当天，上海《金融时报》记者就写道：今年，上海股票市场远不是全球最好的市场。上海股指是莱曼兄弟 9 月份破产以来唯一领导市场的股权。Patti Waldmeier, ‘China stocks take to Beijing fiscal policies’, *Financial Times*, 2 April 2009. 还请参见：Lindsay Whipp, ‘Asian shares rise ahead of G20 meeting’, *Financial Times*, 2 April 2009.
13. 托德的分析含有各种各样的变量和方法（包括家庭结构、农业社会等用来解释欧洲历史和社会），不可能在这里一一说明。Emmanuel Todd, *L'invention de l'Europe*, Paris, Seuil, 1990. 苏联的垮台，见：*The Final Fall: An Essay on the Decomposition of the Soviet Sphere*, New York, Karz Publishers, 1979, translation of *La chute finale. Essai sur la décomposition de la sphère soviétique*, Paris, Laffont, 1976 (the new edition 1990 presents a new preface by theauthor). 关于美利坚帝国的陷落，见：*After the Empire: The Breakdown of the American Order*, New York, Columbia University Press, 2006, translation of: *Après l'Empire. Essai sur la décomposition du système américain*, Paris, Gallimard, 2002. 其他重要著作包括：*L'illusionéconomique*, Paris, Gallimard, 1999; *Après la démocratie*, Paris, Gallimard, 2008, and Youssef Courbage and Emmanuel Todd, *Le rendez – vous des civilisations*, Paris, Seuil, 2007.
14. Todd, *Essai sur la décomposition de la sphère soviétique* (1990 ed), op. cit, p. ii.
15. 请参阅：Courbage and Todd, op. cit, chapter 2, pp, 31 – 40.
16. Fukuyama, op. cit.
17. Huntington, op. cit. 关于批判，见：Courbage and Todd, op. cit., pp. 5 – 10.
18. 讨论这个问题，我要特别提到以下著作：Urio, Paolo, ‘La gestion publique au service du marché’, in Marc Hufty (ed.), *La pensée comptable. Etat, néolibéralisme, nouvelle gestion publique*, Paris, Presses Universitaires de France, 1999, pp. 91 – 124. 关于对 NPM 特别完整的、有各种来源的实证证据的评价，参见：Ezra Suleiman, *Dismantling Democratic States*, Princeton, Princeton University Press, 2003. 关于更激进的对自由主义民主和资本主义的批评，见：Raimon Panikkar, *I fondamenti della democrazia. Forza, debolezza, limite*, Roma, EdizioniLavoro, 1997, translation from the Spanish of ‘Fondaments de la democràcia: força i feblesa’, in Els limits de la democràcia. Annals de la XIII Univesitat d'estiu, Andorra la Vella, September 1997, pp. 62 – 89; Roberto Mangabeira Unger, *What Should the Left Propose?*, London, Verso, 2005, with many references to China; and of the Italian philologist Luciano Canfora, *Democracy in Europe: A History of an Ideology*, New York, Wiley, 2006 (English translation of La democrazia. Storia di un'ideologia, Bari, Laterza, 2004), *Exporter la liberté. Echec d'un mythe*, Paris, Ed. Desjonquères, 2008, and *L'imposture démocratique. Du procès de Socrate à l'élection de G. W. Bush*, Paris, Flammarion, 2003.
19. A. Ronchey, ‘L'ultima Cina nell'era di Jang’ (The last China of the Jiang's era), *Corriere della sera*, 26 September 1999, p. 1, quoted by Luciano Canfora, L'imposture démocratique, op. cit., pp. 27 – 8 (my

translation from the Italian）. See also the opinion of Peerenboom, although it is not as radical as that of Canfora: Peerenboom, *China Modernizes*, op. cit., pp. 165 – 83 under the title of 'Why China is held to a double standard'. 关于裴文瑞的批判，参见：Leila Choukroune, 'Lectures critiques: Randall Peerenboom, '*China's Long March toward Rule of Law*', in *Perspetives Chinoises*, no. 76, March – April 2003, pp. 78 – 80. 注意，根据胡鞍钢，邹平，《中国人口发展》，北京，中国科学出版社，1991 年，第 62 页，从公元前 200 年到 1990 年，中国遭遇 1 029 次洪水，1 056 次大旱，800 次地震。

20. 大多数西方媒体采访伊朗最近选举的方法就是一例。

21. 支持我们的事例很多，这里只选一些。美国不是唯一存在这些现象的国家。

22. 我在我的文章中提出这些理由。

23. 政府曾建立监管机构监督这些部门（私有化国有企业也如此）。当一个人知道，控制者和被控制者都同样大学毕业，受过同样的训练，有同样的价值观，往往过去在同一个单位工作，因此，被控制者抓到控制者的案件时有发生，这就不奇怪了。例如：（1）2009 年 2 ~ 3 月，当瑞士金融市场监管员批准 USB 银行给经理发奖金时（只是接受公共资金以避免破产），监管员是 USB 前董事会董事，银行行长是瑞士信贷银行和瑞士再保险公司前董事（《24 小时报纸》2009 年 2 月 3 日，洛桑报道），瑞士媒体展开激烈的辩论。（2）在相当长的时间里，很多美国报纸和智囊团报告过类似的案件。例如：2008 年 10 月 6 日，《洛杉矶时报》（监管员在 IndyMac Bank 破产事件上遭到批评）；2008 年 11 月 23 日，《华盛顿邮报》（银行监管员充当执法者的律师）；《美元/美元意识，真正的世界经济学》，网站：www. dollarsense. org（2009 年 3 月 12 日访问）"（不）了解转型期的银行业"。

24. 这一原则等于西方国家渐进地实行自由主义民主的做法。长期以来，用不同的标准看，只有足够明智的人们认为他们有投票权。例如：按税收水平计算的足够的经济财富；只有男人才有资格，因为他们在经济上发挥作用，而妇女在经济上不活跃；识字能力，在美国用此来排斥非洲裔美国人。

25. Canfora, *L'imposture démocratique*, op. cit., p. 80, my translation from the French. 这正是江泽民的"三个代表"理论。

26. 坎弗拉同过去的研究传统保持一致，指向组织内的寡头发展，无论他们的思想是民主的还是专制的：Robert Michels, *Political Parties: A Sociological Study of The Oligarchical Tendencies Of Modern Democracy*, New York, Collier, 1962; Gaetano Mosca, *Ruling Class*, London, McGraw – Hill, 1960 (translation of *La classe politica*, Bari, Laterza, 1966); C. Wright Mills, *The Power Elite*, Oxford Press (USA), 1956.

27. 例见：吉迪恩 – 拉赫曼（Gideon Rachman）的《金融时报》文章，同前。西瑞士企业联盟的官方机构表示相同的忧虑，参见：'Mistakes of private economy do not justify "statist" temptations'（my translation from the French of: 'Les erreurs de l'économie privée ne justifient pas les tentations étatistes'), *Entreprise Romande*, Geneva, 30 January 2009.

28. 这是具有影响力的美国智库"Reason Foundation"在网站上发表的文章（口号："自由头脑，自由市场"）网站：www. reason. com（2009 年 3 月 7 日访问）。站在奥巴马总统一边，《新闻周刊》在评论美国政客在福克斯新闻频道（Fox News Channel）的辩论，一位右翼政客猛烈攻击奥巴马的政策时，甚至根本不用问号。这篇带有揭露性质的文章题为“我们都是社会主义者”，下面小标题，我很遗憾地猜想是：“我们的经济在很多方面很像欧洲经济”。由于婴儿潮年代出生的人和开支的增长，我们甚至更像法国。《新闻周刊》相当理性地评论道：“如果我们不能承认政府在经济中日益重要的作用，而用20世纪的条件和策略打一场21世纪的战争，那么我们注定要进行一场火爆和无益的辩论。我们越早了解我们的实际情况，就越早地用清醒的头脑去想想如何在今天的世界利用政府的作用。”2009年2月16日。见网站：www. newsweek. com（2009年3月7日访问）。看来美国舆论领袖不再像过去那样，像救世主一样看不起爱管闲事的、效率低下的法国大政府了。注意，最彻底批判资本主义的评论家们毫不犹豫地说：“社会主义的幽灵困扰美国精英。”世界社会主义者网站：www. wsws. org（2009年3月9日访问）。

29. 约瑟夫·斯蒂格利茨当然是该组最具影响力的代表，请参阅：‘Turn left to sustainable growth’, op. cit. 他的新书：*Making Globalization Work*：*The Next Steps to Global Justice*, London, Penguin, 2006; see also Joseph E. Stiglitz and Andrew Charlton, *Fair Trade for All*：*How Trade Can Promote Development*, Oxford, Oxford University Press, 2005. 站在他的一边，美国智库“经济政策研究所（EPI）”认为：

今天的经济衰退不是一夜之间发生的。这是30年来不干预经济监管政策的直接结果，导致工资停滞、高成本和连环债的爆炸以及摇摇欲坠的基础设施。重要基础设施的公共投资开辟了通往中产阶级的直接道路——获得更多的保健、教育、住房和良好的工作——在过去的几十年间逐渐减少，政府安全网的萎缩使许多家庭失去了度过艰难的日子的必要工具。现在，在金融部门崩溃和住房泡沫破灭后，每个地方的家庭正面临着无情的真理：政府未能保护他们的利益。这一次我们恢复旧模式的经济复苏是不够的。2009年3月28日从events@ epi. org收到的消息。

30. 《赫芬顿邮报》（*Huffington Post*）刊登了内森·加德尔（Nathan Gardels）采访约瑟夫·斯蒂格利茨的报道：见网站：www. huffingtonpost. com（2009年1月14日访问）；约瑟夫·斯蒂格利茨，《达沃斯人的抑郁》，项目小组，网站：www. project - syndicate. org（2009年3月8日访问）。关于回到忠实于创始者（特别是亚当·斯密）的解释和资本主义基础的有效性，参见：Amartya Sen, ‘Capitalism beyond the crisis’, *The New York Review of Books*, vol. 56, no. 5, 26 March 2009, available online at：www. nybooks. com（accessed 27 April 2009）.

31. 关于自由贸易和保护主义的详细历史记录，见：Paul Bairoch, *Economics and World History*：*Myths and Paradoxes*, New York, Harvester heatsheaf, 1993（French translation：*Mythes et paradoxes de l'histoire économique*, Paris, La Découverte, 1999）. 关于对自由贸易的攻击，见：Ha - Joon Chang, *Bad Samaritans*：*The Myth of Free Trade and the Secret History of Capitalism*, New York, Bloomsbury, 2008，以及在民主网上的采访，www. democracynow. org（2009年3月12日访问）。有关对保护主义的最近辩护，请参阅：Emmanuel Todd, *Après la démocratie*, Paris, Gallimard, 2008, especially the Conclusion：‘Le protectionnisme, dernière chance de la démocratie européenne’, pp. 249 – 57.

32. 请参阅：Michel Freitag, *L'impasse de la globalisation*, Montréal, Ecosociété, 2008; and Roberto Mang-

abeira Unger, *What Should the Left Propose*?, London, Verso, 2005, as well as Roberto Mangabeira Unger, *Free Trade Reimagined: The World Division of Labor and the Method of Economics*, Princeton, Princeton University Press, 2007.

33. 例如，美元和美元意识，世界实体经济网站（www. dollarsense. org，2009 年 3 月 12 日访问）认为，3 万亿美元的收入从纳税人转让给公司债券持有者是不公正的，应立即停止，而且是可以停止的——如果政府对太大而不能倒闭的银行实施全部和永久的国有化。还参见具有影响力的鲁比尼（Nouriel Roubini）RGE Monitor 网站。这个网站认为共和党开始支持要倒闭银行的国有化（www. rgemonitor. com，2009 年 2 月 17 日访问）和在一篇题为《实施银行国有化，我们都是瑞典人了》的文章中（2009 年 2 月 13 日），马修·理查森和鲁比尼（Nouriel Roubini）说："美国的银行体系已接近无力偿还债务，除非我们像 1992 年的日本一样，或像上世纪 30 年代的美国一样，唯一的出路就是实施国有化。就像自由市场经济学家在世界金融之都商业学校所教的，我们建议政府全面接管银行体系，因为美国金融体系已达到如此危险的程度，没有其他的选择了。美国财政部长蒂莫西·盖特纳（Timothy Geithner）最近计划挽救银行，其中有许多正确的想法，但是已经太晚了。" RGE Monitor 网站（www. rgemonitor. com，2009 年 2 月 17 日访问）。
34. 我在第二章和第三章中已经讨论了不良贷款的问题。
35. 请参阅路透社文章：*Reuters Limited*，'China proposes global monetary overhaul'，posted by the *Financial Times Online*，23 March 2009，available online at：www. ft. com（accessed 23 March 2009）. 还参见：Jamil Anderlini，'China calls for new reserve currency to replace dollar'，ibid.
36. 关于周小川行长的建议全文，见中国银行网站，"关于改革国际货币体系的思考"，www. pbc. gov. cn/english/detail. asp? col = 6500&id = 168（2009 年 3 月 23 日访问）。
37. 据华尔街日报在线 2009 年 3 月 30 日报道，网址：http：//asia. wsj. com（2009 年 5 月 5 日访问）。虽然大多数观察员认为这不可能很快发生［例如：Geoff Dyer，'China has long way to go to dislodge dollar'，*Financial Times Online*，21 May 2009，available at：http：//www. ft. com（accessed 9 June 2009）]，或甚至不可能发生，相反，有些人则认为人民币替代美元的霸主地位是不可避免的。例如：the investment director of *Money Morning*，Keith Fitz - Gerald，'China seeks to dethrone the dollar. Transforming the yuan into the dominant currency'，available online at Money Morning website：www. moneymorning. com（accessed 28 May 2009）

    中国已采取另一个步骤将人民币变成主要货币，这是个长期的倡议，最终可以把美元从世界最高外汇单位的宝座上拉下来。在过去 4 个月中，中国同许多国家和地区签署了超过 950 亿美元的货币互换协议（6 500 亿元人民币），包括阿根廷、巴西、韩国、印度尼西亚、马来西亚、白俄罗斯和中国香港，这些地方都非常高兴地离开越来越不稳定的美元……中国的人民币正在成为全球认可的标准兑换单位，正如他们所说，寓言里的精灵已经从瓶子中跑了出来。

    关于中国和巴西的关系，请参阅：Jonathan Wheatley，'Brazil and China eye plan to axe dollar'，*Financial Times Online*，18 May 2009，and 'China bolsters Brazil trade ties'，19 May 2009，available at：http：//www. ft. com（accessed 09 June 2009）. 关于中国和阿根廷的协议，请参阅：Jude Webber，'China and Argentina in currency swap'，ibid，31 March 2009.

38. 关于资本主义的辩论，见金融时报在线博客（http：//blogs. ft. com/capitalismblog/）。关于陈云的著名比喻，见陈云在五届人大五次会议与上海代表团谈话。

39. Giuseppe Di Lampedusa，*The Leopard*，New York，Pantheon – Random House，2007. 意大利语确切的句子是："*Se vogliamo che tutto rimanga come è，bisogna che tutto cambi*！"

40. Joseph，Stiglitz，'Spring is here，but contain your excitement'，*The Economists' Voice*，Project Syndicate，The Berkeley Electronic Press，May 2009，available online at：www. bepress. com/ev（accessed 24 June 2009）. 关于银行，他说："重复20世纪80年代储蓄和贷款的灾难，银行使用坏帐（比如，允许它们在账目中保留减少的资产而不写出来，制造一个假象，这些贷款已到期，没有任何问题）。更糟糕的是，还在抵押品不能保证，同时持风险很大相反的意见的条件下，允许它们从美联储以低息借钱。"关于美国政府，他说："美国政府也在打赌，慢慢混下去：美联储的措施和政府的保证意味着银行可以拿到低息贷款，结果贷款利率很高。如果情况不恶化的话……银行可能混过去，不再有任何危机……但在世界各地的经验表明，前景是有风险的。"斯蒂格利茨得出结论："这是执行计划B——对银行进行改革，注入另一剂凯恩斯药方的时候了。"早在2008年12月，斯蒂格利茨就写了一篇文章，倡导再执行凯恩斯政策：'The triumphant Return of John Maynard Keynes'，*The Economists' Voice*，Project Syndicate，The Berkeley Electronic Press，September 2008，December 2008，available online at：www. project – sydicate. org（accessed 6 January 2009）.

41. François Bouvard，Thomas Dohrmann，and Nick Lovegrove，'The case for government reform now'，*McKinsey Quarterly*，no. 3，2009，pp. 1 – 13.

42. 参阅《金融时报》专栏作家吉迪恩·拉赫曼（Gideon Rachman）写的一篇文章。同上。

43. McKinsey Quarterly，op. cit.，p. 2. 该文章说，如果美国政府对主要私营部门进行改革，把生产力提高15%或更多，2010年联邦开支约为900亿的话，纳税人的储蓄每年就会超过1 340亿美元。

44. 注意，关于实行新自由主义的意见在中国的政策辩论中仍然出现。例如，《财经》杂志2009年3月19日在其网站上发表由两个记者写的一篇文章，总结了新的医疗卫生制度的辩论结果，特别是讨论了3月7日卫生部官员和政协委员之间的对话，当时在座的有所谓"民主党派"代表，以及其他民间代表。一些政协委员表示，如果是政府，而不是市场成为分配卫生资源的主导力量，他们对改革的效益持保留意见……北京大学公共管理教授、国务院任命的评估城乡镇居民医疗保险的专家顾听说，市场通常比行政部门更有效，特别是中国，行政管理的专业水平很低。最后，《财经》杂志文章说，一些政协代表建议，所有医疗机构应以市场为导向进行改革。这些意见如果被在这方面负责的中国领导人听取并执行的话，那确实令人吃惊。因为现在中国卫生保健的状况是，根据中国卫生经济研究所估计，近年来患者承担了50%的费用。而且我们知道，卫生部门市场化将使大部分人根本得不到卫生保健服务。任波，刘京京，《地方政府开支和医生薪酬是医改远没有完成的任务》，财经杂志在线，2009年3月19日，www. english. cajing. com. cn（2009年5月4日访问）。